Teju Cole
Black Paper

Teju Cole

BLACK PAPER

Schreiben in dunkler Zeit

Aus dem amerikanischen Englischen von
Anna Jäger und Uda Strätling

claassen

Besuchen Sie uns im Internet:
www.ullstein.de

Wir verpflichten uns zu Nachhaltigkeit
- Klimaneutrales Produkt
- Papiere aus nachhaltiger
  Waldwirtschaft und anderen
  kontrollierten Quellen
- ullstein.de/nachhaltigkeit

The Randy L. and Melvin R.
Berlin Family Lectures

Die Originalausgabe erschien 2021 unter dem Titel
Black Paper bei der University of Chicago Press.

Der Ullstein Verlag dankt allen Rechteinhaber:innen
für die Erlaubnis, aus den Werken zu zitieren. Trotz intensiver
Bemühungen war es nicht möglich, alle Rechteinhaber:innen
zu ermitteln. Wir bitten diese, sich gegebenenfalls
an den Verlag zu wenden.

claassen ist ein Verlag der Ullstein Buchverlage GmbH

ISBN 978-3-546-10064-9
© 2021 by Teju Cole
© der deutschsprachigen Ausgabe
2023 by Ullstein Buchverlage GmbH, Berlin
Alle Rechte vorbehalten
Gesetzt aus der ArnoPro
Satz und Repro: LVD GmbH, Berlin
Druck und Bindearbeiten: GGP Media GmbH, Pößneck

Für Sasha

INHALT

4. TEIL
MIT ALLEN SINNEN

5. TEIL
IN DUNKLER ZEIT

EPILOG

ABBILDUNGSVERZEICHNIS

Bildteil

Abbildungen im Text

VORWORT

Die Essays in diesem Band nehmen die vielfältigen Bruchlinien unserer Zeit aus wechselnder Warte in den Blick. Der Großteil der Texte entstand im Laufe von drei Jahren, genauer seit Ende 2016. Sie widmen sich einer Vielzahl von Themen: der Farbe Schwarz in der bildenden Kunst, der Bedeutung von Schatten in der Fotografie, der tröstlichen Kraft von Musik und Architektur, ferner dem Gedenken, mal sehr persönlich, mal eher förmlich, und der schwierigen Beziehung von Aufruhr, Literatur und Aktivismus.

Herzstück der Sammlung sind die Randy L. und Melvin R. Berlin Family Lectures, die ich im Frühjahr 2019 an der University of Chicago halten durfte, eine große Ehre. Diese Vorlesungsreihe, der ich den Titel »Mit allen Sinnen« gab, wird hier erstmals in leicht veränderter Fassung abgedruckt.

Sich auch nachts zurechtfinden und angemessen reagieren zu können – im Dunkeln sehen, im Dunkeln hören –, ist von jeher überlebenswichtig gewesen. Diese Essays plädieren eindringlich für eine Haltung der wachen Sinne – wach für Erfahrungen, für Epiphanien, für ein lebendiges Bewusstsein ethischer Verantwortung. *Black Paper* erzählt von der Hilfe, die ich bei denen gesucht und gefunden habe, die fotografieren, dichten, malen, komponieren, übersetzen, reisen, trauern und um die Weisheit wissen, die im Dunkeln liegt.

1. TEIL

WIE CARAVAGGIO

1

Michelangelo Merisi di Caravaggio, Ende 1571 in Mailand geboren, ist der Inbegriff des unkontrollierbaren Künstlers, des
Genies, für das normale Regeln nicht gelten. »Caravaggio«, der
Name des norditalienischen Dorfes, aus dem seine Familie
stammte, liest sich wie die Verbindung zweier Wörter, nämlich
Chiaroscuro (Hell-Dunkel-Malerei) und Braggadocio (Prahle-
rei): grelles Licht gemischt mit tiefem Dunkel auf der einen
Seite, ungebremste Arroganz auf der anderen. Caravaggio wuchs
in der Stadt Mailand und im Dorf Caravaggio in einer Familie
auf, von der manche sagen, sie habe an der Schwelle zum Klein-
adel gestanden. Er war sechs Jahre alt, als er am selben Tag seinen
Vater und seinen Großvater durch die Pest verlor. Im Alter von
etwa dreizehn Jahren ging er bei Simone Peterzano, einem Maler
aus der Region, in die Lehre, von dem er die Grundlagen gelernt
haben muss: Vorbereitung der Leinwände, Mischen der Farben,
Perspektive, Proportion. In dieser Zeit schien er eine Vorliebe
für Stillleben zu entwickeln, und vermutlich nahm er während
seines Studiums bei Peterzano die besonnene Stimmung von
Leonardo da Vinci und großen norditalienischen Malern des
sechzehnten Jahrhunderts wie Giorgione und Tizian auf.

Sehr wahrscheinlich ging Caravaggio zum ersten Mal 1592 nach Rom. Grund dafür mag seine Verwicklung in einen Vorfall in Mailand gewesen sein, bei dem ein Polizist verletzt wurde (die Einzelheiten sind, wie so vieles in seinem Leben, nebulös). Das sollte bei Weitem nicht das einzige Mal sein, dass er aus einer Stadt verschwinden musste. Es dauerte nicht lange, bis er sich in Rom sowohl Anerkennung als auch einen schlechten Ruf verdient hatte. Mitte der 1590er-Jahre hatte er als Maler zu dem Stil und den Themen gefunden, die wir oft als caravaggesk bezeichnen: Lautenmusikanten, Kartenspieler, eine Schar grübelnder androgyner Jugendlicher. Renommierte Sammler, darunter Kardinal Scipione Borghese und Kardinal Francesco Maria del Monte, wetteiferten um seine Werke. Der Erfolg stieg ihm zu Kopf, oder vielleicht löste er nur etwas aus, was schon immer da gewesen war. Seine Sprache wurde gröber, der Alkoholkonsum nahm zu, er geriet häufig in Schlägereien und wurde mehrfach verhaftet.

1604 war Caravaggio zweiunddreißig Jahre alt. Er hatte bereits eine Reihe von unvergesslichen Meisterwerken für römische Mäzene und Kirchen geschaffen: *Das Abendmahl in Emmaus, Die Berufung des Heiligen Matthäus* in der Contarelli-Kapelle, *Die Bekehrung Pauli* in der Cerasi-Kapelle, *Die Opferung Isaaks, Der ungläubige Thomas*. In diesem Jahr vollendete er auch *Die Grablegung Christi*, ein Werk von tiefer Trauer und erstaunlicher Ausführung, selbst für Caravaggios ohnehin schon hohe Ansprüche. Was sein persönliches Verhalten anging, so blieb er jedoch rücksichtslos. »Manchmal suchte er nach einer Gelegenheit, sich das Genick zu brechen oder das Leben eines anderen in Gefahr zu bringen«, schreibt Giovanni

Baglione, Zeitgenosse und einer seiner ersten Biografen. Giovanni Pietro Bellori, ein Schriftsteller des siebzehnten Jahrhunderts, berichtet: »Er pflegte mit einem Schwert durch die Stadt zu ziehen, gerade so wie ein Waffenknecht, einer jedenfalls, der sich keineswegs mit dem Malen beschäftigte.« Eines Tages bestellte er zum Mittagessen in einer Taverne acht Artischocken, und als sie ihm serviert wurden, wollte er wissen, welche mit Butter und welche mit Öl zubereitet worden waren. Der Kellner schlug dem Gast vor, an ihnen zu riechen, um die Antwort selbst herauszufinden. Caravaggio, stets eine Beleidigung witternd, sprang auf und warf dem Kellner den Steingutteller ins Gesicht. Daraufhin griff er zu seinem Schwert, der Kellner nahm Reißaus.

In Lagos verbrachte ich als kleiner Junge Stunden damit, seine Werke in Büchern zu studieren. Die Wirkung, die diese Gemälde auf mich haben, die Art und Weise, wie sie mich anrühren und gleichzeitig beunruhigen, lässt sich nicht nur auf die lange Vertrautheit mit ihnen zurückführen. Andere Lieblingsmaler aus dieser Zeit, wie Jacques-Louis David, begeistern mich heute kaum noch, während Caravaggios Faszinationskraft sogar noch zugenommen hat. Und das kann nicht nur an seiner technischen Meisterschaft liegen. Die Gemälde haben sogar häufig Schwächen hinsichtlich ihrer Komposition und perspektivischen Verkürzung. Ich vermute, dass es daran liegt, dass er mehr von sich selbst, von seinen Gefühlen in die Gemälde einfließen ließ, als jemals irgendwer vor ihm.

Die Themen in einem Caravaggio-Gemälde mögen aus der Bibel oder einem Mythos stammen, aber dennoch ist es unmöglich, auch nur für einen Moment zu vergessen, dass dieses

Gemälde von einem bestimmten Menschen erschaffen wurde, einem Menschen mit spezifischen Gefühlslagen und Vorlieben. Der Maler ist in einem Caravaggio-Gemälde stets anwesend. Wir spüren, dass er zu uns spricht. Die Zeitgenossen mögen an den biblischen Lektionen des zweifelnden Thomas interessiert gewesen sein, doch wir sind heute von Thomas' Ungewissheit fasziniert, die wir in gewisser Weise als die des Malers verstehen.

Doch geht es bei Caravaggio um mehr als Subjektivität: Die ihm ganz eigene Form von Subjektivität legt den Fokus auf die bitteren und unangenehmen Seiten des Lebens. Sein dichtes Œuvre ist von Gefahr, Verführung und Ambiguität durchdrungen. Warum malte er so viele Märtyrertode und Enthauptungen? Das Grauen ist ein Teil des Lebens. Wir können nur hoffen, es nicht allzu oft erleben zu müssen, aber da es existiert, müssen wir manchmal hinsehen. Wie Sophokles oder Samuel Beckett oder Toni Morrison – und doch anders als sie alle – ist Caravaggio ein Künstler, der uns an die schmerzhaften Orte der Wirklichkeit führt. Und wenn wir mit ihm dort sind, spüren wir, dass er kein bloßer Wegweiser ist. Wir erkennen, dass er in diesem Schmerz tatsächlich zu Hause ist, dass er dort lebt. Genau da sitzt das Unbehagen.

Ende Mai 1606, zwei Jahre nach dem Artischocken-Vorfall, verlor Caravaggio gegen einen Mann namens Ranuccio Tomassoni eine Wette auf ein Tennisspiel. Es kam zu einem Kampf, an dem sich zahlreiche andere beteiligten. Caravaggio wurde am Kopf verletzt, er jedoch tötete Tomassoni mit einem Schwerthieb. Nachdem er sich zwei Tage in Rom versteckt gehalten hatte, floh er aus der Stadt, zunächst auf das Grundstück der Familie Colonna in der Nähe von Rom, und später, gegen Ende des Jahres, nach Neapel. Er war auf der Flucht.

Caravaggios spätere Karriere kann in zwei Phasen unterteilt werden: die römische Periode und alles, was auf den Mord an Tomassoni folgte. Es ist ein Wunder, dass er in diesem zweiten Akt, während er auf der Flucht war, so viel vollbringen konnte. Seine Arbeiten veränderten sich – die Pinselführung wurde freier, die Sujets morbider –, aber er blieb produktiv und wurde von seinen Mäzenen weiterhin geschätzt. Er arbeitete in Neapel, auf Malta, in drei verschiedenen Städten auf Sizilien und wieder in Neapel, bevor er sich in der Hoffnung auf eine Begnadigung durch den Papst auf den Weg nach Rom machte. Er verstarb vor der Ankunft.

Im Sommer 2016 hatte ich vor, beruflich nach Rom und Mailand zu reisen. Der US-amerikanische Präsidentschaftswahlkampf war in vollem Gange und lief auf allen Kanälen, die Gesellschaft befand sich in einem Zustand des kollektiven Nervenzusammenbruchs. Donald Trump konnte sich mit seiner bizarren Kandidatur entgegen allen Erwartungen durchsetzen. Überall auf der Welt waren rechte Bewegungen auf dem Vormarsch. Auf der Flucht vor Krieg und wirtschaftlichen Notlagen starben Tausende von Menschen im Mittelmeer. Die Brutalität von ISIS hatte Videos von Enthauptungen zu einem Teil der alltäglichen visuellen Kultur gemacht. Was mir von diesem Sommer in Erinnerung geblieben ist, ist das Gefühl, dass das Unheil nicht nur immer näher kam, sondern bereits eingetroffen war. (Es war bereits da, hat sich dann allerdings weiterentwickelt, und das gegenwärtige Übel ist, vier Jahre später, wieder ein anderes.)

2

Ich hatte vor, mir die Gemälde von Caravaggio in Rom und Mailand erneut anzusehen. Er würde mir immerhin etwas Wahres über den Untergang mitteilen, und ich würde bei ihm die Atempause finden, die uns manche Künstlerinnen und Künstler in dunklen Zeiten bieten können. Da kam mir eine alte, lang gehegte Idee wieder in den Sinn: Wie wäre es, wenn ich weiter in den Süden reiste und alle Orte besuchte, an denen sich Caravaggio in den Jahren seines Exils aufgehalten hatte? Viele der Werke, die er an diesen Orten erschaffen hat, sind erhalten, manche befinden sich sogar noch an ihrer ursprünglichen Stelle. Neapel, Valetta, Messina und möglicherweise Palermo. Je länger ich über diese Idee nachdachte, desto dringender wollte ich sie in die Tat umsetzen. Es ging mir nicht um einen luxuriösen Sommeraufenthalt. Die Orte, an denen Caravaggio im Exil gelebt hatte, waren allesamt zu Brennpunkten der Einwanderungskrise geworden, was nicht ganz zufällig war: Er war dorthin gegangen, weil es Hafenstädte waren. Häfen sind für Ankunft und Flucht die geeignetsten Orte. Orte, an denen ein fremder Mensch die Möglichkeit hat, sich weniger fremd zu fühlen. Ich hatte zwei gewichtige Gründe für meinen Entschluss, die Reise zu unternehmen: Erstens sehnte ich mich nach dem inneren Aufruhr, den ich vor den Gemälden Caravaggios in den Museen und Kirchen, in denen sie aufbewahrt wurden, verspüren würde. Und zweitens wollte ich etwas von dem sehen, was in diesem Moment draußen, jenseits der Mauern, geschah.

Ich kam Ende Juni mit dem Zug aus Rom in Neapel an. Ich

war zum ersten Mal in der Stadt, und der Taxifahrer, ein Mann mittleren Alters, muss das geahnt haben. Er erklärte mir, dass der Festpreis zwischen dem neapolitanischen Hauptbahnhof und jedem Ziel in der Stadt fünfundzwanzig Euro betrage. Als der Hotelportier beteuerte, dass die Fahrt nicht mehr als fünfzehn Euro kosten sollte, war der Taxifahrer längst verschwunden. Später an diesem Abend kam ich in der Via Medina, nur ein paar Straßen von meinem Hotel entfernt, an einer Frau vorbei, die auf dem Boden schlief. Ihr Körper war fast vollständig mit einer Decke zugedeckt, aber ihre Füße ragten hervor, was mich an die nackten und schmutzigen Füße der Jungfrau Maria erinnerte, die die ersten Kritiker von Caravaggios *Der Tod der Jungfrau* so erzürnt hatten. Am nächsten Tag war die schlafende Frau nicht mehr da, aber ich sah eine andere Frau in der Nähe sitzen, die die Vorübergehenden mit verwirrten Worten anschrie, die vermutlich selbst für diejenigen, die Italienisch sprachen, unverständlich waren.

Neapel bildet eine Klammer um Caravaggios Jahre im Exil. Der erste Besuch fand Ende 1606 statt, der zweite 1609, und beide brachten ihm bedeutende Aufträge ein. Bereits im Oktober 1606 wurde er mit Angeboten überhäuft und in den höchsten neapolitanischen Künstlerkreisen willkommen geheißen. Eines seiner ersten Werke war für die damals junge Wohltätigkeitsgesellschaft Pio Monte della Misericordia bestimmt. Bei der Arbeit, für die er umgehend bezahlt wurde und die er schnell ausführte, handelt es sich um ein großes Leinwandgemälde mit dem Titel *Die Sieben Werke der Barmherzigkeit*. Im Zentrum der Stadt, auf der Via dei Tribunali, ist es noch heute in der Kirche zu sehen, für die es in Auftrag gegeben wurde.

Die Sieben Werke der Barmherzigkeit ist ein komplexes Gemälde, das versucht, sieben verschiedene Vignetten, allegorische Gegenstücke zu den sieben Todsünden, auf einer vertikalen Ebene unterzubringen. In Abbildungen wirkt das Bild wie ein überladenes Durcheinander. Wenn man es aber im wirklichen Leben in einem kleinen achteckigen Gebäude in der Höhe von über dreieinhalb Meter hängend betrachtet, ist es unheimlich fesselnd.

Die Figuren treten aus dem Dunkel hervor, um ihre jeweiligen Rollen zu spielen, und sie scheinen sich wieder in die Finsternis zurückzuziehen, wenn das Auge der Betrachtenden zu einem anderen Abschnitt des Gemäldes weiterwandert. Auf der rechten Seite findet sich die Allegorie der *Caritas Romana*: Der alte, inhaftierte Cimon wird von seiner Tochter gestillt. Hinter ihr wird eine Leiche herausgetragen (von der wir nur die Füße sehen), was die Pflicht zur Bestattung der Toten darstellt. Im Vordergrund gemahnt ein zu Füßen des heiligen Martin liegender Bettler mit nacktem Oberkörper an das Gebot, die Nackten zu bekleiden. Mit seiner verschachtelten Erzählung und seinen Lichteffekten sollte *Die Sieben Werke der Barmherzigkeit* einen beeindruckenden Einfluss auf die neapolitanische Malerei nach Caravaggio haben. Hier zeichnet sich eine Art Muster ab: In jeder Stadt, in der er lebte, schlug er ein wie ein Blitz, eine verblüffende, aber kurze Erleuchtung, nach der nichts mehr so war wie zuvor. Als ich aus der Kirche auf die Via dei Tribunali trat, schienen sich *Die Sieben Werke der Barmherzigkeit* mit ihren wogenden Bewegungen und der scharfen Trennung von Hell und Dunkel auf der belebten Straße fortzusetzen.

Am Tag meiner Ankunft in Neapel sah ich ein paar junge

afrikanische Männer, die direkt vor dem Hauptbahnhof Hemden und Hüte verkauften. Am Nachmittag ging ich vom Castel Nuovo hinunter zum Castel dell'Ovo, wo eine Gruppe von Jungs vom Damm ins Wasser der Bucht sprang. In der Nähe des Burgeingangs verkaufte ein Mann Souvenirs. Er war Senegalese, übersetzte gelegentlich auch Bücher. Er sprach fließend Französisch, Italienisch und Englisch. In seinem aktuellen Projekt, erzählte er mir, beschäftige er sich mit der afrikanischen Bevölkerung in Italien. Ich fragte ihn, wo sich die Afrikaner:innen in Neapel aufhielten, und er antwortete, dass ich vielleicht einige auf der Piazza Garibaldi antreffen würde. Das sei allerdings keine Gegend, fügte er hinzu, in der ich mich nach Einbruch der Dunkelheit aufhalten sollte.

Stattdessen spazierte ich an diesem Abend durch die Quartieri Spagnoli, das belebte »Spanische Viertel«, in dem Caravaggio gelebt hatte und in dem er jene Kombination aus Hochkultur und niederem Milieu gefunden hatte, die ihn so reizte. Die Gassen des Viertels waren eng, die Häuser hoch; viele Mauern waren mit Graffiti verziert. Man konnte sich leicht vorstellen, dass das Leben hier lange Zeit ungestüm und fröhlich gewesen war, dass es ein Ort der Verschwiegenheit und Ungezwungenheit war – genau das Richtige für einen Mann auf der Flucht. An diesem Abend waren die Quartieri Spagnoli sehr belebt, voller Anwohnender, Studierender und Reisender. Mein Kellner in der Pizzeria, in der ich zu Abend aß, war ein jovialer junger Mann mit der Tätowierung *veni, vidi, vici* auf dem Arm. Es war natürlich eine Anspielung auf Julius Cäsar, aber es könnte auch, wie ich später herausfand, ein Erkennungszeichen für die Mitglieder der wiederauflebenden rechtsextremen Bewegung in Italien gewesen sein, ein Zeichen ihrer Nostalgie für Mussolinis Faschismus.

Am nächsten Morgen ging ich zum Museo di Capodimonte, das sich im nördlichen Teil der Stadt in einem Gebäude befindet, das früher der Palast der bourbonischen Herrscher von Neapel und Sizilien war. Durch eine lange, gerade Abfolge von Räumen gelangte ich zu Caravaggios *Die Geißelung Christi* (Abbildung 1). In Lebensgröße steht Christus an der Geißelsäule, und um ihn herum drei Schergen, von denen zwei an ihm zerren und der dritte vornübergebeugt die Peitsche vorbereitet. Wie so oft bei Caravaggio wird eine Situation dargestellt, aber die intensive Stimmung geht darüber hinaus und sprengt diese, durch den Einsatz von unnatürlichen Schatten, einem vereinfachten Hintergrund und einer begrenzten Farbpalette. Es ist ein Bild von brutaler Ungerechtigkeit, ein Bild, das uns vor die Frage stellt, warum überhaupt irgendwer jemals gefoltert werden sollte.

Als ich das Museum verließ und bei einem Abendspaziergang durch die geschäftige Stadt den Capodimonte-Hügel hinunterging, war ich beunruhigt. Ich stellte mir vor, dass ich von Menschen in den Hauseingängen und an den Fenstern beobachtet wurde. Ich dachte darüber nach, dass Caravaggio nach seiner Flucht ins Exil nie wieder ruhig schlafen konnte, aber ich dachte auch an all jene in der Stadt, die in diesem Moment auf die eine oder andere Art prekäre Gäste waren: die Frau im Hauseingang auf der Via Medina, der Souvenirverkäufer am Castel dell'Ovo, die vielen jungen Afrikaner, die ich am Hauptbahnhof gesehen hatte.

Neapel hatte mir zwei überwältigende späte Gemälde von Caravaggio geboten, aber mein Versuch, ein drittes zu sehen,

1 Caravaggio, *Die Geißelung Christi*. Öl auf Leinwand. Museo di Capodimonte, Neapel. Foto: Wikimedia.

wurde vereitelt. *Das Martyrium der Heiligen Ursula*, das als sein letztes Gemälde gilt, wurde gerade als Leihgabe andernorts ausgestellt. Ich beschloss, am nächsten Tag nach Palermo aufzubrechen. Ich reiste in der falschen Reihenfolge: Caravaggio ging von Neapel nach Malta, erst dann nach Sizilien und schließlich zurück nach Neapel. Aber intuitiv beschloss ich, mit Malta, als abgelegenem Höhepunkt einer Traumreise, bis fast zum Schluss zu warten.

Als ich in mein Hotelzimmer zurückkehrte, war die Nacht bereits angebrochen. Unter mir lag die Stadt mit ihren dicht gedrängten Häusern in der Dämmerung, deren Lichter wie eine Wolke aus Glühwürmchen bis zum Wasser mit seinen Fähren und Kreuzfahrtschiffen flimmerten – und dahinter lagen in fast völliger Dunkelheit der Golf von Neapel, der Vesuv, die Insel Capri und das Mittelmeer.

3

Das Oratorio di San Lorenzo in der Via Immacolatella in Palermo befindet sich in einem Gewirr aus so engen und verwinkelten Gassen, dass ich beinahe direkt vor dem Gebäude stand, ohne es zu sehen. Zweimal bog ich falsch ab, bevor ich endlich den Eingang fand. Jahrhundertelang hing Caravaggios *Christi Geburt mit den Heiligen Franziskus und Laurentius* über dem Hauptaltar in der Kapelle dieses Oratoriums. Caravaggio schuf das Gemälde wahrscheinlich im Jahr 1609, obwohl der etwas biedere Stil (einige Elemente der Komposition erinnern an sein deutlich früheres Werk *Berufung des Heiligen Matthäus*) sowie die spärlichen Unterlagen diese Datierung infrage stellen. Sicher ist, dass das Gemälde vor 1610 entstand und zu den Schätzen Palermos zählte, bis es in der Nacht des 17. Oktober 1969 von Unbekannten aus dem Rahmen geschnitten und von da an nie wieder gesehen wurde.

Es wird allgemein angenommen, dass die Mafia höchstwahr-

26

scheinlich in diesen Diebstahl verwickelt und für das endgültige Schicksal des Gemäldes verantwortlich war. Was aber war dieses endgültige Schicksal? Es kursieren verschiedene Geschichten. Es wurde weiterverkauft; es wurde an Schweine verfüttert; es verbrannte in einem Feuer. Aber niemand weiß es mit Gewissheit. An seinem Platz über dem Hauptaltar des Oratoriums hängt nun eine Kopie, die 2009 in Auftrag gegeben und nach Fotografien des Originals gemalt wurde – eine mutige Reproduktion, die einem echten Caravaggio nicht im Geringsten ähnelt. Vielleicht fordert die Broschüre die Besucher:innen deshalb dazu auf, ihren Blick woanders hinzulenken und sich am »wunderschönen marmornen Boden« zu erfreuen, den »die Marmorkünstler Francesco Camanlino und Alojsio Mira 1716 gestaltet haben«. Ich war aber nicht hierhergepilgert, um einen Marmorboden zu sehen. Es gibt so wenige Caravaggios – die Fachleute gehen von etwa achtzig aus –, dass sich die fehlenden wie eine Wunde anfühlen: jene von Autoren des siebzehnten Jahrhunderts erwähnten Werke, die entweder nicht mehr erhalten sind oder nicht zugeordnet werden können, die drei Arbeiten, die 1945 in Berlin im Feuer zerstört wurden, und das Gemälde, das im Oratorium in Palermo herumspukt.

Der Sommer meiner Reise fiel in eine schwierige Zeit in Italien, aber Sizilien hatte noch einmal ganz eigene Schwierigkeiten. Ich war mir beispielsweise unsicher, ob sich die vielen Graffiti mit dem Wort »Ultras«, die ich sah, auf radikale Fußballfans, rechtsextreme Verbrecher oder vielleicht auf eine Kombination aus beidem bezog. In der Nachmittagshitze schlenderte ich über den Ballarò-Markt, an dessen bunten Ständen Obst, Gemüse und Billigwaren verkauft wurden. Als ich zurückkam, ging die Sonne unter, und die Stadt hatte sich gewandelt. Die Marktstände waren geschlossen, die Straßen beinahe still. Es kursierten Geschichten über die Konflikte, die einige Nigerianer:innen in Palermo mit der Mafia hatten, über ihre Verwicklung in die Prostitution, über grauenhafte Gewalttaten, die sie sowohl erfuhren wie verübten, über Messerstechereien und Morde. Nichts davon war an diesem Abend während meines Spaziergangs über den Ballarò-Markt zu sehen, aber die Stimmung war angespannt, und ich wollte mich dort nicht länger aufhalten.

4

Zwei Dinge waren mir klar geworden, als ich am nächsten Morgen mit dem Zug entlang der sizilianischen Küste von Palermo – vorbei an mir unbekannten Orten wie Cefalù, Capo d'Orlando, Gioiosa Marea und Barcellona – nach Messina fuhr. Die erste Einsicht war, dass ich meine Erkundung von Caravaggios Jahren im Exil nicht länger von dem trennen konnte, was ich um mich herum im heutigen Italien sah: Das Meer war dasselbe, die Eindrücke von Gefahren an allen Ecken reimten sich. Zweitens war ich nach meinem gescheiterten Versuch, *Das Martyrium der Heiligen Ursula* in Neapel zu sehen, sowie nach der vorhersehbaren Enttäuschung über die Replik der *Geburt Christi* in Palermo mehr als bereit dafür, wieder vor einem echten und prächtigen Caravaggio-Gemälde zu stehen. Am Bahnhof in Messina stieg ich in ein Taxi. Der Fahrer sagte: »Na, Sie sind wohl ein Fußballspieler?« Ich lachte. Ja, was sollte ein junger Afrikaner auf dem Weg in ein Hotel auch sonst sein? »Nein, ich bin hier, um mir Gemälde von Caravaggio anzuschauen.«

»Ah Caravaggio«, sagte er wenig überzeugt. »Caravaggio. Großartig.«

In Messina traf ich mich mit Alessandra Coppola, einer Journalistin aus Neapel, die sich bereit erklärt hatte, mich auf Sizilien als Reiseführerin zu begleiten. Nach dem Mittagessen spazierten wir durch die Stadt, die keiner der Städte ähnelte, die ich bisher in Italien gesehen hatte: bescheiden, modern, voller mehrstöckiger Häuser mit Flachdächern und ohne jegliche Verzierung. Dafür gab es einen guten Grund: Im Dezember 1908 hatte ein Erdbeben Messina erschüttert, neunzig Prozent seiner Gebäude zerstört und siebzigtausend Menschen in der Umgebung getötet. Die Stadt, die danach wieder aufgebaut worden war, war schlichter und rationaler als die meisten anderen italienischen Städte dieser Größe. Viele der neuen Gebäude wurden so errichtet, dass sie zukünftigen Erdbeben standhalten konnten.

Am späten Nachmittag besuchten Alessandra und ich das Museo Regionale di Messina, ein schlichtes Gebäude auf einer Anhöhe in der Nähe der Meerenge, die Sizilien vom Festland trennt. Auf dem Gelände verstreut befanden sich Bäume sowie antike Skulpturen. Unser Besuch fiel auf einen Mittwochnachmittag, und außer uns war fast niemand da. Wir schätzten uns glücklich, als wir durch die ruhigen Galerien gingen. Nachdem ich einen großen grauen Saal betreten hatte, stand ich plötzlich, ohne Fanfaren oder Vorwarnung, vor der *Auferweckung des Lazarus* (Bildtafel 2). Es erwischte mich wie ein unerwarteter Windstoß. Ich erinnere mich nicht, ob ich damals aufschrie, aber ich weiß, dass ich zu zittern begann. Ich näherte mich dem Gemälde und versuchte, seine Bedeutung auszumachen – ein grell ausgeleuchtetes, beängstigendes Bild, ein Gewirr von Gliedmaßen, ein unaufgeklärtes Drama –, und dabei bemerkte ich, dass in diesem Raum noch ein zweites Bild, ebenfalls von Caravaggio, hing: seine *Anbetung der Hirten*. Ein ruhigeres Werk, das aber auch von großem Format ist und ein ganz eigenes Kraftfeld besitzt.

Ich saß auf einer Bank in der Mitte des Raums, die beiden Gemälde hingen in einem rechten Winkel zueinander. Gefangen zwischen diesen beiden unermesslichen Größen fühlte ich mich ehrfürchtig, atemlos. Der bloße Akt des Betrachtens eines alten Gemäldes kann an sich schon seltsam sein. Es handelt sich um eine Aktivität, die mit Klassenzugehörigkeit und sozialen Ambitionen verbunden ist. Manchmal fühlt es sich an wie ein unterhaltsames – oder irritierendes – Wandeln unter den Vorfahren der Weißen. Es kann aber auch wunderbar sein und Betrachtenden die Möglichkeit bieten, sich von der Genialität oder Erkenntnis eines fremden Menschen beschenken zu lassen. Nur selten geschieht etwas noch Besseres: Ein Gemälde, das vor Hunderten von Jahren in einem fernen Land erschaffen wurde, bei dem sich die sorgfältige Aufmerksamkeit und turbulente Erfahrung eines Künstlers in die aufgespannte Leinwand einlagerten, springt aus der Vergangenheit hervor, um dich – *dich* – in der Gegenwart auf sich aufmerksam zu machen, um dich zu verwirren, indem es dir sowohl ein Gefühl des Schreckens als auch des Trosts entlockt, um dir ein Bewusstsein von dir selbst zu vermitteln, wodurch du etwas erlebst, das sich dem Zugriff der Sprache entzieht, etwas, ohne das du nicht leben wolltest.

Die Auferweckung des Lazarus, um 1609 entstanden, wird im

oberen Bereich von einer dunklen Fläche dominiert. Darunter befindet sich, wie von einem Scheinwerfer beleuchtet, die Szene der Auferstehung. In der Mitte liegt, diagonal ausgestreckt, zwischen Leben und Tod, der blasse, beinahe grünliche Körper des Lazarus. Ein Mann stützt ihn, und zur Rechten befinden sich seine trauernden Schwestern. Auf der linken Seite ist die Figur Christi zu sehen, dessen Kopf von hinten beleuchtet wird und der seinen rechten Arm ausstreckt, um den Toten ins Leben zurückzurufen. Goldenes Licht fällt auf Hände und Gesichter, Arme und Beine.

Die Geschichte von Lazarus, wie sie im Johannesevangelium erzählt wird, hat mich immer sehr berührt. Die Grundform der Erzählung ist bekannt und nachempfindbar: Jemand stirbt, und die untröstliche Familie bittet darum, dass ihr Verlust rückgängig gemacht werde. Im Fall von Lazarus ist Christus von der Trauer der Familie so bewegt, dass er in die natürliche Ordnung der Dinge eingreift und eine einzigartige Ausnahme gewährt: Er erweckt den Toten wieder zum Leben. Dies macht die Szene zu einem Beispiel für kosmische Gunst, auf die wir alle hoffen, wenn wir aufs Schlimmste verwundet und verletzlich sind. Caravaggio reduziert die Szene auf ihre wesentlichen Elemente: die verwirrten Gesichter der Umstehenden und die niedergeschlagenen Gesichter der Schwestern, der nekrotische Körper des Lazarus, die übernatürliche Macht von Christus.

Das sich in der *Anbetung der Hirten* abspielende Drama ist im Vergleich deutlich ruhiger. Was lässt sich mit dem Stall anfangen, in dem das Jesuskind geboren wurde? Vielen Künstler:innen gelingt es nicht, das Märchengepäck der Geschichte abzuwerfen, doch durch Caravaggios Hände wird die Erzählung erneut zum Leben erweckt. Der Schlüssel ist auch hier wieder sein Vertrauen in den Realismus: Zeige, wie die Dinge aussehen, und die Emotionen werden folgen. Das Gemälde ist eine Lache aus gebrannter Umbra, die das Plazentarot der Gewänder der Jungfrau und eines der Hirten umgibt. Dies ist keine liebliche Familienszene, sondern vielmehr ein Zeugnis von Härte und Not. Warum sollten sich ein Neugeborenes und seine Mutter an einem so schmutzigen Ort aufhalten, der ihnen kaum Schutz vor der Witterung bietet? In welche Ecke eines Geflüchtetenlagers erhalten wir hier Einblick? Warum haben diese Leute kein Zuhause?

1607 verließ Caravaggio Neapel und kam Ende 1608 auf Sizilien an, wo er in Syrakus, Messina und wahrscheinlich auch Palermo Auftragsarbeiten annahm. Zwischen seinem Aufenthalt in Neapel und seiner Ankunft auf Sizilien verbrachte er mehr als ein Jahr weiter südlich, auf Malta. Neapel musste er aus unbekannten Gründen verlassen. Und dann, Caravaggio blieb sich treu, musste er aus Malta fliehen, nachdem er dort ein Verbrechen begangen hatte. Und als er Sizilien verließ, war er notgedrungenerweise in Eile, diesmal fürchtete er um sein Leben. Er kehrte aus Sizilien nach Neapel zurück, von wo aus er sich auf den Weg nach Rom machte. In diesen verwickelten letzten Jahren und Monaten war er produktiv, aber auch sehr mitgenommen und obdachlos. Es fällt nicht schwer, sich vorzustellen, dass er ein tiefes Mitgefühl mit der Heiligen Familie empfunden haben mag, als er die *Anbetung der Hirten* malte. Sie hatten es schließlich mit einem der einfachsten und doch kompliziertesten aller menschlichen Bedürfnisse zu tun: einen passenden und sicheren Ort für die Nacht zu finden.

5

Im Hotel in Messina las ich in der Morgenausgabe des *Corriere della Sera* von einem Boot, das vor über einem Jahr mit siebenhundert Menschen an Bord gesunken war. Die italienische Küstenwache hatte dieses Boot nun geborgen. Es war hochgeholt worden und wurde zum Hafen von Augusta in Sizilien gebracht. Ich beschloss, nach Augusta zu fahren und das Anlegen des Bootes zu beobachten. An einem klaren sonnigen Morgen, der den Blick auf die rauchende Spitze des Ätna über weite Strecken zu unserer Rechten freigab, fuhren wir von Messina aus die Küste entlang, vorbei an Taormina und Catania. Als wir die Stadt Augusta erreichten, war sie hell und menschenleer. Wir aßen dort in einem Café zu Mittag, konnten aber nichts über das geborgene Boot in Erfahrung bringen. Also fuhren wir weiter, an Syrakus vorbei, in den Ferienort Pozzallo an der südlichsten Spitze der Insel. Ein Leichenwagen fuhr vorüber, dem eine große Menschenmenge zu Fuß folgte.

Am Strand von Pozzallo trafen wir uns mit italienischen und amerikanischen Bekannten und fuhren dann zum Hafengebiet, wo die Fähren und Containerschiffe liegen. Das Tor stand offen, doch weder am Fenster des Pförtnerhäuschens noch auf dem Gelände war jemand zu sehen. Zwischen der Anlegestelle und der Straße, eingezäunt hinter dem Hafengelände und knapp fünfzig Meter von uns entfernt, lagen acht große Holzboote auf dem Parkplatz. Sie waren blau, weiß und rot gestrichen und lagen eng beieinander, jedes auf die Seite gekippt, wobei einige aneinanderlehnten. Ich ließ meine Gruppe zurück und ging auf die Boote zu. Die Bootsdecks waren über und über mit orangefarbenen Schwimmwesten bedeckt, und als ich die Boote erreichte, war der starke Geruch, den sie verströmten, zu einem üblen Gestank geworden. Die Boote schienen aus dem Meer gezogen worden zu sein, ohne jeden Versuch, sie danach zu reinigen. Sie waren nicht nur mit Unmengen von schmutzigen Schwimmwesten übersät, sondern auch mit Plastikflaschen, Schuhen, Hemden und all dem Dreck, den tagelanges Zusammenleben auf engstem Raum mit sich bringt.

Es ließ sich nicht feststellen, ob und wenn ja welches dieser Boote seine menschliche Fracht ins Mittelmeer gekippt hatte, welches von den europäischen Behörden abgefangen worden war oder welches die verängstigten Passagiere sicher an Land gebracht hatte. Ich hatte mein Notizbuch dabei und machte mir, als ich zwischen den Booten umherging, Einträge zu dem, was ich sah. Ich betrachtete die Details und überlegte, wie ich das alles schriftlich festhalten könnte. Was dann geschah, überrumpelte mich: Plötzlich sackte ich auf die Knie und begann zu schluchzen. In meiner Brust hämmerte es, meine Tränen flossen, und zwischen den Booten mit ihrem strengen Geruch nach menschlichem Körper vergrub ich den Kopf in meinen Händen, von Trauer überwältigt und überrascht.

Als ich mich wieder gefangen hatte, kletterte ich in eines der Boote, ohne mich weiter an dem Gestank zu stören. Ich wollte einfach nur da sein und mir die unbemerkte und verzweifelte Menge der Seefahrenden vorstellen. Nach einer Weile schloss ich mich wieder den anderen an. Wir verließen Pozzallo und kehrten nach Augusta zurück. Dort befindet sich ein Provinzhafen voller Kräne, Schiffe und Container, der viel belebter und weitläufiger als der von Pozzallo ist. Es gab dort einen großen eingezäunten Bereich mit Zelten für die Menschen, die in den letzten Tagen oder Wochen aufgegriffen worden waren und auf ihre Abfertigung und Verlegung in andere Unterbringungen warteten. Ein großes Schiff mit vielen Passagieren sollte einlaufen. Uns wurde mitgeteilt, dass es in dieser Nacht nicht anlegen würde.

Früher am Tag war jedoch eine kleinere Gruppe von Migrant:innen eingetroffen, und ein Polizeibeamter erlaubte mir, mit zweien von ihnen zu sprechen. Ich wurde in einen Raum mit hellem Neonlicht geführt. Die Männer kamen beide aus Bangladesch und waren jung, wahrscheinlich in ihren Zwanzigern. Sie sahen verstört aus. Man hatte ihnen saubere Kleidung gegeben – ein kariertes Hemd für den einen, ein sportliches T-Shirt für den anderen –, und an den Füßen trugen sie Plastik-Crocs. Vermutlich sprachen sie Bengali. Es war ein Dolmetscher vor Ort, ein pakistanischer Mann, der fließend Urdu sprach. Ich nahm an, dass er in etwa verstand, was die Männer sagten, möglicherweise weil sie auch etwas Hindi konnten, was Überschneidungen mit dem Urdu hat. Doch es gab noch ein weiteres Problem: Der Dolmetscher sprach zwar fließend Italienisch, aber nur bruchstückhaft Englisch. Es bedurfte also einiger Anstrengung, ihm meine Fragen verständlich zu machen, und weiterer Anstrengung seinerseits, den Bangladeschi seine Übersetzung meiner Fragen verständlich zu machen. Als sie schließlich etwas von seinen Fragen verstanden und antworteten, mussten wir die gleiche Anzahl an ungenauen Schritten zurückgehen, um die Antwort zu mir zu holen.

Die Männer hießen beide Mohammed. Einer war größer als der andere. Sie waren von einem Boot aus Libyen gerettet worden, wo sie über ein Jahr gelebt und gearbeitet hatten. Warum hatten sie Bangladesch verlassen? Um Arbeit zu finden, sagten sie. Und wie war es in Libyen? Der große Mohammed schüttelte den Kopf. Es war sehr schlimm, sagte er. Sie mussten dort unbedingt weg, die Libyer waren grausam; aber ein Platz auf einem Boot kostete viel Geld. Und wie war die Überfahrt? Wieder war es der große Mohammed, der antwortete: Die Schmuggler hatten gelogen, sagte er. Man hatte den Passagieren mitgeteilt, sie würden in sechs Stunden in Italien sein. Aber sie waren fast einen ganzen Tag auf See, bevor sie von dem italienischen Schiff aufgegriffen wurden.

Ich fragte sie, was sie sich erhofften, und es war der kleinere Mohammed, der diesmal das Wort ergriff. Sie wünschten sich die Freiheit, in Europa zu arbeiten. Sein Begleiter nickte zustimmend. Man sah ihnen die Erschöpfung an – die Erschöpfung, erst an diesem Tag eine Tortur auf See überlebt zu haben. Daran musste ich immer wieder denken: Sie hatten überlebt, andere waren gestorben. Warum hatten sich die Dinge so gewendet? Es war eine Frage des Glücks, und das schien zu ihrer verwirrten Verfassung beizutragen.

Wir erfuhren von einem anderen Schiff, das später in der Nacht an einem zweiten, kleineren, nur wenige Autominuten entfernten Hafen in der Gegend von Augusta anlegen sollte. Das große von uns erwartete Schiff, so erfuhren wir jetzt, war von den Behörden am Anlegen gehindert worden. Aber eine Handvoll Passagiere sollte zur medizinischen Versorgung an Land gebracht werden. Wir fuhren daher zu diesem anderen Hafen, und nach einer halben Stunde kam tatsächlich ein kleines, überdachtes Boot an. Mit uns waren noch weitere Pressevertreter:innen auf dem Pier, und es war uns allen gestattet, das Anlegen des Bootes zu beobachten, aber ohne in dessen Nähe zu kommen oder Fotos zu machen. Polizeibeamte patrouillierten in der Gegend, während etwa sechs Mediziner:innen in weißen Ganzkörperanzügen und weißen Gesichtsmasken an Bord gingen. Kurz darauf hoben sie einen geschwächten Mann heraus und legten ihn auf eine Bahre. Er wurde zum Krankenwagen geschoben. Eine Journalistin von der italienischen Presse meinte, er sei Eritreer.

Wenig später führten die Mediziner:innen in ihren weißen Anzügen und Masken ein Schwarzes Paar, einen Mann und eine Frau, von Bord, und danach ein weiteres Paar. Beide Frauen waren schwanger. Allen vier wurde vom Boot herunter geholfen, und dann wurden sie den Pier entlang zum wartenden Krankenwagen geführt. Ich ging zum Krankenwagen hinüber. Einer der Männer saß bei der Tür, und ich fragte ihn, woher sie kamen. »Nigeria«, sagte er. Ich hatte einerseits das Gefühl, die Grenze des Professionellen zu überschreiten, andererseits stellte ich mir vor, dass diese Menschen in den kommenden Tagen vielleicht nicht viele warme Worte zu hören bekommen würden. Deshalb sagte ich: »Willkommen.« Dann fügte ich hinzu: »Möge Gott mit Ihnen sein.« Bevor der Mann antworten konnte, schloss ein Polizeibeamter die Tür des Krankenwagens und machte mit der Hand eine Geste in meine Richtung, das Gelände zu verlassen.

6

Syrakus ist aus honigfarbenem Stein erbaut, der gleiche Stein wurde sowohl für bescheidene Häuser als auch für die Kathedrale verwendet, die der heiligen Lucia, der Schutzpatronin der Stadt, gewidmet ist. Ihre Legende ist typisch für weibliche christliche Heilige: Keuschheitsgelübde, Hingabe an Gott, Auflehnung gegen die weltliche Obrigkeit (in ihrem Fall der Konsul von Syrakus) und anschließend die grausame Hinrichtung. Versionen der Legende besagen, dass Lucia vor ihrer Hinrichtung die Augen ausgestochen wurden. Die heilige Lucia ist die Schutzpatronin der Blinden, und ihre Statue auf der Kathedrale hält eine Schale, in der sie ihre Augen trägt.

Über eine Kontaktperson in Syrakus lernte ich einen jungen Mann aus Gambia kennen, der hier etwa acht Monate zuvor mit einem Boot aus Libyen angekommen war. D. hatte sich als Minderjähriger registrieren lassen – er gab mir gegenüber zu, dass er keiner mehr war, und ich schätzte sein Alter auf ungefähr zwanzig Jahre – und war in einer Gruppenunterkunft mit anderen Minderjährigen untergebracht. Er hatte ein dunkles, intelligentes Gesicht und eine lockere Art, die mich an meine jüngeren Cousins erinnerte. Er schien froh zu sein, mit jemandem Englisch sprechen zu können, und noch glücklicher wurde er, als ich ihm sagte, dass ich aus Nigeria kam. »Ich liebe nigerianische Musik«, sagte er. »Ich höre nichts anderes.« Ich fragte ihn, warum er ausgewandert sei. Sein Vater sei ein kleiner Politiker gewesen und habe sich mit dem damaligen Präsidenten Gambias, Yahya Jammeh, angelegt. »Mein Vater musste ins Exil nach Dakar gehen. Das Leben wurde sehr schwierig für meine Familie. Für meine Mutter, meine Schwestern.« Aber warum zog D. nicht auch nach Dakar? »Ich stand meinem Vater nicht so nahe.«

Doch dann starb sein Vater, und die Lage wurde noch aussichtsloser. Er ging nach Libyen, um dort Arbeit zu finden, und schaffte es, kleine Beträge nach Hause zu schicken. Dort erzählte er niemandem davon, als er sich letztlich dazu entschloss, Menschenschmugglern Geld für die Überfahrt nach Europa zu zahlen.

»Hattest du keine Angst zu sterben?«

»Doch, schon ein bisschen«, sagte er. »Aber in Libyen war es schlimm geworden. Ich musste fort.«

Im Grunde war es die gleiche Geschichte wie die der beiden Mohammeds.

»Und die Überfahrt, war sie so schlimm, wie du befürchtet hast?« »Schlimmer«, sagte D. Die Schmuggler hatten einem der Passagiere, den sie willkürlich zum »Kapitän« ernannt hatten, ein Funkgerät gegeben. Die Anweisungen lauteten, dass sie nach einer gewissen Zeit versuchen sollten, eines der italienischen Schiffe zu kontaktieren. Nach einigen verzweifelten Stunden ging der Plan auf, und die Migrant:innen wurden aufgegriffen und nach Sizilien gebracht. Erst nach seiner Ankunft teilte D. seiner Familie mit, dass er die Überfahrt überhaupt unternommen hatte. Er sagte, in Italien sei man nett zu ihm gewesen. Er lebte noch immer in der Unterkunft für Minderjährige, wo er eine gewisse Freiheit hatte. Aber er hatte nur wenig Geld und keine Arbeitserlaubnis. Monate waren vergangen, und er verspürte den Drang, Syrakus zu verlassen und in eine größere Stadt zu gehen.

Dann fragte er mich, warum ich in Syrakus sei. Ich sagte ihm, ich sei gekommen, um ein Gemälde von Caravaggio zu sehen. Ich zeigte auf die Piazza Duomo und fragte ihn, ob er mich begleiten wolle. »Warum nicht«, sagte er. Als wir gemeinsam die

Kirche Santa Lucia alla Badia betraten, sagte er: »Weißt du, ich komme jeden Tag hierher, auf diese Piazza, und noch nie war ich in einer Kirche. Nicht in dieser Kirche, nicht in irgendeiner anderen. In meinem ganzen Leben nicht. Verstehst du? Ich habe noch nie eine Kirche von innen gesehen.« Er war als Muslim aufgewachsen. Er schien erstaunt, dass er einfach hineingehen konnte, dass niemand seine Anwesenheit hinterfragte oder ihn an der Tür aufhielt. Wir stellten uns vor das Altarbild.

Das *Begräbnis der Heiligen Lucia* ist mit seiner Breite von drei Metern und seiner Höhe von über vier Metern außerordentlich groß. Es befindet sich in schlechtem Zustand: Die Farben haben stark gelitten, und große Stellen sind beschädigt. Doch das tut der Wirkung des Gemäldes keinen Abbruch. Vielmehr trägt der schlechte materielle Zustand des Bildes dazu bei, die Aufmerksamkeit auf dessen Grabesstimmung zu lenken. Die Heilige Lucia liegt tot auf dem Boden, mit einer deutlichen Schnittwunde am Hals und Augen, die geschlossen worden sind. Hinter dem Leichnam hat sich eine Menschenmenge versammelt. Im Vordergrund graben zwei kräftig aussehende Männer in der Erde. Doch diese »Erde«, die sich in einem Feld aus dunklen Brauntönen verliert, erweckt den Eindruck, als begrübe die Zeit selbst das Bild. Dunkelheit drängt sich von allen Seiten an die Figuren heran. Als D. das Gemälde betrachtete, wollte ich ihm erzählen, dass Caravaggio zu diesem Zeitpunkt seiner Reise ziemlich paranoid gewesen war und immer mit seinem Schwert schlief. Aber ich sagte nichts dergleichen. Wir sahen uns das Bild eine Weile gemeinsam an, dann verließen wir die Kirche. Draußen schienen D.s Augen von Verwunderung erfüllt zu sein, sowohl über Caravaggio, wie ich annahm, als auch über mich, diesen seltsamen westafrikanischen Nachbarn, der aus dem Nichts auftauchte und merkwürdige Fragen stellte.

7

Aus der Luft betrachtet, war der erste Eindruck, den ich von der größten maltesischen Insel hatte, der einer gewaltigen, im Meer schwimmenden Korkplatte: flaches braunes Gelände, das sich mit schwindelerregenden Klippen vom Wasser abhebt. Auf der Fahrt vom Flughafen erklärte der Taxifahrer unvermittelt: »Malta ist toll, aber wir können nicht all diese Flüchtlinge durchfüttern. Wir sind eine kleine Insel. Wir sind kein großes Land.« Malta zeichnet sich durch gut erhaltene Häuser und Kirchen aus sowie durch die imposante Festung des Castel Sant'Angelo und den anhaltenden, allgegenwärtigen Einfluss des Souveränen Ritter- und Hospitalorden vom Heiligen Johannes von Jerusalem, von Rhodos und von Malta. Es war die Gunst dieser militanten christlichen Organisation, die auch als die Ritter des Malteserordens bekannt ist, die Caravaggio im Juli 1607 nach Malta führte.

Caravaggio lebte etwas länger als ein Jahr auf Malta und schuf in dieser Zeit einige Gemälde für den Ritterorden, dessen Schutzheiliger Johannes der Täufer ist. Sein steifes, pflichtgetreues Porträt von Alof de Wignacourt, dem Großmeister des Ordens, hängt im Louvre. Ein weiteres Portrait von Wignacourt gilt als verschollen. Diese Gemälde wurden wahrscheinlich angefertigt, um dem Maler die Gunst von Wignacourt zu sichern: Würde dieser ihn in den Ritterstand erheben, dann verbesserten sich seine Aussichten darauf, dass der Papst ihn für den Mord an Tomassoni begnadigte. Auf der Insel befinden sich noch zwei weitere bedeutende Gemälde aus der Zeit, in der Caravaggio sich dort aufhielt. Das erste ist der *Heilige Hieronymus*. Das zweite ist das Werk, das mich mehr als alles andere nach Malta geführt hat: *Die Enthauptung Johannes des Täufers* (Bildtafel 1), ein Gemälde, das ich seit meiner Kindheit kenne, lange bevor ich überhaupt eine Vorstellung von Malta als einem geografischen Ort hatte.

Der am dichtesten besiedelte Teil Maltas ist eine Ansammlung von Kleinstädten um die Hauptstadt Valletta herum. Ich übernachtete in einer dieser Städte, Sliema, aß am Meeresufer, spazierte durch die ruhigeren Straßen, schlenderte umher. Erst am dritten Tag fasste ich den Mut, die Konkathedrale des Heiligen Johannes in Valletta zu besuchen. Die Konkathedrale (die so genannt wird, da sie, neben der ersten Kathedrale in der früheren maltesischen Hauptstadt Mdina, am zweiten Sitz des Erzbischofs steht) ist vergoldet und verziert und pulsiert unter dem Gemurmel der Besuchenden. Folgt man aber den Schildern und passiert eine schmale Tür im hinteren Bereich, gelangt man in einen kleinen, ruhigen, kappellenartigen Raum, das Oratorium. Geradeaus, aber erst sichtbar, nachdem man um eine Zwischenwand herumgegangen ist, befindet sich *Die Enthauptung Johannes des Täufers*. Man hat den Eindruck, in etwas Schreckliches hineingeraten zu sein, dessen Anblick man ungeschehen machen möchte.

Die sieben auf dem Gemälde dargestellten Personen wirken wie reale Personen in einem realen Raum, die durch den dunklen Hintergrund verkleinert werden. Die Beleuchtung, die monumentale Größe (noch größer als *Das Begräbnis der Heiligen*

Lucia), die Höhe, in der das Bild hängt, und die Verteilung von Dunkelheit und Licht verstärken den Eindruck, dass es sich bei dem, was man sieht, um ein reales Ereignis handelt: die beiden Häftlinge, die die Hinrichtung beobachten; die Magd mit der goldenen Schale; die alte Frau; der Mann, der die Tötung anordnet; der Scharfrichter, der nach dem Messer greift, mit dem er die Tat vollenden will; und der heilige Johannes selbst, der auf dem Boden liegt und aus dessen Hals Blut spritzt. Caravaggio signierte das Bild mit seinem Namen – soweit wir wissen, das einzige Mal – in einer roten, aus dem Blut gezogenen Linie.

Die ganze bösartige Kraft der Gemälde Caravaggios, die ich in den zwei Wochen zuvor gesehen hatte – *Judith und Holofernes, Martyrium des Heiligen Matthäus, David mit dem Haupt des Goliath, Geißelung Christi* –, all diese mörderische Wucht schien nun in einem einzigen Albtraumbild verdichtet zu sein, eine Überwachungskamera, die auf ein noch nicht vollzogenes Verbrechen gerichtet ist, ein Snuff-Film.

Es fiel mir schwer, *Die Enthauptung Johannes des Täufers* mit dem in Einklang zu bringen, was ich für Malerei hielt. Es sollte mehr als ein Jahr vergehen, bis ich einen Zugang zu dem auf Malta Gesehenen fand: zwei kurze Videoclips aus Libyen aus dem Jahr 2017. Der erste, gefilmt von einer ungenannten Quelle, zeigt Männer, die auf einem Sklavenmarkt verkauft werden. Der zweite wurde von CNN-Journalist:innen in den Vororten von Tripoli gefilmt, wohin sie sich begeben hatten, um die kursierenden Meldungen zu überprüfen. Bei den verkauften Männern handelt es sich um Migranten aus Niger. Einige von ihnen stehen nachts an einer kahlen Wand, in einem trostlosen Innenhof wie in einem Gemälde von Caravaggio. Das Licht ist schwach. Man sieht kaum etwas. Das Geschäft geht zügig vonstatten: Preise werden ausgerufen, unsichtbare Käufer bieten mit, und dann ist es vorüber. Was ich in diesen Clips sah, war umgestülptes Leben, Leben, das in Tod verwandelt worden war, gerade so, wie ich es in Caravaggios Gemälde gesehen hatte. Nicht nur etwas, das nicht sein sollte, sondern etwas, das nicht gesehen werden sollte.

Das Gemälde beeindruckte Caravaggios Gastgeber. Am 14. Juli 1608, kurz nach der Fertigstellung, wird er zum Ritter des Johanniterordens ernannt. Bei der Verkündung verglich Alof de Wignacourt ihn mit Apelles, dem bedeutendsten Maler der Antike. Caravaggio erhielt eine goldene Kette, und laut Giovanni Belori schenkte ihm Wignacourt »zwei versklavte Menschen«. Die meisten der in Malta Versklavten waren muslimische Menschen, zu einer Zeit, als sich der Hass zwischen den Malteserrittern und dem Osmanischen Reich auf einem fanatischen Höhepunkt befand (in den osmanischen Ländern wiederum gab es viele versklavte Christ:innen). Die Identität der beiden Personen, die Caravaggio übergeben wurden, ist nicht bekannt, aber viele versklavte Menschen, die in Malta als Hausbedienstete arbeiteten, stammten aus Bornu, einem Gebiet, das sich über Teile des heutigen Nigeria und Tschad erstreckt.

Caravaggio konnte seinen grausamen Rang nicht lange genießen. Ende August war er in eine weitere gewalttätige Auseinandersetzung verwickelt. Giovanni Rodomonte Roero, ein ranghoher Ritter, wurde eines Nachts bei einem Überfall verwundet, an dem Caravaggio und fünf weitere Männer beteiligt waren. Caravaggio wurde wochenlang im Castel Sant'Angelo festgehalten. Doch es gelang ihm, aus der Gefangenschaft zu entkommen, indem er sich mit einem Seil von der Festung herabließ. Er fand einen Bootsmann, den er möglicherweise bestochen hat, und machte sich auf den Weg nach Sizilien. So kam er nach Syrakus, Messina, Palermo, und die großen Gemälde, die er in diesen Monaten anfertigte, hinterließen Spuren wie Brotkrumen. Da er sich in Sizilien in Todesgefahr wähnte, vielleicht fürchtete er den Einfluss der Malteserritter, kehrte er nach Neapel zurück, und damit begann eine weitere produktive Episode in einer ihm wohlvertrauten Stadt. Er glaubte, dass er in Neapel sicher sei. Doch er irrte sich. Im Oktober 1609 wurde er auf dem Weg aus einer Taverne von einer Gruppe von Männern umringt. Sie verprügelten ihn und schlitzten ihm das Gesicht auf. Es wird vermutet, dass er danach teilweise gelähmt war und sein Sehvermögen eingebüßt hatte. Es dauerte lange, bis er sich wieder erholt hatte. Zwischen diesem Angriff und dem Ende seines Lebens, einem Zeitraum von neun Monaten, schuf er lediglich eine Handvoll Gemälde, von denen die beiden letzten *Verleugnung des Heiligen Petrus* und *Martyrium der Heiligen Ursula* sein sollten.

Weniger als ein Jahr nach meiner Reise nach Neapel erhielt das Metropolitan Museum das *Martyrium der Heiligen Ursula* als Leihgabe. Ich konnte es unmittelbar neben der *Verleugnung des Heiligen Petrus* betrachten, das sich ebenfalls in der Sammlung des Met befindet. Da wir wissen, dass Caravaggio schon bald danach starb, können wir nicht umhin, diese Gemälde als Werke seiner Spätphase zu betrachten, die sowohl das immense Können des Künstlers als auch eine gewisse Getriebenheit vermitteln. Es sind Gemälde von großer Ökonomie und psychologischer Tiefe. Die Angst in den Augen des heiligen Petrus, die Trauer im Gesicht der heiligen Ursula: War dies die Einsicht eines Mannes, der wusste, dass sein Leben bald zu Ende gehen würde? Der Gedanke ist naheliegend. Aber Caravaggio hoffte, sich von den Verletzungen des vergangenen Jahres zu erholen. Er erwartete eine Begnadigung durch den Papst. Obwohl er bereits ein umfangreiches Werk vorweisen konnte, war er erst achtunddreißig Jahre alt. Er muss gedacht haben, dass es für ihn gerade erst losgeht. Er ging nicht vom Leben in den Tod, wie Johannes der Täufer. Er ging vom Tod zurück ins Leben, wie Lazarus. Zumindest dachte er es, hoffte er es.

Im Sommer 1610 erfuhr Caravaggio, dass in Rom unter Mitwirkung seines alten Gönners, des Kardinals Scipione Borghese, eine Begnadigung für ihn vorbereitet wurde. Mitte Juli verließ er Neapel auf einer Feluke, einem Segelboot, und nahm drei Gemälde als Geschenk für den Kardinal mit. Eine Woche später befand er sich in Palo, einer Festungsstadt an der Küste, zwanzig Meilen westlich von Rom, von wo aus er sich vermutlich in die Stadt begeben wollte. Doch in Palo ging etwas schief. Als er von Bord ging, geriet Caravaggio in ein Handgemenge mit den Beamten der Festung und wurde verhaftet. Die Feluke stach ohne ihn, aber mit seinen Gemälden an Bord, wieder in See. Sie fuhr nach Norden an die toskanische Küste, in die kleine Stadt Porto Ercole. Wahrscheinlich sollte dort ein weiterer Passagier abgesetzt werden. Als Caravaggio Tage später freigelassen wurde, eilte er auf dem Landweg in Richtung Porto Ercole, was eine Tagesreise entfernt war. Bei seiner Ankunft brach er erschöpft zusammen. Die Feluke kam etwa zur gleichen Zeit an.

Es war ein heißer Julitag im Jahr 2016, als ich mich auf den Weg nach Porto Ercole machte. Etwa dreißig Minuten nachdem er Rom verlassen hatte, kam mein Zug an Palo vorbei und anderthalb Stunden später hielt er in Orbetello-Monte Argentario. Ich stellte mir vor, dass es im Juli 1610 eine fieberhafte Reise gewesen sein dürfte. Ich blieb in Orbetello und fuhr am nächsten Morgen mit dem Taxi über eine Landzunge, die im Kap Monte Argentario endet, an dessen Südseite Porto Ercole liegt. Ich frühstückte in einem Café am felsigen Strand. Neben mir saß ein touristisches Quartett, von denen zwei, dem Akzent nach zu urteilen, aus den Vereinigten Staaten waren. Der eine Amerikaner war ein älterer Mann. »Vielleicht gewinnt dieser Typ die Wahl und kann dem Ganzen ein Ende setzen«, sagte er. »Diese politische Korrektheit ist einfach verrückt. Man darf nicht einmal mehr jemandem ein Kompliment machen. Dann heißt es gleich: sexuelle Belästigung.« Er schwang seine Reden mit der Haltung eines Menschen, der will, dass alle sie mitbekommen. Er beklagte sich über seine Ex-Frau. Seine drei Bekannten nickten verständnisvoll.

Caravaggio hat das Meer nie gemalt. In seinem Werk suchte ich vergeblich nach einer Meereslandschaft; Panoramabilder kommen generell selten vor. Wir können uns nur mit dem befassen, was von seinem Werk erhalten geblieben ist, und darin gibt es keine Brandung, keine Wellen, keine Meeresstille, keine Schiffswracks oder Strände, keine Sonnenuntergänge über dem Wasser. Und doch bilden seine letzten Lebensjahre eine Seekarte ab, wobei seine Anlaufstellen allesamt echte Häfen waren, Pforten der Hoffnung, von denen Porto Ercole die letzte, unerwartete Station war. Er ist dort irgendwo begraben, vielleicht am Strand, vielleicht in einer der Kirchen im Ort. Aber sein wirklicher Körper befindet sich woanders: Es ist der Korpus seines malerischen Werks, das an Dutzende Orte in der Welt gegangen ist, an all die Orte, an denen auf den Bildbeschriftungen an der Wand steht: »gest. 1610, Porto Ercole«.

Er war ein Mörder, ein Sklavenhalter, ein Scheusal und eine Plage. Aber ich wende mich nicht Caravaggio zu, um daran erinnert zu werden, wie gut die Menschen sind, und schon gar nicht, weil *er* ein so guter Mensch war. Ganz im Gegenteil: Ich suche ihn wegen einer unerträglichen Erkenntnis auf. Er war ein Künstler, der Früchte in ihrer Reife und in dem Moment, in dem sie zu faulen beginnen, darstellte, ein Künstler, der Fleisch in seiner zartesten Verführungskraft und in seiner tiefsten Verletzung malte. Wenn er Leiden darstellte, dann deshalb so verblüffend gut, weil er auf beiden Seiten des Leidens stand: Er hat es anderen zugefügt und es am eigenen Leib erfahren. Caravaggio ist längst tot, ebenso wie seine Opfer. Was bleibt, ist das Werk, und ich muss ihn nicht lieben, um anzuerkennen, dass ich wissen muss, was er weiß, das Wissen, das Jahrhunderte später auf der Oberfläche seiner Bilder mitschwingt, das Wissen um all den Schmerz, die Einsamkeit, die Schönheit, die Angst und die schreckliche Verletzlichkeit, die unsere Körper gemeinsam haben.

Ich ging hinunter zum Hafen von Porto Ercole. Kleine Boote schaukelten zu Dutzenden auf dem Wasser, und ich bat einen der wartenden Männer, mit mir hinauszufahren. Die Luft war klar, das Wasser tiefblau mit zarten violetten Akzenten. Zum zweiten Mal auf meiner Reise stieg ich in ein Boot. Wir brausten dahin, und als der Bootsführer sein Hemd auszog, tat ich es ihm nach. Er schien Anfang fünfzig zu sein und sagte, er habe immer in Porto Ercole gelebt. Er sprach kaum Englisch. Als ich ihm sagte, ich käme aus New York, grinste er und streckte den Daumen nach oben. »Oh, New York!«, sagte er. Wir waren einige Meilen hinausgefahren. Wusste er von Caravaggio? Natürlich kannte er ihn. Er zeigte auf den Strand. »Caravaggio!«, sagte er und lächelte immer noch.

Ich gab ihm ein Zeichen, den Motor abzustellen. Er kam stotternd zum Stehen, und Stille brach herein, sodass das einzige Geräusch das der Wellen war, die an den Rumpf klatschten, während das Boot auf dem Mittelmeer schwankte.

2. TEIL
ELEGIEN

RAUM 406

1

Ach! Sha'del, Sohn des Zabdibôl, Sohn des Moqîmu, dem Handwerker. Er starb am dritten Tag des Kanûn im Jahr 484 (Dezember 172 u. Z.).

2

Die Zerstörung einer Ruine kommt der Schändung eines Leichnams gleich, eine an der Vergangenheit genommene Rache, die die Zukunft vergiften soll. Und wie oft sind diejenigen, die Ruinen zerstören, dieselben, die Leichen schänden.

3

Ich muss herausfinden, was mich traurig macht, nicht in der Hoffnung, die Traurigkeit auszulöschen, sondern in der Hoffnung, sie zu lindern.

4

Unter dem modernen Tadmur befand sich das Gefängnis Tadmur. Der Kerker war für das Grauen gebaut. Die Zahl der Insassen ging in die Tausende. Um die Inhaftierten konstant in Angst und Schrecken zu halten, wurden willkürlich Gefangene zu Tode geschleift oder mit einer Axt in Stücke gehackt. Darüber lagen die antiken Ruinen. Der syrische Dichter Faraj Bayrakdar, der von 1988 bis 1992 wegen seiner kommunistischen Ansichten in Tadmur inhaftiert war, nannte es »ein Reich des Todes und des Wahnsinns«.

5

Ach! Tadmur, Frau von Moqîmu, Sohn von Nûrbel, dem Handwerker. Sie starb am neunundzwanzigsten Tag des Siwan im Jahr 457 (Juni 146 u. Z.).

6

Ich verlagere das, was schmerzt, was verletzt, auf ein anderes Objekt, das mit einem örtlich begrenzten Schmerz von vor langer Zeit aufgeladen ist. Die Trauernden und die, die sie betrauerten, sind seit achtzehn Jahrhunderten nicht mehr unter uns. Ihr Schmerz – »Ach!« – bleibt lebendig.

7

Wie die Frauen ihre rechte Hand heben, um, ganz behutsam, den Saum ihrer Gewänder zu berühren. Ihre Iriden sind eingeritzt, ihre Pupillen doppelt eingeritzt in den Kalkstein.

8

Ach! Nûrbel, Sohn des Moqîmu, (Sohn des) Nûrbel. Im (Monat des) Qinyan des Jahres 492 (Juli 181 u. Z.).

9

Es befinden sich zwei weitere Personen in Raum 406. Einer von ihnen ist ein junger Mann in schwarzem T-Shirt und kurzer schwarzer Hose. Das Museum wird bald schließen. Draußen liegt die Stadt. Es ist später Nachmittag, und der Sommer neigt sich dem Ende zu. Viele Sprachen strömen durch die Straßen, ebenso viele Menschen, und das UN-Gebäude liegt marine-grün im Augustlicht.

10

Am 26. Juni 1980 scheitert ein Putschversuch gegen Präsident Hafiz al-Assad. Die Muslimbruderschaft wird dafür verant-wortlich gemacht. Am nächsten Tag begeben sich Kommando-truppen auf Befehl von Rifaat al-Assad, dem Bruder des Präsi-denten, zum Tadmur-Gefängnis mit der Anordnung, alle Gefangenen zu töten, unabhängig davon, ob sie mit der Mus-limbruderschaft in Verbindung stehen oder nicht. Die Kom-mandotruppen treffen im Morgengrauen ein. Die Gefangenen befinden sich in ihren Zellen, und die Kommandos gehen von einer Zelle zur nächsten. Es liegen keine Aufzeichnungen vor, aber es wird angenommen, dass etwa tausend Gefangene ge-tötet wurden.

11

Die antike Stadt Tadmur (eine mögliche Verbindung mit dem arabischen Wort *tamr*, »Datteln«, ist nicht belegt), über Jahr-tausende hinweg eine Oase in der syrischen Wüste, wird, unter römischer Hoheit im ersten Jahrhundert unserer Zeit, zu Pal-myra (der Name erinnert an Dattelpalmen). Unterhalb von Palmyra lebt Tadmur weiter: der lokale Dialekt des Aramäi-schen, als »Palmyrene« eingemeißelt in Kalksteinstelen, die arabische Königin Zenobia, die kämpft und gewinnt und verliert und in goldenen Ketten nach Rom verschleppt wird.

12

Parthisches (später: persisches) Gewand, griechischer Stil, an diesem Ort, an dem Kulturen aufeinandertreffen (Abbildung 2). In Anlehnung an die römische Porträtmalerei des zweiten und dritten Jahrhunderts unserer Zeit werden die Gesichter frontal und sowohl idealisiert als auch stilisiert dargestellt. Die vereinfachten Falten des Gewandes fallen fächerförmig wie Palmenblätter. Die Einkerbungen der palmyrenischen Schrift sind trockene Wedel.

13

Dieses wiederholte »Ach!« drückt aus, wie es ist. Das Amphitheater wurde während der römischen Kaiserzeit gebaut. In unserer Zeit werden die Menschen im Amphitheater in einer Reihe aufgestellt und erschossen. Das besondere Grauen von ISIS besteht darin, dass der einzelne Mensch als Teil einer nicht gezählten Masse stirbt. Niemand weiß, wie viele getötet, wie viele vergewaltigt, wie viele ohne die Würde und die Riten, die die Trauer lindern könnten, vom Erdboden verschwunden sind. Zweihundert? Zweitausend? Wie viele Menschen wurden ermordet während des irrsinnigen Feldzugs von ISIS, mit dem Ziel einer neuen Weltordnung? Wie lauteten ihre Namen? Wen haben sie geliebt? Wer waren ihre Eltern?

14

Nicht »Kunst«, zu vage. Nicht »Archäologie«, zu unpräzise.

2 Anonym, *Grabrelief* (ca. 2.–3. Jahrhundert n. u. Z.), Kalkstein, Palmyra, Syrien, Foto: Metropolitan Museum of Art, New York (Ankauf 02.29.1).

Sondern vielmehr: dieses spezifische Objekt, jenes spezifische Objekt, wie sieht es aus, was bedeutet es. Was heißt es, es an einem bestimmten Tag zu betrachten und unsere Schuld gegenüber seinen Hüter:innen zu bekräftigen. Als gelegentlicher Kunsthistoriker fühle ich mich diesem komplizierten Stamm von Hüter:innen zugehörig. Wie viele von uns wurden vor dem Krieg vom Baath-Regime umgebracht? Wie viele Archäologinnen, Historiker und Kunsthistorikerinnen wurden bei den amerikanischen Bombenangriffen auf Bagdad getötet? Wie viele Bildhauer, wie viele Oud-Bauerinnen, wie viele Meister des Maqam, wie viele Sängerinnen? Wie viele von denjenigen, die die Vergangenheit um der Zukunft willen bewahren? Wessen Aufgabe ist es, über sie Buch zu führen?

15

Mit ungewöhnlicher Aufmerksamkeit geht der junge Mann in Raum 406 in schwarzem Hemd, schwarzen Hosen, schwarzen Schuhen und schwarzen Socken von einer Vitrine zu nächsten. Er spielt nervös mit seinen Händen, aber sein Gesicht ist ruhig.

16

Die Ruinen und Gräber von Palmyra befanden sich in der schützenden Obhut des alten Professors. Als angesehener Archäologe, geschätzter Wissenschaftler und seit 1954 Mitglied der Baath-Partei war sein Tod vorbestimmt, sobald die Stadt fallen würde. Professor Khaled al-Asaad wurde in ein Verlies gebracht – nicht in das Tadmur-Gefängnis, das ISIS bereits zerstört hatte, sondern an einen anderen Ort. Hier in dieser Stadt, die er geliebt und beschützt hatte, wurde er gefoltert. Man stellt es sich am besten nicht vor, was in einer Folterkammer mit einem zweiundachtzigjährigen Mann geschieht. Später töteten sie ihn. Und das ist leider nur der Anfang, ach.

17

In wenigen Minuten wird der Raum 406 für diesen Tag schließen. Die Bildhauerarbeiten, eine feine Mischung aus hellenischer und persischer Kunst, sind unverwechselbar: Keine andere Kunst ähnelt dieser. Sie wurde von den reichen Kaufmannsfamilien von Palmyra gefördert. Einige der Stelen sind halbhohe Büsten, andere, komplexere, zeigen eine liegende Figur, die von einer Reihe anderer Figuren umgeben ist. Im Hochrelief sind die Figuren kaum halblebensgroß und um das Grab herum angeordnet, wie in einem römischen Speisezimmer. In der kommenden Welt werden wir gemeinsam an einem Festmahl teilnehmen.

MAMAS TOTENTUCH

Als Ende Juni 2017 meine Großmutter starb, die Mutter meiner Mutter, suchte ich nach ihr auf meinen Bildern. Sie war in Nigeria gestorben, während ich in Italien eine Tagung besuchte. Ich war weder bei ihr, als sie ins Koma fiel, noch drei Tage später, als sie starb. Ich erfuhr es von meinem Bruder, und ich rief meine Mutter wie auch andere Familienmitglieder an, um den Kummer mit ihnen zu teilen. Meine Großmutter wurde nach muslimischem Brauch innerhalb eines Tages bestattet, ich konnte zur Zeremonie nicht mehr rechtzeitig anreisen. Auch meine Mutter, die gerade Bekannte in Houston besuchte, erlebte das Koma, den Tod und die Beisetzung nicht.

Ich fuhr meinen Computer hoch und durchsuchte meine Bildordner. Bei meinen jährlichen Nigeriareisen hatte ich sie zuletzt immer in Sagamu besucht, dem kleinen Ort rund fünfundvierzig Minuten nördlich von Lagos, in dem sie geboren worden war und den Großteil ihres Lebens verbracht hatte. Bei diesen Besuchen sagte sie stets: »Komm, setz dich zu mir. Leg deine Hände in meine. Ich möchte dich nahe bei mir haben. Deine Haut an meiner spüren.« Und mir gefiel es, bei ihr zu sitzen und ihre Hände zu halten. Anschließend fotografierte ich immer. Ich habe Aufnahmen von ihr allein, Selfies von uns beiden, Fotos von ihr in der Gesellschaft meiner Mutter und meiner Tanten. Die Bilder zeigen eine erstaunlich glatte Haut, Haare fast ohne Grau und, meist, eine Spur von Belustigung. Auf ein paar Fotos hält meine Frau Karen ihre bejahrten Hände und lackiert ihr die Nägel.

Um unseren Toten nahe zu sein, halten wir an Bildern von ihnen fest. Das tun wir seit Jahrtausenden. Denken wir nur an die erstaunlich lebensechten Gesichter der ägyptischen Fayumporträts. Denken wir an palmyrenische Grabreliefs. Abbilder – Gemälde, Skulpturen, Fotografien – erinnern uns daran, wie unsere Lieben im Leben aussahen. Doch fast überall und zu allen Zeiten waren Bildnisse Verstorbener nur für die gesellschaftlichen Eliten zu haben. Das änderte sich mit der Fotografie. Heute gibt es von den allermeisten von uns Bilder, die uns überdauern. Fotos bleiben, wenn wir längst tot sind, dienen als Erinnerungsstütze und Talismane der Trauer.

Meine Großmutter wurde 1928 geboren. Sie erhielt den Namen Abusatu; wir riefen sie Mama. Mamas Vater Yusuf war Imam gewesen, er galt in Sagamu als strenggläubig, und sein eigener Vater Ladani noch mehr. Mama hingegen war heiter und gelassen, gutmütig und tolerant. Sie fand ihren Trost im Glauben, drängte ihn anderen aber nicht auf. Von ihren fünf Töchtern heirateten drei Christen und konvertierten (darunter als Älteste meine Mutter). Das spielte für Mama keine Rolle. Es gab in der Familie Muslime, Christinnen und solche, die – wie ich – den Bezug zum Glauben ganz verloren; Mama liebte uns unterschiedslos. Ein Beispiel für ihre diskrete Einfühlung war das handgewebte weiße Baumwolltuch, das sie mir schickte, als ich in den USA am College studierte. Warum, war mir nie klar, und habe ich sie nie gefragt. Doch es bleibt bis heute das kostbarste Tuch, das ich besitze.

Die traurige Nachricht vom Tod Mamas erreichte mich auf der Rückreise von Rom. Sie war fast neunundachtzig. Zuletzt war es schnell gegangen, und sie starb im Kreis ihrer Familie. Eigentlich also ein guter Tod. Nur, warum hatte sie nicht bis neunundneunzig leben können, hundertneun, für immer? Der Tod als Faktum empört uns. Wir wollen das Unmögliche. Realistisch gesehen konnte ich von Glück reden, mit über vierzig noch eine Großmutter gehabt zu haben, und meine Mutter, selbst siebenundsechzig, so lange eine Mutter. Mein Vater hatte seine Mutter als Sechsjähriger verloren; er trauert schon fast so lange um sie, wie meine Mutter lebt. Doch mit Logik kann das betrübte Herz wenig anfangen, es lehnt Vergleiche ab. Voll Trauer um Mama trat ich in Italien den Rückflug nach New York an.

Ich trauerte, aber ich weinte nicht, konnte es nicht. Wir landeten spätnachmittags in New York, möglicherweise zu genau der Zeit, als Mama beigesetzt wurde. Meine Mutter hatte an Karens WhatsApp-Account einige Fotos geschickt, die meine Cousine Adedoyin gemacht hatte. Karen griff zu ihrem Smartphone und zeigte sie mir. Sie waren ein Schock. Eine Aufnahme zeigte Mama in einem geblümten Nachthemd unter einem ebenfalls geblümten Tuch leblos auf ihrem Krankenhausbett, die Sauerstoffsonde noch in der Nase. Der rechte Arm lag erschlafft neben dem Körper; sie sah nicht aus, als schlafe sie, sondern bewusstlos, ausgesetzt, verletzlich. Das zweite Foto zeigte einen aufgebahrten, in ein weißes Totentuch gehüllten und mit weißen Stricken verschnürten Körper: ein Bündel von vage menschenähnlicher Form, wo zuvor meine Großmutter gewesen war. Plötzlich weinte ich heiße Tränen.

Was offenbarten diese Fotos? Die Einbildung ist eine empfindliche Kraft. Sie scheut sich. Eine Fotografie besteht auf ungeschönten Tatsachen, sie konfrontiert uns womöglich gerade mit dem, was wir meiden wollten. Da ist sie, meine geliebte Mama, hilflos auf einem Krankenhausbett, und ich kann nicht helfen. Tage später sollte ich von meiner Mutter erfahren, dass das erste der beiden Bilder aufgenommen wurde, als Mama noch im Koma, aber nicht tot war. Beim Anblick des zweiten Fotos, auf dem sie unbestreitbar tot ist, rasten meine Gedanken schon in grimmiger Logik weiter. Ich dachte: Warum haben sie ihr Gesicht verhüllt? Dann dachte ich: Sie erstickt doch unter dem Ding, sie wird nicht atmen können! Dann dachte ich: Sie ist tot und wird nie wieder atmen. Und da kamen die Tränen.

Mama hatte kein leichtes Leben. Als fünfte – und keineswegs am besten gestellte – Frau meines verstorbenen Großvaters schlug sie sich als Kolanusshändlerin und später als Betreiberin eines kleinen Lebensmittelgeschäfts durch. Sie war nie zur Schule gegangen, und das einzige Wort, das sie schreiben konnte, war ihr Name, manchmal mit spiegelverkehrtem »s«. Als Baba vor über zwanzig Jahren starb, zog Mama aus seinem Haus um in das zweistöckige Heim, das ihre Töchter für sie gebaut hatten. Sie war eine führende Figur im Frauenverband der örtlichen Moschee, eine Art Diakonin. Sie ging zu allen Festlichkeiten, zum Markt und zum Abendgebet. Sie lebte zusammen mit ihrer verwitweten zweiten Tochter, meiner Tante, sicher und geborgen im eigenen Heim. Gegen Ende ihres Lebens hatte Mama es leichter.

»Von einem ist sie regelrecht besessen«, sagte meine Mutter gern, »nämlich der strikten Befolgung der Bestattungsriten.« Mama bestand darauf, noch am Tag ihres Todes beigesetzt zu werden, wann immer der Tag kommen sollte. »Und dann«, erklärte meine Mutter, »heißt es immer: ›Keinesfalls darf ich in der Nähe des Hauses bestattet werden, weil man wegwerfen muss, was verdorben ist. Und sieben Tage lang muss Essen bereitet und für die Bedürftigen in die Moschee gebracht werden.‹« Vor allem aber, sagte meine Mutter, habe Mama unablässig daran erinnert, dass im Schrank in dem Zimmer neben dem Gemeinschaftsraum ihr Wallfahrtsgewand bereitliege, in dem sie beizusetzen sei. Es war ihr ungemein wichtig, in ebendem Gewand vor Gottes Gericht zu treten, in dem sie sich der Kaaba genähert hatte, dem bedeutendsten Heiligtum des Islam.

Der Hadsch, die Pilgerfahrt nach Mekka, 1996 mit achtundsechzig Jahren unternommen, hatte meine Großmutter verwandelt. Dank dieser Reise, dank der Erfüllung einer der Hauptpflichten des Islam, hatte sie ihr einstiges Leben hinter sich gelassen und ein neues begonnen, eines, das weit deutlicher aufs Jenseits ausgerichtet war. Im Jahr ihrer Pilgerreise waren Tausende muslimische Gläubige aus Nigeria eines Choleraausbruchs wegen abgewiesen worden. Meine Großmutter war eine von nur wenigen Hundert, die ans Ziel gelangten. Als sie aus Mekka zurückkehrte, verliehen ihr viele im Ort den Titel »Alhaja Lucky«. Und als wollte sie diesem alle Ehre machen, trug sie die heitere Miene derjenigen zur Schau, die besonderen Schutz genießen. Meine Mutter, die der anglikanischen Kirche angehört, hatte die Pilgerreise finanziert, weil sie wusste, wie viel es ihrer Mutter bedeuten würde, diese letzte Glaubenspflicht, die fünfte Säule des Islam, erfüllen zu können. Aber vielleicht hatte sie sich nicht ganz klargemacht, wie viel. Mit der Anerkennung, die Mama als Hadscha erfahren würde, hatte sie wohl gerechnet, nicht aber mit der existenziellen Tragweite.

In den letzten Jahren habe ich oft an Mamas Wallfahrtsgewand denken müssen. Daran, was für ein Glück sie hatte, etwas in ihrem Besitz zu wissen, das ihr so heilig war, von so unermesslichem Wert, dass sie darin vor ihrem Gott erscheinen wollte. Und ihr Wunsch wurde ihr erfüllt: Unter dem schmucklosen weißen Totentuch, in das sie gehüllt wurde, trug sie ihr schlichtes Pilgergewand.

Ich betrachte die zahlreichen Fotos aus Mamas letzten Lebensjahren auf meinem Rechner. Keines davon stellt mich ganz zufrieden. Viele sind unscharf, die meisten banal. Mir gefallen eigentlich nur die Aufnahmen ihrer Hände: Sie erinnern mich an ihren Wunsch, unsere Hände sich berühren zu sehen. Aber das Foto, das mir keine Ruhe lässt, ist das, das meine Cousine gemacht hat, das von Mama in ihrem Totentuch. Die Aufnahme erinnert mich an Pressefotos von Bestattungen aus Krisengebieten des Nahen Ostens: eine zornige Menge, ein über die Köpfe hochgestemmter, verhüllter Leichnam. Doch Mama ist keiner Gewalt zum Opfer gefallen. Sie ist mit über achtundachtzig im Kreis ihrer Familie friedlich gestorben.

Und doch besteht ein Zusammenhang. Der Brauch erinnert daran, dass die Bezeichnung »muslimisch« – die so sehr Teil der politischen Debatte in den Vereinigten Staaten geworden und so oft als Verunglimpfung gemeint ist – für mich wie für

Millionen anderer Amerikaner nicht abstrakt ist, es niemals war, sondern gelebte Realität beziehungsweise Bestandteil des Familienlebens. Wenige Tage nach Mamas Beisetzung las ich als Schlagzeile in der *New York Times* »Einreiseverbot – Großeltern nicht ›enge Verwandte‹«. Die Balkenüberschrift betraf die Beschränkungen für Reisende aus sechs mehrheitlich muslimischen Ländern. Nigeria gehörte noch nicht dazu – das kam später –, doch die unverhohlenen Vorurteile und die Härte, ganz zu schweigen von der Absurdität, unter Ausschluss der Großeltern von Familie sprechen zu wollen, gingen unter die Haut.

Am Abend der Beisetzung Mamas legte ich mich in meiner Wohnung in Brooklyn schlafen. Das Foto meiner Cousine verfolgte mich. Ich ging an den Schrank und holte das weiße Baumwolltuch hervor, das Mama mir vor so vielen Jahren geschickt hatte. Es war ein heißer Abend, Hochsommer. Ich breitete das Tuch über meinen Körper. Im Dunkeln zog ich den Stoff langsam bis über meine Schultern, mein Kinn, bis zur Stirn hoch, bis ich vollkommen in Mamas Schutz lag.

VIER ELEGIEN

TOMAS TRANSTRÖMER

Robert Blys Buch *Night Vision* mit ausgewählten Werken des
Dichters Tomas Tranströmer von 1971 enthält ein Gedicht mit
dem (für Tranströmer typisch) lakonischen Titel »Einige
Minuten«. Die letzten Zeilen strömen mit dem Blut zum Herzen.

> Es ist, als wären meine fünf Sinne an ein anderes Wesen
> angeschlossen,
> das sich genauso eigensinnig bewegt
> wie die hellgekleideten Läufer in einem Stadion, wo das
> Dunkel herunterrieselt.

Es gibt bei Tranströmer ein Gefühl der Hilflosigkeit, das Gefühl, es zerrten äußere Kräfte an einem. Bewegung und Ab-
sichtslosigkeit. Der lange Vers, die Nebensatzreihung, die ku-
mulative Bedeutung, die sich ballt – wie dicke weiße Wolken –,
lassen sich fast mit einem Atemzug lesen, aber eben nicht ganz.
Eher in anderthalb Zügen oder gar zweien:

Es ist, als wären meine fünf Sinne

an ein anderes Wesen angeschlossen,
das sich genauso eigensinnig bewegt

(das wäre für mein Gefühl ein einziger Atemzug; aber es geht noch weiter ...

... eigensinnig bewegt
wie die hellgekleideten Läufer
in einem Stadion,
wo das Dunkel herunterrieselt.)

Das ist noch mal ein ganzer Atemzug. Beide tragen den einen Satz. Selten beantworten Sätze so viele Fragen so sparsam, weitgreifend und rätselhaft präzise. Vor jedem Beisatz könnte der Vers enden und wäre dennoch überzeugend. Aber er geht weiter, reichert an, dehnt sich assoziativ, aber nicht vorhersehbar aus, macht mit Ausgreifungen, aber ohne Übertreibungen sichtbar, was sich so eigensinnig bewegt. Die Sinne, das Wesen, die Bewegung (*eigensinnig* eben), die Läufer (hellgekleidet, *weiß* wie Korpuskel), das Stadion, das Dunkel, das Rieseln. Ein Kreis-Lauf: Es geht weiter und weiter, es entsteht eine Programm-Schleife. Und wie morphologisch das alles ist, ohne explizit zu werden.

Es ist, als wären meine fünf Sinne angeschlossen an ein anderes Wesen (das was tut?), das sich (wie?) genauso eigensinnig (wie wer oder was?) wie die hellgekleideten Läufer bewegt, (wo?), im Stadion, wo das Dunkel herunterrieselt.

Meine fünf Sinne ermatten, das Leben geht weiter, ein Kreis-Lauf. Ich schlafe zehn Stunden und träume von Tranströmer.

I. M. PEI

1984 nannte *Le Figaro* den Entwurf I. M. Peis für den Louvre »seelenlos, kalt, aberwitzig«, und die Zeitung stand mit ihrer Schmähung nicht allein. Der *Le Monde* zeigte sich genauso wenig begeistert. Einer Umfrage zufolge lehnten neunzig Prozent der Pariser Bevölkerung den Entwurf ab. Ein Haupteinwand galt der Tatsache, dass Pei kein Franzose sei. Die Leute machten kaum einen Unterschied zwischen ihrer Kritik am Entwurf und ihrem unerhörten, gegen den Architekten gerichteten Rassismus. In französischen Zeitungen kursierten erschreckende Karikaturen von Pei: Ein Chinese mit stereotypem Überbiss bedroht die französische Kultur.

Diese rassistischen Untertöne der Ablehnung kommen mir immer wieder in den Sinn. Aber die Hunde bellen, die Karawane zieht weiter. Pei feierte trotz des Rassismus monumentale Erfolge, und das Louvre-Museum erfreut sich heute natürlich allgemeiner Beliebtheit. Und doch: Niemand sollte so etwas erleben müssen.

Die beste Lösung für den Cour Napoléon schien Pei ein schlichter geometrischer Körper, der Tageslicht in das unter dem Platz gelegene Foyer einließe. Das speziell angefertigte, besonders lichtstarke Glas der Pyramide würde das Untergeschoss mit Helligkeit fluten. Eine Vision von Leichtigkeit inmitten der steinernen Schwere. Den oberirdischen Abschluss dachte er sich als durchsichtige Kuppel, vielleicht, oder als Kubus. Oder nein, noch besser: als eine Pyramide.

»Das Louvre-Museum erfreut sich heute natürlich allgemeiner Beliebtheit.« Mir hat der kühne Modernismus der Pyramide stets gefallen; gelungen nicht nur, weil sie sich so radikal von der Palastarchitektur aus dem sechzehnten (und neunzehnten) Jahrhundert abhebt, sondern weil sie ihr durch eine Geometrie und einen Rhythmus dennoch verwandt ist, die trotz der Realisierung in Glas, Stahl und Aluminium an klassizistische Baukunst erinnern. Oder, noch deutlicher, an die Baukunst Ägyptens.

Und doch stellen sich gewisse Fragen: hinsichtlich einer Pyramide am Louvre, hinsichtlich der reichhaltigen ägyptischen Sammlung des Museums, hinsichtlich des Obelisken von Luxor an der Place de la Concorde. Es sind Fragen nach Raub, Kolonialismus und der Vorstellung von Weißer Vorherrschaft. Peis Pyramide wurde unbedacht Teil dieser Generationen währenden Debatte.

Wer mit 102 Jahren als Berühmtheit stirbt, tritt fast zwangsläufig als widersprüchliche, als schillernde Figur ab. Ich mag das Ostgebäude der National Gallery of Art in Washington, und ich habe gern Zeit in der JFK Library in Boston verbracht, ohne sonderlich viel für das Gebäude übrigzuhaben. Ich mag die Vorstellung, wie viele Menschen mit der Louvre-Pyramide besondere Erinnerungen verbinden. Trotzdem finde ich den Großteil der Entwürfe Peis wenig aufregend. Nichtssagende Büro- und Apartmenthochhäuser waren nicht bloß Nebenprodukte seiner Arbeit und seines Erfolges. Heute sind mir ein Gefühl für das Material und für regionale Traditionen lieber, wie sie Entwürfe von Architekt:innen wie Wang Shu und Lu Wenyu aufweisen. Aber vielleicht ist das unfair, denn Wang und Lu gehören einer weit jüngeren Generation an. Außerdem sollte man Bauwerke lieben, nicht die, die sie erdacht haben. Die Ära singulärer

Architekturgrößen ist vorbei, heute sind Kollaborationen gefragt. Und doch waren Einzelne groß.

KASSÉ MADY DIABATÉ

Anfang des letzten Jahrhunderts fanden sich die Menschen in den Dörfern um Kéla, rund sechzig Meilen südlich von Bamako, noch gern zusammen, um dem *djeli* Mady Diabaté zu lauschen (Mady ist eine regional gängige Kurzform des Namens Mohammed). Madys Stimme war so ausdrucksstark, dass sie seine Zuhörerschaft zu Tränen bewegte. Irgendwann riefen sie ihn Kassé Mady, was auf Bambara so viel bedeutet wie »Tränenmacher-Mady«: einer, der andere zum Weinen bringt. Mady Diabatés Enkelsohn, 1949 geboren, erhielt denselben Namen: Kassé Mady Diabaté. Auf rätselhafte Weise wusste die Familie offenbar, dass der Junge ebenfalls Sänger werden und die Tradition fortführen würde. Woher wusste sie, dass auch seine Stimme künftigen Hörer:innen Tränen in die Augen treiben würde? Ich jedenfalls weinte zu Kassé Madys Stimme schon, bevor ich die Bedeutung seines Namens kannte.

Der jüngere Kassé Mady verstand es, seiner kontrollierten Baritonstimme enorme Resonanz zu verleihen, doch sie wirkte besonders, wenn sie auf gleichbleibendem Niveau sanft moduliert wurde. Dann waren im eigenen Körper die gekonnt gehaltenen Noten zu spüren, und auch, wie der letzte Ton einer Phrase zerrann, wie er weinte, um dich weinen zu machen. (Gut zu hören beispielsweise bei dem Titel »Sadjo« auf dem herrlichen Album *Kiriké* von 2015.) Seit Jahren tröstet mich Kassé Madys enger Bezug zur *djeli*-Tradition, die Art und Weise, wie Sprache und Erzählkunst seiner Mandé-Vorfahren in ihm fortlebten, aber auch wie entschieden anders – anders als die gängige US-amerikanische Weltsicht – seine Sprache und Vision waren. Wir sollten dankbar sein für jede kreative Leistung, die sich der Übermacht der Monokultur entziehen kann. Stimmen wie die Kassé Madys, Kandia Kouyatés, Salif Keitas schenken uns buchstäblich mehr Leben.

Großartig war es, Kassé Mady 2010 zusammen mit dem Kora-Meister Toumani Diabaté in New York auftreten zu sehen. Diese stattlichen, majestätischen Männer belebten für uns noch mal die mögliche Bedeutung der Worte. Bei einem Konzert von Menschen umgeben zu sein, die um die traditionellen Wurzeln der Rhythmen Kassé Madys wussten und ihre Macht spürten, die ihn als Bewahrer ihrer Sprachwelt ehrten, war beseligend, berauschend.

Über die Jahre wollten verschiedene Musiker mit Kassé Mady zusammenarbeiten, er spielte mit Bands wie Taj Mahal traditionellen US-amerikanischen Blues, aber auch mit Interpreten Alter Musik wie dem Gambisten Jordi Savall. Das Stück »Tunkaranke« aus dem Taj-Mahal-Projekt *Kulanjan* (1999) stellt die Einzigartigkeit der Stimme Kassés heraus. Ebenso bewegend bleibt sein Beitrag zu dem mit Akustikensemble eingespielten »Simbo« auf dem Album *Kiriké*.

Kassé Mady Diabaté ist im Mai 2018 mit neunundsechzig Jahren heimgegangen zu seinen Ahnen.

ARETHA FRANKLIN

And all through my coffee break time.

Warum packt mich gerade diese Zeile? Weil sie einer so unaufgeregten Empfindung einen so reellen Kontext verleiht.

Coffee break time suggeriert Lohnarbeit. Eine Frau stempelt bei Arbeitsbeginn und -ende ihre Zeitkarte ab. Sie hat mittags eine Stunde Pause, vielleicht noch eine Viertelstunde für einen Kaffee. Ich stelle mir einen Servicejob vor. Sie braucht das Geld, Geld ist immer knapp. Sie nimmt den Bus – *I run for the bus, dear*. Denkt dabei an jemanden – *I think of us, dear*. Der Text stammt von Hal David und Burt Bacharach, gesungen wird der Song aber von Aretha, der Frau, die zum Bus hastet und aus Gefühlen Gold spinnt.

And at work I just take time ... Zeit, die sie nicht hat, die ihr nicht gegönnt wird, die sie sich aber trotzdem nimmt. Einfach eine junge Frau, die einen jungen Mann liebt, nicht wahr? Einen, für den sie betet, weil für jemanden zu beten bedeutet, weiter zu lieben. Es ist 1968. Der junge Mann ist in Vietnam. Die Zeitgeschichte lastet schwer auf den Herzen.

Der Unterschied zwischen der Version Arethas und der früheren von Dionne Warwick? Zwei große Künstlerinnen, aber Arethas Stimme ein Ausbund an mehr. Dionne Warwick haushaltet, Aretha hält nichts zurück. (Ihr kommt zudem das bessere Arrangement mit stärkerem Klavier zugute.) Wir spüren durchgehend, wie mühelos sie noch weiter aufdrehen könnte, dass sie das alles, wenn sie wollte, noch temporeicher, noch lauter, noch intensiver bringen könnte, ohne das kleinste bisschen Kontrolle zu verlieren. Auf dem Hochseil Rad schlagen könnte. Aretha! Ms. Franklin verfügte über enorme Power und einen beeindruckenden Stimmumfang, da reichte allenfalls Ms. LaBelle heran, und beerben konnten sie höchstens Whitney und Mariah.

Power. Leicht gesponnen wie Luft.

ZWEI ELEGIEN

Zum Andenken an Bisi Silva.
Zum Andenken an Okwui Enwezor.

Letzte Nacht taucht O. in meinem Traum auf. Er steht da, als ob er etwas anhören würde. Trägt wie immer einen dunklen, gut geschnittenen Anzug. Sein Gesichtsausdruck ist hochkonzentriert. Er sagt nichts, aber schließlich zieht er sein Jackett aus. Er faltet es sorgsam zusammen und legt es ab.

. . .

Als ich die schreckliche Nachricht erhalte, dass B. gestorben ist, schreibe ich ihr sofort, bevor ich mich selbst davon abhalten kann, bevor ich mir die Absurdität ausreden kann, den Toten zu schreiben. Ich erhalte umgehend eine automatische Abwesenheitsnotiz.

. . .

Wie viele von uns liebten sie beide. Unsere Leuchttürme. Einander ebenbürtig. Unerreicht von allen anderen. Sie waren stolz auf uns? Wir waren noch stolzer auf *sie*.

. . .

So wie man sagt: Jeder Tod ist ein Einzelfall. Für diejenigen, die sterben, und für diejenigen, die sie lieben, kommen diese Dinge nicht zusammen. So wie man sagt: Wenn wir gehen, gehen wir allein. Trauern wir allein. Trauern wir einzeln. Im Singular. Aber auch … was? Was bedeutet »zusammen«? Was bedeutet »einzeln«? Oder »trauern«. Was?

. . .

Die einzige Lehre aus dem Tod: Wir sterben.

. . .

Berlin, *The Short Century*, 2001. Venedig, *La Biennale*, 2015.

. . .

O. schreibt von der »widerspenstigen Erinnerung an eine Zeit, die im Schatten der Unterwerfung gelebt und im zutiefst unethischen Kodex und Verhalten des Kolonialismus geboren wurde«. Damals wusste ich nicht einmal, dass man so etwas schreiben kann.

. . .

B. wurde sechsundfünfzig. O. wurde fünfundfünfzig.

. . .

B. schreibt von ihrer Absicht, »im Dialog mit der internationalen Gemeinschaft die programmatischen, kuratorischen, künstlerischen und diskursiven Parameter der Fotografie zu stärken«. Das ist ihr gelungen.

. . .

K'ójó pé s'íra, sagen wir auf Yoruba. Oder *ójó á jìnà s'ójó o*.
Geringfügig unterschiedliche Wege, das Gleiche zu sagen:
»Mögen die Tage weit auseinanderliegen.« So klingt Trost in
meiner Muttersprache – als Gebet oder Wunsch, dass Trauer-
fälle, so unvermeidlich sie auch sind, wenigstens in gnädigen
Abständen auftreten.

. . .

Ihr Kronjuwel: das Center for Contemporary Art, Lagos.

. . .

B. stirbt am 12. Februar 2019. J. schreibt mir am 23. Februar 2019,
um uns beide mit *ójó á jìnà s'ójó o* zu trösten. O. stirbt am
15. März 2019.

. . .

Die einzige Lehre aus dem Tod: Wir haben gelebt.

. . .

Von B. lernte ich Widerstand. Von O. lernte ich Beharrlichkeit.

. . .

Ungenügend weit auseinanderliegende Tage. Und was wir
noch von euch lernen müssen.

. . .

Wie sehr die Studierenden in Addis Abeba, die aus allen Teilen
des Kontinents kamen, B. liebten und für das bewunderten, was
sie ihnen beibringen konnte. Wie O. in Venedig strahlte und wie

es war, sich als Teil dessen zu fühlen, was er war, was er auf der größten Bühne erreichte. Wir haben die Kritiken gesehen, natürlich wussten wir, worum es *dabei* ging, uns kann man nichts vormachen. Öffentliches Gedächtnis, privates Gedächtnis, Lagos, New York. Die verpassten Verbindungen: Bamako, München.

· · ·

Erinnerung: etwa vor einem Jahr, Treffen mit L., die gerade von einem Besuch bei O. im Krankenhaus zurückgekehrt war. Ihre Augen vom Weinen noch geschwollen.

· · ·

Ein Nachruf ist keine Totenklage.

· · ·

Von B., die flirrenden Möglichkeiten im Lokalen, das immer auch global ist. Ihre Verweigerungen. Wie ihre entschlossene Haltung, sich gegen das Gegebene zu lehnen, für mich zu einer Zuflucht wurde. Von O., wie man sich in einem Raum voller Haie bewegt. Der Mensch als Skalpell.

· · ·

Bamako, *Rencontres de Bamako*, 2015.

· · ·

Eine bewunderte Persönlichkeit, ein Freund, eine enge Freundin, ein Familienmitglied, ein Vertrauter, eine Partnerin. Eine leichte Verwundung eine schwere Verwundung eine Schädigung eine Unmöglichkeit. All die unterschiedlichen Intensitäten von Beziehungen, die im Nachhinein einen Namen suchen.

. . .

Die einzige Lehre aus dem Tod: Niemand weiß, was die einzige Lehre aus dem Tod ist.

. . .

C. regelt die Vorkehrungen für die Beerdigung von O., seine eigene Trauer ist aufgeschoben.

. . .

Die häufig zitierten Zeilen aus Anne Carsons »Versuch über das Glas«:

Du denkst zu viel an die Vergangenheit,
hat meine Mutter kürzlich gesagt.

Warum hältst du daran so fest? Und ich sagte,
wo soll ich denn bitte hin damit?

. . .

Der Tod löst eine Lese- und Schreibwut aus. Wieder Lesen. Wie kann es sein, dass sich So und so derartig lebendig in meinem E-Mail-Postfach anfühlt? Was ist die letzte E-Mail, die mir So und so geschrieben hat? Archivierungswahn.

. . .

»Hilf mir, diesen jungen Leuten das Schreiben beizubringen. Sie können nicht schreiben!« Schrieb B.

»Ich bin so stolz auf Dich und darauf, was Du zur Literatur, zur Ideenwelt und durch Dein Wissen zur Kultur generell beiträgst. Ich lese Deine Arbeiten weiterhin mit großem Interesse.« Schrieb O.

Dies ist kein Nachruf.

. . .

»Vergleiche sind abscheulich«: eine Redewendung, die bereits im fünfzehnten Jahrhundert bei John Lydgate belegt ist. Im Gegensatz dazu steht das Igbo-Sprichwort, das Achebe gerne zitierte: »Wo sich eine Sache findet, ist eine andere nicht fern.« Manchmal treffen zwei Todesfälle (oder mehr) zusammen ein. Es ist der Tod, der abscheulich ist.

. . .

B. zitiert den Griot Kouyaté: »Ich unterrichte die Könige in der Geschichte ihrer Vorfahren, damit ihnen das Leben der Alten als Vorbild dient, denn die Welt mag zwar alt sein, aber die Zukunft entspringt der Vergangenheit.«

. . .

Von O., wie mit den Europäer:innen umgehen: skeptisch. Von B., wie mit den Afrikaner:innen umgehen: beharrlich.

. . .

R. verarbeitet die Erinnerungen, ihre Trauer sucht jetzt nach einem Ausweg, wie eine Person in einem dunklen Raum, die sich mit den Händen an den Wänden entlangtastet und die Tür noch nicht finden kann.

. . .

Ein Nachruf richtet sich an die Öffentlichkeit, eine Totenklage an die engere Gemeinschaft.

. . .

Daudet in *Im Land der Schmerzen*:

> Raffiniert, wie der Tod niedermäht, seine Schnitte ansetzt, es aber nur wie eine Ausdünnung aussehen lässt. Eine Generation fällt nicht auf einen Streich; das wäre zu traurig, zu offenkundig. Sondern stückweise. Die Wiese wird von mehreren Seiten gleichzeitig angegangen.

. . .

»Die Toten« als eine Kategorie, in die ich euch nur zögernd einzuordnen vermag. Die Totenklage ist ein Nachruf, der seine Manieren vergessen hat. Wo kann ich sie ablegen? Wie eine Jacke, die man auszieht, zusammenfaltet und ablegt. Die Zukunft entspringt der Vergangenheit.

. . .

Angesichts der Fassungslosigkeit über den Verlust, kʼọ́jọ́ pẹ́ sʼíra.

BRIEF AN JOHN BERGER

Du mochtest Geschichten, also erzähle ich Dir eine. Sie trug sich in der Maniototo-Ebene zu, im Inland der neuseeländischen Südinsel, als die Sonne hinter die Hawkdun Range rutschte, ein wabernder orangeroter Strich und darunter Schwarz.

Im Haus schwindet das Licht. Milo ist elf. Im Arm gehalten, reckt er den Hals, als horche er auf etwas aus dem fernen Bergen. Er hält vollkommen still. Ich frage den Mann, der ihn hält: »Woher wussten Sie, dass er blind wird?« Der Mann sagt: »Er stieß immer öfter irgendwo an.«

Weißer Pelz stülpt sich über Milos Augen, sein Kopf gleicht jetzt einem unfertigen Plüschtier. Vollkommen blind ist er erst seit ein paar Monaten. Setzt man ihn auf den Boden, läuft er durchs Haus. Den Grundriss hat er in seinem Kopf abgespeichert. An den Kanten und Beinen der Möbelstücke sind Federn angebracht, sodass er sich jetzt seltener stößt. Der weiße Pelz über Milos Augen, die weichen weißen Federn im Halbdunkel.

Du bist nicht mehr hier, John. Oder nein, lass mich Klartext reden, so hart das auch klingt: Du bist tot, und der Tod ist (wie wir alle wissen) endgültig. Trotzdem schreibe ich Dir, als könntest Du das hier vielleicht lesen, als hättest Du Dich bloß versteckt. Warum? Deinetwegen!

Vor ein paar Jahren, als wir in Ferrara miteinander sprachen, fragte ich Dich nach den Toten. Du hast in den Zuschauerraum gespäht und gesagt: »Sie sind hier unter uns. Da bin ich mir sicher. Sie stehen uns bei!« Du hast es mit solcher Gewissheit gesagt, dass Du mir jeden Zweifel nahmst. Und Du meintest »die Toten« nicht etwa ganz allgemein, sondern konkrete Individuen, die man gekannt und geliebt hat.

Ich verbrachte zwei Wochen in Neuseeland. Ich weiß nicht, ob Du je dort warst, aber ich musste sehr oft an Dich denken. Mir war, als habe der Tod – der Tod von Kindern, Ehemännern und -frauen, Geschwistern – alle berührt, die mir dort begegneten. *Et in Arcadia ego* nannte Nicolas Poussin sein berühmtes Bild. Und doch hatte ich die ganze Zeit das Gefühl, die Toten weilten unter den Lebenden und widmeten sich ihnen weiterhin.

Du hast einmal geschrieben: »Für Jäger wie Gejagte ist zum Überleben die Fähigkeit, sich gut zu verstecken, unerlässlich. Das Leben hängt von guter Deckung ab. Alles versteckt sich. Was fort ist, hat sich versteckt. Ein Fehlen – wie das der Toten nach ihrem Ableben – wird als Verlust empfunden, aber nicht als Verlassensein. Die Toten verstecken sich anderswo.«

Als mich die schreckliche Nachricht Deines Todes erreichte, war es wie eine plötzliche Finsternis. Aber John, seither entdecke ich hier ein Fragment, dort eine Passage und woanders eine Zeichnung, Spuren von Dir in der ganzen Welt, sie sind wie Federn, die Du fürsorglich überall dort angebracht hast, wo wir uns begegnen.

Ich weiß, dass Du Dich bloß versteckst.

QUARTETT FÜR EDWARD SAID

1: NEW YORK

Edward Said liebte die Musik, und ich liebte seine Liebe zur Musik ebenso wie die Musikalität in allem, was er tat. Einmal sah ich ihn in der 116th Street in New York, als wir beide an der Columbia University waren. Ich war auf dem Weg zur Subway, und er hielt vor ihrem Eingang an einer Straßenkreuzung kurz inne. Er war das fleischgewordene Wort, die Bücher in Menschengestalt. Heute trage ich ab und zu einen guten Anzug, aber damals, als armer Student, dachte ich nicht einmal daran. Was mir also zuerst an ihm auffiel, das muss ich zugeben, war sein Anzug. Ich war beeindruckt vom Glamour, der jedes Mal aufblitzte, wenn ich Saids elegante Erscheinung auf dem Campus erblickte.

1975 sah ich New York zum ersten Mal, als meine Eltern mich von meinem Geburtsort in Michigan nach Nigeria heimbrachten. Es handelte sich wahrscheinlich um einen Zwischenstopp auf dem Weg nach London, wo wir uns einige Wochen aufhielten, bevor es nach Lagos weiterging. Aber kennenlernen sollte ich New York im Jahr 1992, als ich als Teenager in die Vereinigten Staaten zurückkehrte. Die Stadt, in der ich am Tag nach dem Unabhängigkeitstag eintraf, hatte den Ruf der Gewalttätigkeit, in dem Jahr gab es dort fast zweitausend Morde (mittlerweile liegt die Zahl bei wenigen Hundert), und an jenem Morgen hatte sie einen ausgeprägten Kater von den patriotischen Feierlichkeiten des Vorabends. Müll, Luftschlangen und Flaschen übersäten die Straßen. Es war ein Sonntagmorgen, und nur wenige Menschen waren unterwegs. Die Erinnerungen sind flüchtig. Mein Vater, der mich begleitete, wies auf einen Mann, der Essen aus einem Mülleimer holte: »So ist Amerika. Nichts ist hier selbstverständlich. Verstehst du?« Einige Tage später fuhren wir mit dem Zug von New York nach Michigan, wo es wesentlich beschaulicher war.

Beethovens Streichquartett Nr. 15 op. 132 – das dreizehnte, das er geschrieben, aber das fünfzehnte, das er veröffentlicht hat – verleitet zur sonderbaren Vorstellung, dass es so etwas wie reine Musik gibt, Musik, die besser ist als jede denkbare Darbietung. Das ist eine romantische Vorstellung, und wahrscheinlich stimmt sie auch nicht, denn Musik existiert im Gehör, nicht auf dem Papier. Aber wenn man Beethovens op. 132, op. 130 oder op. 135 hört – oder auch Schuberts D. 960, sein Streichquintett in C oder Brahms' Klarinettenquintett –, versteht man, woher dieser Gedanke kommt. In der schriftlichen Tradition der westlichen klassischen Musik, wie in allen Musikgattungen, gibt es Musik, für die einem die Superlative ausgehen.

Op. 132 beginnt zurückhaltend, mit einer nebligen und lieblichen Atmosphäre. Die Bezeichnung ist *Assai sostenuto-Allegro*, und es setzt mit einem unaufgelösten Vier-Ton-Motiv ein. Sanft, wie etwas, das auf zarten Beinen aus dem Nebel auftaucht. Es erklingt eine Melodie oder ein Melodiefragment, schön, zögernd, als ob es jeden Moment davoneilen könnte.

Das ist eine Musik, die in ihrer Tonalität Schönberg nicht unähnlich zu sein scheint. Langsam sammeln sich die Töne, wie vorsichtige Tiere im ersten Licht.

1995 lernte ich New York wirklich kennen. In jenem Winter war ich von einem mehrmonatigen Aufenthalt in Schottland zurückgekehrt und wohnte bei einem Onkel in Hackensack, New Jersey. Ich pendelte jeden Tag in die Stadt zu einem Praktikum bei einer Finanzfirma in Downtown Manhattan, im World Financial Center. Das World Financial Center war durch eine Fußgängerbrücke mit dem World Trade Center verbunden, und jeden Abend ging ich auf dem Weg zur Penn Station, wo ich den Bus zurück in die Vorstadt nahm, über diese Brücke und durch das World Trade Center. In dessen unterirdischem Teil befand sich damals eine Filiale von Tower Records. Der Plattenladen hatte Abspielstationen, an denen ich an vielen Abenden eine halbe Stunde oder so verbrachte, um Klassik, Jazz oder das, was man damals unironisch »Weltmusik« nannte, zu hören. Eines Abends setzte ich mir die Kopfhörer auf und hörte zum ersten Mal den dritten Satz, das *Poco allegretto*, aus Brahms' dritter Symphonie. Es war eine Aufnahme mit Claudio Abbado und den Berliner Philharmonikern. Mehr als sechs Minuten lang stand ich wie gebannt da. Ich hatte das Gefühl, noch nie so etwas gehört zu haben, nichts, was gleichzeitig so voll und so zart war.

2000 lernte ich New York dann richtig kennen, nachdem ich mein Masterstudium in London beendet und ein Promotionsstudium an der Columbia begonnen hatte. Die Stadt war schnell und hektisch. Sie hatte einen gewissen Charme, aber sie war schmutzig, zu teuer und nicht gerade sicher. In meinem ersten Jahr dort war ich unglücklich, und ich war mir sicher, dass ich nicht lange bleiben würde, aber mit zunehmender Vertrautheit begann sich mein Gefühl zu ändern. Dann, nach dem September 2001, entwickelte sich eine ganz andere Intimität in meiner Beziehung zu New York – die Intimität, gemeinsam mit anderen eine Katastrophe erlebt zu haben. Aus dieser Intimität, diesem Gefühl für die Stadt heraus begann ich einige Jahre später, einen Roman zu schreiben, den ich von Anfang an *Open City* nannte.

Ich bleibe nie sehr lange an einem Ort. Ich habe ein halbes Dutzend Städte als mein Zuhause kennengelernt. Aber nach New York kam ich zu Beginn des Jahrhunderts und lebte dort achtzehn Jahre lang. Ich blieb, und ich blieb länger, als ich jemals irgendwo geblieben bin. Von New York aus begann ich, mir die weite Welt richtig vorzustellen, und von New York aus machte ich mich auf den Weg in diese Welten.

Ich höre mir diese Brahms-Aufnahme noch heute an. Sie ist von einer atemberaubenden Schönheit, die man sofort als äußerst intelligent, aber auch als zugänglich empfindet. Vor nicht allzu langer Zeit hörte ich sie während einer Taxifahrt, auf der wir überraschend an der Stelle vorbeifuhren, an der die Türme des World Trade Center gestanden hatten: ein bemerkenswerter Zufall. Die Türme waren natürlich nicht mehr da. Die Musik aber – eine Musik, die man für zart und hilflos halten könnte – blühte noch immer auf, und sie wird ewig weiterblühen.

Als ich Said an einer Kreuzung auf der 116th Street sah, sah ich einen hochgewachsenen Mann mit Augen, die so lebhaft waren, dass sie wie von Schwarz umrandet schienen. Er wirkte zerstreut, so als würde er mehrere Welten herbeiträumen. Er war in der Welt, er war in vielen Welten gleichzeitig. Ich traute mich nicht, ihn anzusprechen. (Oder grüßte ich ihn? Ich weiß es ehrlich gesagt nicht mehr.) Er wartete darauf, dass der Verkehr nachließ, damit er die Straße überqueren konnte, als wäre er spät dran, aber ohne deshalb besorgt zu sein.

Der erste Satz von op. 132 findet sich nach und nach. Findet sich, wird aber nie ganz kohärent. Viele verschiedene Gesten werden vorgestellt, nur um dann wieder aufgegeben zu werden: marschartig, arienartig, kadenzartig, gavottenartig. Die Musikwissenschaftlerin Susan McClary vergleicht diese rasante Abfolge von Einfällen mit John Cages zufälligem Umschalten zwischen verschiedenen Sendern durch ständiges Drehen am Radioknopf. Innerhalb anerkannter Konventionen wird eine immense Wechselhaftigkeit erkundet. Diese Idee. Diese Idee. Eine weitere Idee. Noch eine Idee. Es ist eine unkontrollierbare und leicht manische Fruchtbarkeit. Adorno schreibt: »Die Zäsuren aber, das jähe Abbrechen, das mehr als alles andere den letzten Beethoven bezeichnet, sind jene Augenblicke des Ausbruchs; das Werk schweigt, wenn es verlassen wird, und kehrt seine Höhlung nach außen.«

Eines Abends im Spätherbst 2006 setzte ich mich hin und begann, den Roman zu schreiben. Er wird von einem jungen Psychiater namens Julius erzählt, der während und in den Jahren nach den Anschlägen vom 11. September in New York City lebt. Auf seinen Spaziergängen durch die verwundete Metropole betreibt er gewissermaßen eine emotionale Archäologie der Stadt. In der Mitte des Buches reist er nach Brüssel, eine Art Doppelgänger von New York: ein Zentrum für die europäische imperiale Idee, so wie New York ein Zentrum für die amerikanische imperiale Idee ist. Und auf seiner planlosen Reise nach Brüssel, die er vorgeblich unternimmt, um seine deutsche Großmutter zu finden, die als Geflüchtete während des Kriegs in Berlin war, trifft Julius auf ihm unbekannte Menschen. Der auffälligste unter ihnen ist ein junger Mann namens Farouq, ein marokkanischer Intellektueller, der in einem Telefonladen arbeitet. Im Laufe mehrerer Tage verwickeln sie sich in ein intensives Gespräch.

2: RAMALLAH

Zwischen 1824 und 1825 plagten Beethoven schreckliche Schmerzen. Er litt unter Magen-Darm-Beschwerden. Sein Arzt verordnete ihm eine Diät, die Wein, Kaffee und Gewürze verbot. Der Arzt riet ihm auch, die Stadt zu verlassen. Er zog in die Kurstadt Baden bei Wien, da er befürchtete, diese Krankheit würde sein Tod sein, der ihn im Alter von vierundfünfzig Jahren ereilen sollte. In dieser Zeit der Krankheit begann er, ein Streichquartett zu schreiben.

Ich erinnere mich an den Tag, an dem Raja Shehadeh mit uns zum Wandern in die Berge außerhalb von Ramallah ging. Es war im Mai 2014. Wir verließen die überfüllte Stadt, fuhren über kurvenreiche Bergstraßen und fanden uns kurz darauf in einer unglaublichen Landschaft mit Hügeln voller Olivenhaine wieder. Das Blatt des Olivenbaums ist auf der einen Seite mattgrün und auf der anderen silberig weiß oder sehr blassgrün. Wenn der Wind durch den Hain raschelt, glaubst du zu halluzinieren. Alles fühlt sich lebendig an, du fühlst dich lebendig, und so wie die Bäume da zu Dutzenden stehen, erwartest du, dass sie sich jeden Moment wie ein Vogelschwarm in den Himmel erheben werden.

In den Hügeln von Ramallah ist das, woran man sich stets erinnern sollte, nicht so allgegenwärtig wie anderswo im Westjordanland. Die Hügel sind eine Atempause. Aber nichts ist vergessen. Die ältere Christin in Bir Zait, die unumwunden sagte, dass sie nie wieder das Meer sehen würde, das Meer, an dem sie aufgewachsen war, an das sie jeden Sommer gegangen waren. Sie ist nicht vergessen. Die Menschen am Checkpoint Qalandiya, anständige Menschen, die sich und ihre Familien ernähren wollen und alltäglicher Erniedrigung und einer kolossalen Verschwendung ihrer Zeit ausgesetzt sind, indem sie verhört und überwacht und mit gezogener Waffe bedroht werden, indem sie Personalausweise mit sich führen müssen, die nichts mit ihrer Person zu tun haben. Sie sind nicht vergessen.

Die Männer und Frauen, die auf dem Al-Halil-Markt in Hebron arbeiten, wo Siedler aus den Wohnungen in den oberen Stockwerken Dreck und Urin und Scheiße über sie auskippen und auf den Straßen versuchen, sie zu überfahren, während verwirrte junge Soldatinnen und Soldaten des israelischen Militärs in der Gegend patrouillieren und jede Gräueltat zulassen. Sie sind nicht vergessen. Und die Steine, diese Bruchstücke kristallisierter Möglichkeiten, diese symbolischen Gesten der Verweigerung, die wie Omen um die Kontrollposten verstreut sind, an denen junge Männer in Uniform täglich Frauen herabwürdigen, die alt genug sind, um ihre Großmütter zu sein. Sie sind nicht vergessen. Das System aus Genehmigungen und Mauern und Checkpoints und Gefängnissen, die systematische Vertreibung von Familien aus West- und Ostjerusalem, die juristischen Verdrehungen von Unterlagen aus der osmanischen Zeit, mit denen die rechtmäßigen palästinensischen Bewohner:innen von Sheikh Jarrar, die seit drei Generationen dort leben, zugunsten von chassidischen Jüdinnen und Juden aus Brooklyn enteignet werden, das Einreiseverbot für Palästinenser:innen, die noch einmal ihr geliebtes Land sehen wollen. All das ist nicht vergessen.

Wir waren den leichten Anstieg der Hügel von Ramallah hinaufgegangen, und Raja Shehadeh, der an diesem Tag unser Gastgeber in der Stadt war, hatte sich auf einen großen Stein gesetzt. Wir setzten uns um ihn herum, und zu unserer Überraschung begann er, aus seinem Buch *Streifzüge durch Palästina* vorzulesen, in dem es auch ums Wandern in den Hügeln von Ramallah ging. Unsere Augen füllten sich mit Tränen.

Während seiner Krankheit im Frühjahr 1825 arbeitete Beethoven an dem neuen Streichquartett, das sein op. 132 werden sollte. Die ungewisse und abstrakte Stimmung des ersten Satzes weicht dem zweiten Satz, der von einer ländlichen Atmosphäre geprägt ist, als befände man sich in der freien Natur. Ich denke dabei an die Bauern bei Bruegel. Ihr Tanz hat etwas Regelmäßiges und zugleich Unregelmäßiges, etwas Schwerfälliges und ebenso Leichtfüßiges. Als ich meiner Freundin Nilanjana von meinem Gedanken zum op. 132 erzählte, sagte sie, dieser zweite Satz sei ein »Menuett, dessen Melodie man eigentlich gar nicht summen kann«. Sie hat recht. Diese Melodie ist auf eine Art schwer fassbar, dass man sich nicht recht in ihr einrichten kann. Vielleicht soll diese Unregelmäßigkeit an die Schwankungen eines Fiebers erinnern.

In der Mitte dieses zweiten Satzes steht ein überraschendes, aber dennoch ländliches Thema, das auf unheimliche Weise nach einer Dudelsackmelodie klingt. Während meines Studiums war ich Austauschstudent an der Universität von Aberdeen, und diese Musik erinnert mich an jene Zeit. Sie ist schottisch-folkloristisch, wie eine Vorahnung von Mendelssohns Hebriden-Ouvertüre. Aber im Gegensatz zu Mendelssohn ist sie abgehackt. Wie Said schrieb, ist sie gekennzeichnet durch »anhaltende Spannung, unnachgiebigen Eigensinn, ein Nebeneinander von Spätem und Neuem«.

Palästina hat Edward Said nie losgelassen, und Edward Said hat Palästina nie losgelassen. Der Antrieb für all sein Schaffen war die Sehnsucht nach seinem Geburtsort Jerusalem und nach Gaza, dem Westjordanland, den »48ern« und ganz Palästina. Er konnte die klügsten und feinsinnigsten Deutungen von Gérard de Nerval oder Richard Wagner vortragen oder an der libanesischen Grenze Steine auf ein israelisches Wachhäuschen werfen und damit die Bewunderung jener ernten, die Menschlichkeit liebten, sowie den Tadel derjenigen, die nichts begriffen. Bei alledem war es Palästina, für das sein Herz schlug. Da er eine Sprache dafür fand und ungebrochene Entschlossenheit zeigte, hat er vielen von uns, die nicht qua Geburt, Stammbaum oder Wohnort palästinensisch sind, die Augen geöffnet.

Farouq erklärt bei seiner ersten Begegnung mit Julius, dass Edward Said ihm sehr viel bedeute, weil Said verstanden habe, wie unwillig die Menschen im Westen Differenz akzeptierten. »Differenz, die als orientalistisches Entertainment verwertbar ist, wird akzeptiert«, sagt Farouq. »Aber Differenz als etwas, das seinen eigenen Wert enthält, nicht. Darauf kann man bis in alle Ewigkeit warten.« Später folgen im Roman Gespräche zwischen Julius, Farouq und Farouqs engstem Freund Khalil. Es sind unterbrochene Gespräche, bei denen sie sich missverstehen, mit dem Auf und Ab einer echten Auseinandersetzung. Ich wollte eine Unterhaltung, die aus Bruchstücken besteht, so wie die Unterhaltungen, die wir im wahren Leben führen. Ich habe diese Passagen nicht geschrieben, um eine bestimmte politische Einstellung zu verfechten – das ist meiner Meinung nach nicht die Aufgabe von Romanen –, sondern um eine Reihe von Einstellungen in die Romanform einfließen zu lassen, die nur selten in Romanen zur Sprache kommen. Ich wollte die einfache und akzeptierte liberale Position herausfordern und wiedergeben, was ich in meinem Umfeld, unter Menschen mit Gewissen, tatsächlich hörte. An einer Stelle erklärt Farouq: »Julius, das ist etwas, das du verstehen solltest: In meinen Augen ist die Palästina-Frage die zentrale Frage unserer Zeit.«

Said beschrieb den späten Beethoven als »unbeweglich und sozial zurückhaltend«. Adorno war noch weiter gegangen. Für ihn sind »Spätwerke die Katastrophen«. Sie sind jener Bereich, in dem keine Einheit möglich ist, in dem alle Versuche, die Dinge zu glätten, gescheitert sind und in dem man sich der Stacheligkeit gelebter Erfahrung in ungemilderter Form stellen muss. Das Wort »Katastrophe« lässt uns sofort an die Nakba denken. Ist Palästina also eine Form von Spätheit? Dessen, was versprochen ist; dessen, was ankommen muss; dessen, was nicht anders kann als ankommen; dessen, das trotzdem noch nicht angekommen ist?

Ahed Tamimi verbrachte über ein halbes Jahr in einem israelischen Gefängnis. Sie wurde im Gefängnis siebzehn Jahre alt.

Und warum? Weil sie am selben Tag, als ein Soldat ihrem Cousin ins Gesicht geschossen hatte, einem anderen Soldaten eine Ohrfeige gab. Diese Asymmetrie ist unerträglich und sollte nicht hingenommen werden. Tausende Palästinenserinnen und Palästinenser, viele von ihnen Kinder, sitzen in israelischen Gefängnissen, weil sie sich der Beleidigung ihrer menschlichen Würde, die jede militärische Besatzung darstellt, widersetzt haben. Das ist unerträglich. Es stellt uns alle vor Fragen, die nach Antworten verlangen. Eine liebe Freundin sagte: »Als Deutsche habe ich das Gefühl, dass mir keine Meinung darüber zusteht, was Israel tut.« Ich verstehe, was sie meint, denke aber, sie irrt sich gewaltig. Es ist möglich und notwendig und unerlässlich, sich entschieden gegen Antisemitismus zu stellen und gleichzeitig das Leid der palästinensischen Bevölkerung anzuerkennen und alles dafür zu tun, um diesem Leid ein Ende zu bereiten. Unter der Besatzung gibt es keine Gerechtigkeit.

3: BEIRUT

Wenn man Glück mit dem Verkehr hat, kommt man der syrischen Grenze nach einigen Stunden Fahrt von Beirut zum Greifen nah. Dann geht es in nördlicher Richtung durch die Bekaa-Ebene und nach Baalbek. Wir kletterten durch das Palimpsest der Ruinen in Baalbek – assyrische, römische, byzantinische und muslimische Ruinen – und fragten uns angesichts der Nähe zum nur wenige Kilometer entfernt tobenden Krieg, ob wir Gefahr liefen, entführt zu werden. Als wir am Abend von den Ruinen zurückkehrten, wollten wir in Broummana halten und das Grab von Edward Said besuchen.

Die Literatur ist durchwirkt von Pilgerreisen zu Grabstellen.

Die Gefolgsleute suchen den Segen. Aber sind diese Besuche auch eine Art Entschuldigung? Entschuldigungen dafür, zu spät geboren worden zu sein? Jeder Besuch an einem Grab ist ein Akt des Bedauerns: über unvollkommene Lektüre, über unvollkommenes Schreiben in der Nachwelt, über den nicht zu reparierenden Riss im Gewebe der Erfahrung. Aber ich sollte noch etwas anderes zu bedauern haben, denn unser Fahrer riet in dieser Nacht von einem Umweg ab. Es war schon spät, die Straßen waren nicht mehr sicher. Wir kehrten in die Stadt zurück, und es ergab sich keine neue Gelegenheit mehr. Und doch spürte ich für den Rest meiner Zeit in Beirut jedes Mal mein Herz rasen, wenn ich an jenem Gebäude in Hamra vorbeikam, das mir als das Haus der Familie Said gezeigt worden war.

Der späte Beethoven entwickelt sich kohärent aus dem reifen Beethoven. Der reife Beethoven ist eine Erweiterung und Erfüllung des jungen Beethoven. Es handelt sich um wesentliche Veränderungen und deutliche Entwicklungsstufen, aber keineswegs um radikale Brüche.

Said berichtet von einem Treffen mit seinem Freund Hanna Mikhail, der auch unter dem Pseudonym Abu Omar bekannt war. Es fand eines Abends im Jahr 1972 in Beirut statt. Abu Omar hatte seinen Doktortitel in politischer Theorie in Harvard erhalten, zur gleichen Zeit, als Said dort seinen in Vergleichender Literaturwissenschaft erlangt hatte. 1976, als Abu Omar schon lange in den Kampf involviert war und für seinen enormen Mut sehr bewundert wurde, verschwand er mit einigen anderen in einem kleinen Boot vor der libanesischen Küste. Niemand hat jemals erfahren, was mit ihnen geschehen ist. Doch an jenem Abend in Beirut im Jahr 1972, so erzählt Said, tauchte Abu Omar mit keinem Geringeren als Jean Genet auf. Um zweiundzwanzig Uhr kamen die beiden Männer an. Die Gespräche gingen weit in die Nacht hinein, bis drei Uhr morgens.

Die Geschichte von Said, Jean Genet und Abu Omar löst in mir ein stechendes Gefühl des Wiedererkennens aus. Ich erinnere mich an viele lange Nächte in Hamra mit Freundinnen und neuen Bekannten, bei Gott weiß wie vielen Flaschen Arak. Wir diskutierten bis spät in die Nacht – Marxistinnen, Marxianer, Grüne, Anarchisten – mit einer Intensität, wie ich sie nirgendwo anders erlebt habe. Ich spreche von Professorinnen und Doktoranden, Barbesitzern und Autodidaktinnen, die alle eine ausgeprägte Vorstellung davon zu haben schienen, wie viel auf dem Spiel stand, von denen viele jünger waren als ich und die alle viel mehr gelesen hatten als ich. Am nächsten Morgen beeilten sich einige, noch mehr zu lesen und sich auf die nächste Diskussion am Abend in der einen oder anderen Wohnung vorzubereiten, die wir besuchten, oder im Mezyan, wo sich alle wie zu Hause fühlten und wo sogar die, die gar nicht rauchten, die Rauchenden nach draußen begleiteten, um nichts zu verpassen. Und dann kamen die Livebands und um drei Uhr morgens die einsamen Spaziergänge nach Hause, in den sichersten nächtlichen Straßen, durch die ich je gelaufen bin. Ich bin so dankbar dafür, wie unermüdlich diese Begegnungen waren, und für die unerschöpfliche Energie dieser Gesellschaft, durch die sich meine drei Wochen in Beirut wie drei Monate anfühlten.

Das Herzstück von op. 132 ist ein langsamer Satz, der in der Aufführung zwischen fünfzehn und fast zwanzig Minuten dauern kann. Es kommt nicht auf die Dauer an, sondern darauf, wie die Spannung aufrechterhalten und kontrolliert wird. Der Untertitel dieses langsamen Satzes lautet: *Heiliger Dankgesang eines Genesenen an die Gottheit, in der lydischen Tonart.*

Mein Beiruter Freundeskreis war im schönsten Sinne radikal. Said schreibt, dass »Spätheit … eine Art selbstauferlegtes Exil von dem ist, was allgemein akzeptiert ist, Spätheit kommt ihm nach und überlebt es um Längen«. Das altmodische politische Engagement und die Furchtlosigkeit, die ich in Beirut fand, veränderten mich. Es war eine Art Spätheit, eine Art Überleben jenseits der Gleichgültigkeit, die das amerikanische Leben so stark prägt. Wir dachten und sprachen über so vieles: darüber, was es bedeutet, staatenlos und obdachlos zu sein, und wie man sich denen gegenüber anständig verhält, die sich in dieser Situation befinden. Wir sprachen darüber, wie Gier und Profit ins menschliche Elend führen und wie viel Schaden die Vorstellung von der Überlegenheit einiger rassifizierter Gruppen gegenüber anderen noch immer anrichtet.

Der langsame Satz von op. 132, dessen Komposition von überwältigender und ergreifender Schönheit ist, erfüllt endlich, wonach wir in den früheren Sätzen gesucht hatten: eine organische Einheit. Die langsamen Abschnitte, von denen es drei gibt, ähneln sich und wechseln sich mit schnellen Abschnitten ab. Die langsamen Abschnitte dieses Mittelsatzes bestehen aus zwei Teilen: einem sich überschneidenden Motiv der Instrumente und einem tiefgründigen und einfachen Choral. Es ist das intensive Licht dieses Chorals, das die Zuhörenden nicht mehr loslässt, wie das Licht in *Vier Quartette* von T. S. Eliot: »Glanz, der am frühen Nachmittag uns blendet. / Helleres Feuer als flammendes Holz und glühende Kohle.«

Die schnellen Abschnitte sind mit dem Vermerk *Neue Kraft*

fühlend versehen – Kraft, die den Körper aufs Neue erfüllt. Wieder bringt uns Beethoven in ein Reich der Schwankungen. Doch dieses Mal ist die Wirkung eine ganz andere. Anstelle des Fiebers im zweiten Satz haben wir nun zwei positive Gefühle: Ruhe und Lebendigkeit wechseln sich ab.

»Spät« verweist auf zwei verschiedene Arten, nicht in der richtigen Zeit zu sein: seiner Zeit voraus zu sein ist die häufigere, aber nach seiner Zeit, also zu spät geboren zu sein ist ebenso einschneidend. Wenn wir beide zusammen betrachten, wenn wir uns klarmachen, dass Beethoven unsagbar alt und uns auf geheimnisvolle Weise weit voraus ist, dann kommt uns der Gedanke, dass er es irgendwie geschafft hat, sich der Zeit zu entziehen, dass er weder zu früh noch zu spät ist, dass er die Zeit überwunden hat.

Gegen Ende des mäandernden Gesprächs zwischen Farouq und Julius berichtet Farouq von seinem abgebrochenen Studium an einer belgischen Universität und dem Grund für seine Wut. Er sagt: »Ich wollte einen Magister in Kritischer Theorie machen, weil das Institut dafür bekannt war. Das war mein Traum, mit zwanzig hat man ja sehr präzise Träume. Ich wollte der nächste Edward Said werden! Die Idee war, Vergleichende Literaturwissenschaft zu studieren und als Grundlage für Sozialkritik zu nutzen.«

Ich versuche, mich daran zu erinnern, was ich dachte, als ich diese Passage schrieb. »Ich wollte der nächste Edward Said werden!« Woher war dieser Gedanke gekommen? Meinem schwierigen und gelegentlich unsympathischen Erzähler hatte ich diese Zeile nicht in den Mund gelegt. Ich hatte sie Farouq gegeben, einer Nebenfigur, einem jungen Mann, für den ich mehr

Verständnis hatte. Wollte ich also der nächste Edward Said werden? Immerhin hatte ich in jenen Jahren, 2006 und 2007, an derselben Universität, deren Starprofessor Said vor Kurzem noch gewesen war, meine Doktorarbeit in Kunstgeschichte geschrieben. Ich denke aber nicht, dass es so einfach war. Beim Schreiben von Romanen entsteht häufig ein Moment der Selbsthypnose, eine Art Fliegen im Dunkeln. Ich ahnte bereits, dass mich dieses Buch, in das ich jene Worte hineinschrieb, aus der akademischen Welt hinausführen würde. Was ich festhalten wollte, war die Auffassung, dass Edward Said – durch das Schreiben ebenso wie durch das Sein – eine Art Orientierungshilfe war, ein Flugsicherungsturm für so viele von uns mit ganz unterschiedlichen Herkünften, Talenten und Ambitionen. Niemand sollte zu ihm werden, genauso wenig wie er der nächste Adorno oder Benjamin hätte werden können. Unser Bestreben war es, mit seinen Anschauungen im Austausch zu stehen und durch sie unseren eigenen Weg durch die Nacht zu finden.

Die Verwendung der lydischen Tonart, einer antiken Tonart, vermittelt den Eindruck von etwas Exotischem, Andächtigem und mystisch Religiösem. Am Ende des Satzes steht die Anweisung, »mit innigster Empfindung« zu spielen. In diesen letzten Takten spürt man beinahe, wie die Seele aus einem heraussteigt und sich vom Körper trennt. Der Choral baut sich immer weiter auf, und es ist, als hätte man eine Viertelstunde lang in Spektralfarben geschaut, die nun von selbst zu einem grellen Licht verschmelzen, zu einer blendenden Grellheit, und dann langsam an Intensität verlieren. Die Wirkung ist überwältigend.

4: BERLIN

Der vierte und der fünfte Satz von op. 132 bilden eine Einheit, wobei der eine als kurze Einleitung des anderen dient. Der vierte Satz ist mit *Alla marcia*, »wie ein Marsch«, überschrieben, und dieser zackige Rhythmus wird wieder und wieder von einem leichteren, spielerischen Abschnitt unterbrochen, fast wie ein Vater, der ernst voranschreitet, während seine Tochter um ihn herumhüpft. Dann folgt ein tremolobegleitetes Rezitativ auf der Violine, das an das Ende der Neunten Symphonie des Komponisten erinnert – »O Freunde!«. Tatsächlich waren die Skizzen für das Ende von op. 132 ursprünglich als Thema für den letzten Satz von Beethovens Neunter gedacht, bevor er sich für ein Chorfinale entschied.

Dieser vierte Brückensatz dauert nicht länger als zwei Minuten, dann befinden wir uns plötzlich im fünften Satz, *Allegro appassionato*, der elegant beginnt und einen sehnsüchtigen und leidenschaftlichen Charakter hat. Aber es gibt immer wieder Elemente, die das Tempo durchkreuzen, wie zuvor schon im zweiten und vierten Satz. Die vier gehetzten äußeren Sätze des Quartetts wirken so gesehen wie bibbernde Bittsteller, die sich um die unerschütterliche Vollkommenheit von »Heiliger Dankgesang« scharen.

Aber hier, gegen Ende des Quartetts, beginnt sich die Logik wirklich zu einer Einheit zu entwickeln. Es ist der späte Beethoven, wir erkennen jedoch den klassischen Beethoven'schen Bogen von unterschiedlichen Elementen, die sich aus dem Kampf heraus zu einem harmonischen Ganzen zusammenfügen. Gegen Ende des fünften Satzes ertönt das Cello in hoher

Lage, fast wie eine Violine. Es ist ein verstörender Effekt, die Musik wird gerade noch rechtzeitig vom Rande des Schreckens zurückgeholt, und die Eleganz, mit der der Satz beginnt, kehrt zurück. Der späte Beethoven wird von vielen Fragen heimgesucht, aber eine der hartnäckigsten scheint mir zu sein: Wie kann man einen Schluss setzen?

Mein eigener von Spätheit geprägter Roman beginnt und endet mit dem späten Mahler, vom *Lied von der Erde* zur *Neunten Symphonie*, die mein Erzähler im letzten Kapitel des Romans bei einem Konzert der Berliner Philharmoniker hört. So endet das Buch zwar physisch in New York, aber mit einem Gedanken an Berlin. Als ich 1999 zum ersten Mal nach Berlin kam, empfand ich die Stadt als schwer beladen mit all dem, was ich über ihre Geschichte wusste. Sie war der dunkle Kern des Unaussprechlichen. Aber Berlin ist in gewisser Weise wie eine Seele, die nahe der Auslöschung war und, erschüttert von dieser Erfahrung, ein Lied des Dankes anstimmt. Im Sommer 2000 habe ich in der Stadt gelebt und festgestellt, dass sie andere Bedeutungen zu entwickeln begann. Und ich kehrte immer wieder zurück. Eine Woche hier, ein Monat dort, ein wunderbarer Sommer im Literarischen Colloquium; die geliebten Museen, die langen Nächte mit unersetzlichen Freundschaften, Hip-Hop und Dancehall. Der späte Mahler, der späte Schönberg, der späte Beethoven und ein unvergessener Nachmittag in der Philharmonie, als Rattle das Brahms-Violinkonzert dirigierte und eine Freundin aus Kanada einflog, um es mit mir zu erleben. Und dann gab es da noch eine besondere Ehrung im Haus der Kulturen der Welt und meine darauf folgende Verbindung mit dieser Einrichtung. Nach und nach wurde Berlin zu einer

Stadt, die mir neue Dinge über die Kultur des Erinnerns beibrachte.

Sogar im schneidenden Marsch des abschließenden *Allegro appassionato* gibt es Passagen von intimer Stimmhaftigkeit, ein subtiles Plaudern zwischen den vier Instrumenten, wie eine Erregung, die man aus einem Nebenraum hört, oder wie ein sotto voce gesungener Part. Es wird vermutet, dass es gerade dieses Quartett war, das Eliot zu seinen eigenen späten, großen *Vier Quartetten* inspirierte. Wir wissen jedenfalls, dass Eliot op. 132 immer wieder auf dem Grammofon hörte. Und dass er an Stephen Spender mit den für Eliot typischen Wendungen schrieb: »Sein Studium scheint mir schier unerschöpflich. Es liegt eine himmlische oder zumindest mehr als menschliche Fröhlichkeit über einigen seiner späten Sachen, die einem, stelle ich mir vor, als Frucht der Versöhnung und der Linderung geschenkt wird, nachdem man sehr gelitten hat. Wie gerne würde ich etwas davon in Versform bringen, bevor ich sterbe.« Vielleicht ist ihm das gelungen:

Angezogen durch diese Liebe, und die Stimme dieses
    Rufes
Wir werden nicht nachlassen in unserem Forschen.
Und das Ende unseres Forschens
Ist, an den Ausgangspunkt zu kommen
Und zum erstenmal den Ort zu erkennen.

Ich liebe die von Edward Said in seinen vergleichenden Literaturstudien entwickelte Idee, dass es bei der Differenz nicht um Hierarchien geht, sondern um die Möglichkeit kontrapunktischer Linien. Im besten Fall verwebt sich die Differenz und schafft neue Harmonien. In gewisser Weise war dies das positive Argument in seiner Schrift zum Orientalismus: ein Plädoyer für die Ablehnung von Stereotypen und die Akzeptanz der nicht reduzierbaren Komplexität der anderen. Dies zu verstehen und in die Praxis umzusetzen, ist die beste Hoffnung für unsere Demokratie und unsere Ökologie. Ist es übertrieben, zu behaupten, dass wir einander lieben können, dass wir einander lieben müssen? Kontrapunkt ist auch mit Saids Konzept des Spätstils verbunden. Die Spannung wird gehalten, Sturheit bleibt unnachgiebig, und Schwierigkeit wird zugelassen. Spätes und Neues existieren nebeneinander. Der Rest ist Musik.

3. TEIL
SCHATTEN

GESPINSTIGE WELT:
ÜBER SANTU MOFOKENG

Aus einer dunklen Masse unscharfer Formen taucht eine einzelne Hand auf und ruht zwischen zwei Fenstern. Ein Arm legt sie dorthin, und um diesen Arm herum schmiegt sich ein dunkler Ärmel. Bei näherem Hinschauen werden weitere Hände und Arme sichtbar, von denen einige nach der Gepäckablage über den Fenstern greifen. Es sind menschliche Körper zu sehen, aber nur angedeutet. Die Szene ist von tiefen Schatten und Unschärfe geprägt. Der Fotograf ist Santu Mofokeng, und die Bildunterschrift eröffnet uns eine Welt: »The Drumming, Johannesburg-Soweto Line, from Train Church, 1986« (Abbildung 3). Wir wissen nun, dass wir uns in Südafrika befinden, dass die Hand nicht ruht, wie wir zunächst vielleicht vermutet hätten, sondern auf die Wand eines Zugwaggons trommelt, und dass der Zugwaggon eine Doppelfunktion als Kirche erfüllt.

Mofokeng wurde 1956 in der Nähe von Johannesburg geboren. Seine Fotografien haben eine enorme, fast hypnotisierende Wirkung auf mich. Mittlerweile jedenfalls. Als ich ihnen vor vielen Jahren zum ersten Mal begegnete, habe ich sie nicht verstanden. Irgendetwas an ihnen schien unvollendet, ungenau

3 Santu Mofokeng, *The Drumming, Johannesburg-Soweto Line* aus der Serie *Train Church* (1986). Silbergelatinedruck, © Santu Mofokeng Foundation. Freundlicherweise zur Verfügung gestellt von Lunetta Bartz, MA-KER, Johannesburg.

oder falsch. Sie sahen aus wie gute Ideen für Fotografien, aus denen nie gute Fotografien entstanden waren. Wann immer ich nach einer Bilddokumentation der Apartheid suchte, schien mir der klassische Fotojournalismus, der der Idee des »entscheidenden Augenblicks« verpflichtet war, besser geeignet zu sein. Ich schaute mir eher die Arbeit des mutigen und genialen Ernest Cole an, dessen Fotografien im Anti-Apartheid-Kampf sehr nützlich gewesen waren. Oder wenn ich Bilder sehen wollte, die von einer ruhigeren Wut durchdrungen waren, wandte ich mich den Fotografien von David Goldblatt zu, die durch Abbildung von Menschen, Landschaften und Gebäuden sowohl den Zustand Südafrikas als auch die Lebensrealität unter der Apartheid zeigen. Die meisten von Goldblatts Fotografien waren gut ausgeleuchtet, scharf und direkt, wobei die

Emotionen auf ein Minimum beschränkt blieben. Ich mochte diese Form des Zeugnisses. Ich mag sie noch immer.

Mein Verständnis für Mofokeng entwickelte sich langsamer. Er wuchs während der Apartheid auf und entdeckte die Liebe zur Fotografie in seinen Teenagerjahren. Später fand er Arbeit als Assistent in Dunkelkammern. Mitte der 1980er-Jahre begann er als Mitglied des Fotografenkollektivs Afrapix, Bilder des täglichen Lebens in den Townships zu machen. 1986 nahm er einige Wochen lang auf seinem Arbeitsweg eine Reihe bemerkenswerter Fotos im Zug von Soweto nach Johannesburg auf. Ob am frühen Morgen, am späten Nachmittag oder am Abend, die Menschen versammelten sich in den Zugwaggons und verwandelten sie in Orte des Gebets und des religiösen Gesangs. Der Zug wurde zu einer fahrenden Kirche.

Seine Fotografien fingen die religiöse Ekstase der pendelnden Menschen ein, ihre intensiven Gesichtsausdrücke und dynamischen Körper, so wie es jeder kompetente Fotograf tun würde. Aber Mofokeng machte noch etwas anderes, oder besser gesagt, etwas mehr: Er machte viele der Fotografien seltsam. Die Kompositionen sind manchmal konventionell, mit klaren Figuren und Protagonisten, aber häufig sind sie dunkel, körnig und unscharf: ein Detail hier und da, eine Hand, eine Wange, ein kaum erkennbarer Torso, hell aufleuchtende Stellen. Es gibt Fotografien, die nur teilweise scharf sind, und solche, die überhaupt nicht scharf sind; Fotografien, die nur aus Schatten und Glanzlichtern bestehen und kaum Mitteltöne aufweisen; einige sind schief. Man spürt förmlich die laute Atmosphäre der Zugkirche, die Instabilität des Waggons, aber auch das Mysteriöse und Tröstliche der Religion. Mofokeng scheint auszutesten, wie viele Exzentrizitäten ein Bild vertragen kann, bevor es auseinanderbricht. Er fotografiert bei schwachem Licht, nichts ist wirklich gerade, die Figuren scheinen zufällig dort zu sein, wo sie sind, nicht »arrangiert« wie in konventionelleren Bildern. Entweder dominiert zu viel Vordergrund oder zu viel Hintergrund, oder wir sehen einfach eine große Fläche, auf der nicht viel passiert. Wie der Konzeptkünstler John Baldessari, aber ohne Baldessaris ironischen Ton, scheint Mofokeng alles aufzunehmen, was ein Bild »falsch« macht.

Mir wurde klar, dass die Verwendung von offenem, scheinbar brachliegendem Raum als kompositorisches Element der Schlüssel zur Kraft von Mofokengs Werk ist. Ich schaue mir zum Beispiel ein Bild an, das er 1989 anlässlich der Beerdigung von Chief More in der Nähe des Dorfes GaMogopa gemacht hat. Die Szene wird von einer sanft ansteigenden Graslandschaft dominiert. In der Ferne ist ein Bus zu sehen, vor dem sich ein Leichenwagen und eine Gruppe von Trauernden befinden. Hinter dem Bus sehen wir zwei Frauen, die vielleicht absichtlich langsam gehen oder versuchen, die Gruppe einzuholen. Und im Vordergrund sehen wir einen Mann, an dessen Körpersprache wir eindeutig ein Zuspätkommen ablesen können. Er beeilt sich, den Trauerzug einzuholen, unbeholfen in seiner Isolation. Um diese Menschen herum dehnt sich die Landschaft weit aus. Das Foto wirkt weniger wie ein Bild einer Beerdigung als vielmehr wie ein Bild dieser Weite, in der das Hauptereignis fast zu klein ist, um richtig gesehen zu werden. Genau diese Fähigkeit Mofokengs, einen Raum wie diesen und die damit verbundene Langsamkeit heraufzubeschwören und dabei die Forderung nach einem »Hauptereignis« im Bild permanent aufzuschieben, macht sein Werk so unverwechselbar.

. . .

»Wenn deine Bilder nicht gut genug sind, bist du nicht nah genug dran«, sagte Magnum-Mitbegründer Robert Capa einmal (was seitdem und bis in alle Ewigkeit zitiert wird). Aber Mofokengs Bilder sind, wie das der Beerdigung von Chief More, oft nicht »nah genug«. Oder sie sind zu nah, wie die Fotografien aus der Zugkirche. Er verortet die Energie einer Fotografie woanders: im Warten, in der Ungewissheit, im tiefen Schatten. Seine Fotografien machten zwar die Auswirkungen der Unterdrückung sichtbar, aber darum ging es ihm nicht in erster Linie. Ihn zog es in die Zwischenräume des afrikanischen Lebens: Gottesdienste, Konzerte, Beerdigungen, zivilgesellschaftliche Aktivitäten und die Arbeitswelt. Die Menschen auf seinen Fotos sind mit jenen verwandt, die der südafrikanische Schriftsteller Alex La Guma 1962 in seiner Erzählung *A Walk in the Night* (Spaziergang in der Nacht) beschrieb: Menschen, die »herumlungern, quatschen, rauchen, warten«. Für die Arbeit reiste Mofokeng häufig lange Strecken, auf denen er manchmal stecken blieb. Er begab sich in Townships, von denen er einige nicht gut kannte, und blieb tagelang dort, um die Atmosphäre des Ortes in seine Kamera einfließen zu lassen. Ich kenne keinen anderen Fotografen, dessen Werk so viel von der Art des Herumtreibens abbildet, die ärmeren Menschen vertraut ist.

Als Mofokeng 1991 Südafrika verließ, um mit einem nach Ernest Cole benannten Stipendium am International Center of Photography in New York zu studieren, nahm er an den Semi-

naren von Roy DeCarava teil. Es war ein Treffen von Gleich-
gesinnten. Damit ist nicht gemeint, dass DeCarava Einfluss
ausübte (Mofokengs Stil war bereits entwickelt, bevor sie sich
trafen), sondern, dass beide Künstler stilistische Zurückhaltung
und ausgeprägte Obskurität zu nutzen wussten. Seit DeCarava
war wahrscheinlich kein Fotograf der Dunkelheit so treu verbunden wie Mofokeng. Mofokengs Arbeit versuchte nicht, die
Townships zu entmystifizieren; ebenso wenig war DeCarava
darauf aus, Harlem zu erklären. Die Jugendlichen, die Mofokeng 1988 bei einem Konzert in Sewefontein fotografierte, sind
extrem unscharf, kaum zu erkennen. (Hinzu kommt der »über-
schüssige« Raum, den die Wand hinter ihnen einnimmt und
den die meisten Fotografen vermeiden würden.) Der wahr-
scheinlichste Grund für die Unschärfe ist, dass er mit einer kurzen Verschlusszeit, ohne Blitz oder Stativ fotografierte. Doch
die Wirkung des Bildes ist charakteristisch für eine andere Qualität seiner Arbeit, die Mofokeng mit einem Wort aus seiner
Muttersprache Sesotho umschrieb: *seriti*. Es ist ein Wort, das
sowohl »Schatten« als auch »Aura«, »Würde«, »Präsenz«
und »Vertrauen« bedeutet. Gegen das harte, fragende Licht
einer ungerechten politischen Realität bietet Mofokeng *seriti*
an: Wissen der geheimeren Art.

Die Apartheid fand 1994 in Südafrika ihr Ende, doch die neu
gewonnene politische Freiheit bedeutete nicht das Ende für
Mofokengs Erkundungen. Sie wurden sogar noch intensiver,
denn er erkannte, dass *seriti* ein anhaltender Aspekt im Leben
der Schwarzen südafrikanischen Bevölkerung war. Und aus
dieser Zeit nach der Apartheid stammen einige seiner geheim-
nisvollsten und gewagtesten Bildkompositionen. *Easter Sunday*

Church Service (1996) beispielsweise, aus einer Serie, die er *Chasing Shadows* nannte, ist traumgleich, voller Rauch und diffusen Lichts, in dem sich Gläubige (überwiegend Frauen mit weißen Kopftüchern) zum Gottesdienst versammeln. Mofokeng interessierte sich besonders für die Gottesdienste, die in den Höhlen von Motouleng und Mautse abgehalten wurden und Elemente der traditionellen afrikanischen Religion enthielten. Es waren Momente, in denen Realität und Spiritualität untrennbar miteinander verbunden waren. Über die Atmosphäre dieser Gottesdienste schrieb Mofokeng: »Obwohl es mir widerstrebt, an dieser gespinstigen Welt teilzuhaben, kann ich mich mit ihr identifizieren.«

Die Weite und Unschärfe von Mofokengs Bildern entstehen letztlich aus der Vertrautheit mit dieser »gespinstigen Welt«: einer Welt, die nicht substanzlos, aber für Uneingeweihte und Außenstehende schwer zu fassen ist. Seine Fotografien verwenden eine Vielzahl von Techniken, um diese Welt anzudeuten. Die Bilder nehmen Abstand vom Pittoresken und nähern sich dem Leben selbst, nähern sich *seriti* und den feinen Bedeutungsebenen, die in diesem Wort stecken. Es sind Fotografien von stiller Unordnung und Ungenauigkeit, Schattenwirken und strategischer Verweigerung, Beschwörungen dessen, was weder zur Eile getrieben noch ausgelöscht werden kann.

BESCHWÖRUNG MARIE COSINDAS'

Marie Cosindas, die im September 1923 in Boston geboren
wurde und dreiundneunzig Jahre später dort starb, machte so
wirkmächtige Fotografien, dass sie geradezu magisch erscheinen, dass ihre fesselnde Wirkung, ihr stimmiger Duktus von
mehr als nur Kunstfertigkeit zeugen und dass uns, wenn wir
mehrere ihrer Bilder betrachten, so ist, als erlebten wir die Ent-
faltung eines einzigen seitenlangen Satzes gemäß einer unsicht-
baren inneren Kohärenz, die atmosphärisch an die fantasievolle
Fülle des Romans *Hundert Jahre Einsamkeit* von Gabriel García
Márquez erinnert, an die erzählerische Dichte der Familiensaga
der Buendías in der mythischen Stadt Macondo und vor allem
an Márquez' Darstellung des wunderlichen Weisen Melquíades,
ein »stämmiger Zigeuner mit wildem Bart und den Krallen
eines Sperlings«, Hüter staunenswerten, verborgenen Wissens
um gegenwärtige und künftige Ereignisse wie auch der Geheimnisse der Optik, Linsentechnik und des Magnetismus, Univer-
salwahrer, dessen vielfältige Erkenntnisse auf natürlichste
Weise eine Einheit zu bilden scheinen und dessen Werk auf den
letzten Seiten des Romans in Gestalt einiger Sanskrit-Perga-
mente erneut Erwähnung findet, »die Verse mit den geraden

Zahlen nach dem Privatschlüssel von Kaiser Augustus und die ungeraden mit einem lakedämonischen Militärschlüssel chiffriert«, mannigfaltige Schichten von Unergründlichkeiten, die sich bis zu einer Luzidität überlagern, wie sie Menschen zuteilwerden mag, deren verworrene Träume, wie wild und unerbittlich sie auch waren, beim Erwachen einer visionären Klarheit weichen, allerdings nicht etwa der ungetrübten Klarheit desjenigen, der sich frühmorgens in heißem, unschuldig weißem Licht erhebt, sondern eher der verschatteten Ahnung desjenigen, der den Tag verschlafen hat und in den unendlich abgestuften Farben der Abenddämmerung erwacht, eine verhangene Stimmung, die jeder Betrachter der Fotografien Cosindas' erkennt, die aus jedem dunklen Winkel das Äußerste herauszuholen versteht, eine Gabe, die sich möglicherweise der Tatsache verdankt, dass Cosindas als achtes von zehn Kindern griechischer Einwanderer in einer engen Wohnung in Bostons South End aufwuchs, so wie auch ihr Hang zu sehr satten Farben, umflort von Weihrauch, selbst da, wo es keinen Rauch gibt, womöglich zurückgeht auf kindliche Besuche in der griechisch-orthodoxen Kirche der Gemeinde ihrer Eltern mit ihren vergoldeten byzantinischen Ikonen und übervollen Wänden, eine Besonderheit ihrer Kunst, die sich nicht gleich herausgebildet haben dürfte, aber sich eben doch herausbildete, nachdem sie zunächst gemalt und in Schwarz-Weiß fotografiert und Kurse bei Ansel Adams besucht hatte, dessen Grauwertlektionen sie jedoch bald ad acta legte, um sich fortan mit einem alchemistischen Furor den Farben zuzuwenden, der an die gefeierte Amsterdamer Künstlerin Rachel Ruysch erinnert, führende niederländische Stilllebenmalerin des Barock, die vom letzten Viertel des siebzehnten Jahrhunderts bis kurz vor ihrem Tod 1750 mit sechsundachtzig Jahren wirkte und die zu den äußerst wenigen Frauen gehörte, die in diesem Beruf zu Ruhm gelangten, und damit sowohl ihrem Vater, einem Botaniker, als auch ihrem Mann, ebenfalls Maler, den Rang ablief, indem sie fundierte Kenntnisse der Botanik mit malerischem Können verband und neben der Betreuung von zehn Kindern ungeheuer lebensechte Blumenstücke schuf, darunter echte Fiktionen, die in ein und derselben Vase Blüten zeigten, die im wahren Leben nur zu verschiedenen Jahreszeiten zu sehen gewesen wären und doch durch die Magie der Malerei zusammen verewigt werden konnten, alle kunstvoll ausgeführt und oftmals um ebenso wahrheitsgetreu gestaltete Marmorsockel, Tafeln, Vasen und Insekten ergänzt und vor dunklem Hintergrund arrangiert, wie es Mode war zur Blütezeit der niederländischen Stilllebenmalerei, einer Kunstgattung, in der die Besten noch die bescheidensten häuslichen Gegenstände zu erhabener Größe zu verwandeln wussten, das Gewöhnliche zu adeln, die zarten Blütenblätter ihrer Blumen vor Leuchtkraft lodern zu lassen; und ähnlich sorgfältig wählte Cosindas ihre Sujets und machte sie dank ihres handwerklichen Geschicks und ihres visuellen Gespürs – einer ausgeklügelten Lichtregie, diverser Filter, Verschluss- und Entwicklungszeiten, bestimmter Farbvalenzen bei Blumenstücken, aber auch anderen Genres wie Porträts und Assemblagen verschiedenster Gegenstände, für die sie ungern den Begriff »Stillleben« verwandte, weil sie zu Recht jede Assoziation mit Stasis ablehnte und lieber von »Arrangements« sprach – zum Inbegriff dessen, wozu die Fotografie ein halbes Jahrhundert nach der Hochphase des Piktorialismus fähig war, und zwar durch eine Farbgebung, die, weil freier und zugleich kontrollierter, beseelter scheint als das, was man kommerziell in den 1960ern an Farben kannte, und die dem Werk anderer Pioniere der Farbfotografie wie William Eggleston vorausging, dessen Zugriff gradliniger war, weniger gestellt, weniger betont kunstvoll und tendenziell eher den Erwartungen der Kritiker und Kuratorinnen an die künstlerische Farbfotografie entsprach, sobald sie an dieser Geschmack gefunden hatten, obschon Cosindas sich in den 1960ern und 70ern mit ihren unkonventionellen, antiquarischen Motiven einen ziemlichen Ruf erwarb, sodass sie (vor Eggleston) im Museum of Modern Art, im Museum of Fine Arts in Boston und im Art Institute of Chicago ausstellen konnte, aber keine besondere Erwähnung in den Standardwerken zur Kunstfotografie fand, in denen andere, meist jünger als sie und fast ausschließlich Männer, als Wegbereiter der Farbfotografie gefeiert werden, und so galt sie eher als Anomalie, nicht klassisch modern, nicht heutig, zum Teil wohl, weil das, worum sie die fotografische Kunst bereichert hat, mystisch war, sinnlich, die Schönheit nicht scheute, vom Zusammenspiel alltäglicher und exotischer Gegenstände lebte und von einer Inbrunst, die sich schlecht vertrug mit den in der zweiten Hälfte des letzten Jahrhunderts vorherrschenden ironischen und gelegentlich zynischen Ansätzen, die ihr aber doch einen Platz sicherte unter denen, deren Kunst als revolutionär gelten kann, nicht weil sie eine neue Strömung begründete, sondern vielmehr Neuerungspotenzial in längst Erprobtem entdeckte, die nicht mit der Zeit gehen musste, sondern zeitlos blieb, der Vorstellung verpflichtet, dass Magie nicht heißen könne, alte Erkenntnisse zu verwerfen, sondern vielmehr eine Vielfalt von Elementen zum hypnotischen Flow zu bündeln, was in Cosindas' Fall zur Entdeckung der starken Wirkung führte, die bei der Arbeit mit einer Großformatkamera und Polaroid-Trennbildfilmen zu erreichen war, und wie mit der Zeit ein Kosmos aus Requisiten, Anspielungen und versteckten Hinweisen zur einzigartigen künstlerischen Handschrift entwickelt werden konnte, einer zaubrischen Welt, zu der Blumen, Vasen, Puppen, Spitzen, Pelze, Teppiche, Geschirr, Bücher, Stühle, Orangen, Spargelstangen, Plakate, Ornamente, Statuen, Tänzer, Dandys, Matrosen, Tarotkarten, Masken und Puppen ebenso gehören wie Portale zu anderen Welten – Gemälde, Spiegel, Fenster –, die insgesamt eine höchst persönliche, der Theatralik zugeneigte und dem Innenleben der Dinge anverwandelte Vision ergaben, ihrem inhärenten Animismus, eine Empfänglichkeit ähnlich der des Erzählers in Rainer Maria Rilkes *Die Aufzeichnungen des Malte Laurids Brigge*, eines jungen Dänen, der auf Wandschränke voller Kostüme stößt und, indem er sie durchprobiert, die unheimliche Wandlungskraft spürt, die der jeweiligen Tracht innewohnt, sodass, als er derart verkleidet vor den Spiegel tritt, selbst dieser es kaum zu glauben scheint, und so wird dem jungen Mann, was er sieht, »etwas sehr Überraschendes, Fremdes, ganz anders, als man es sich gedacht hatte, etwas Plötzliches, Selbständiges«, zum Eindruck, der sich im Zuge weiterer Kostümierungen nur verstärkt, bis der Protagonist sich eines Tages so gründlich vermummt hat, dass er vor sich selbst erschrickt und schreiend vor dem Spiegel davonrennt, wobei betont werden muss, dass Parallelen zwischen der Alchemie der Fotografien Cosindas' und Skurrilem, dem andere in ihrer

4 Marie Cosindas, *Memories II* (1976). Reliefdruck. © Estate of Marie Cosindas. Abdruck mit freundlicher Genehmigung der Bruce Silverstein Gallery, New York.

Kunst nachgehen, weder eine Frage des Einflusses oder der Nachahmung sein können, noch die Behauptung rechtfertigen, dass Magie dieser Art auf immer gleiche Weise ihre Wirkung entfaltet, nein, vielmehr gibt es offenbar ähnliche Intuitionen bei denen, die solche schamanische Verfahren anwenden und

deren Werke einem betörenden Raunen gleichen, selbstgenüg-
sam und doch flirrend dazu angetan, Betrachtende zu umgar-
nen, ein Paradox, das auf Cosindas' dichte Fotokompositionen
zutrifft, die Assemblagen, in die sie ungezählte Tage Arbeit
steckte und die Orte heraufbeschwören wie Sterneküchen oder
Labore einstiger Parfümeure, Orte, an denen Unerklärliches
vorgeht, wie es beispielhaft an *Floral with Marie Cosindas Painting, Boston* (1965), *Masks, Boston* (1966) oder *Memories II*
(1976, Abbildung 4) zu sehen ist, diesen grandiosen, leise von
Albdrücken berührten Träumen, bei denen wir nicht mehr nur
an »Marie Cosindas« denken, die Fotografin, sondern an die
»Große Cosindas«, eine Verwandte des Magiers Melquíades,
deren Bilder uns mit einem Zauber belegen, uns betören mit
ihren Farbakzenten und pointillistischen Wirbeln, ihren tiefen
Schatten und angedeuteten Chiffren, ihrem weintiefen Dunkel,
robust, berauschend, bedrohlich, ihrer verhaltenen Wachsamkeit und brütenden Aura, ihrer Stillstellung und Sprungbereit-
schaft, wie Spiegel, die so voller Leben sind, dass wir uns leicht
darin verlieren könnten und nur unter größter Anstrengung
wieder herausfinden.

NACHBILDER

In seinen Betrachtungen *Late Night Thoughts on Listening to Mahler's Ninth Symphony* schrieb der Mediziner und Essayist Lewis Thomas: »Ich kann den letzten Satz von Mahlers Neunter nicht mehr hören, ohne dass eine neue Horrorvorstellung dazwischenfunkt – der Tod von allem und jedem, ein Massensterben, das Ende der Menschheit.« Thomas sprach von der Wahrscheinlichkeit einer nuklearen Apokalypse. Der Text erschien 1983 in der gleichnamigen Essaysammlung. Als ich ihn Mitte der 1990er erstmals las, sprach mich die schwermütige Poesie des Essays an, auch wenn ich ihn zugleich als Zeitkapsel der Sorgen einer anderen Generation empfand.

Neuerdings musste ich wieder an Thomas' Essay denken. Jüngst wurden der Öffentlichkeit erstmals Filmschnipsel US-amerikanischer Atomwaffentests aus den 1950er- und 60er-Jahren zugänglich gemacht, und einige Dutzend hat das Lawrence Livermore National Laboratory bei YouTube hochgeladen. Viele dauern kaum sechzig Sekunden, keiner länger als acht Minuten. Immer wieder habe ich auf dem flackernden Bildschirm verschiedene Inkarnationen der berüchtigten Pilzwolke betrachtet, deren Strahlung in die Atmosphäre über Nevada und dem Pazifik hochgeschleudert wird. Einige Clips zeigen lediglich einen ominösen weißen Ring, der vor dunklem Grund leuchtet. Wir können uns diese Videos ansehen, weil sie jetzt freigegeben, das heißt als eindeutig historisch eingestuft wurden. Doch mir erscheinen die Ängste, über die Thomas in den 1980ern schrieb, heute sehr real. Die Nuklearpolitik unseres Landes ist wieder kampflustig, eine weitere verhängnisvolle Wendung in einer Welt, in der sich plötzlich so vieles verhängnisvoll wendet. Mit Blick auf die täglichen Nachrichten wirken die Clips ebenso ungeheuerlich wie hypnotisierend, umso mehr, als es keine Tonspur gibt. Das Unaussprechliche vollzieht sich lautlos.

Während wir in Amerika neuerdings wieder über den nuklearen Ernstfall nachdenken, leben die Menschen in Japan schon seit dem Zweiten Weltkrieg mit ihm. Sie leben mit dem schrecklichen Vermächtnis, als einzige Nation mit Atomwaffen angegriffen worden zu sein, den beiden US-amerikanischen Bomben, die Hiroshima und Nagasaki zerstörten. Dieses Vermächtnis betrifft die ganze japanische Gesellschaft, es führt zu Fragen: was es heißt, zu trauern, weiterzuleben, sich der eigenen Vergangenheit als Aggressor *und* Opfer zu stellen.

Japans nachfolgender Ausbau seines Atommeilernetzes war eine folgenreiche Entscheidung in einem Land, das nicht nur auf eine solch traumatische Vergangenheit zurückblickt, sondern auch regelmäßig von Erdbeben und Tsunamis heimgesucht wird. Das Seebeben vor der Küste von Tōhoku im Nordosten der Hauptinsel Honshū im März 2011 löste eine gewaltige Flutwelle aus, die immensen Schaden anrichtete: Sie überrollte Ortschaften, zerstörte die Infrastruktur, zerschlug Wälder und forderte mehr als fünfzehntausend Opfer. Wegen des Bebens fiel am Kernkraftwerk Fukushima-Daiichi der Strom aus, die nachfolgende Flut führte zum Versagen der Notstromversorgung des Reaktors und verhinderte so die Nachkühlung. Die Temperatur stieg. Bald schmolzen in drei Reaktorblöcken die Brennstäbe, und es wurde radioaktive Strahlung freigesetzt. Zur rasenden Flutkatastrophe kam ein Nukleardesaster im Zeitlupentempo.

Das dreifache Drama aus Erdbeben, Tsunami und Reaktorunfall wird in Japan als 3/11 bezeichnet, weil es am elften März begann. Die Verdichtung zum Numeronym verweist auf die Schwere, die dem Geschehen zugeschrieben wurde. Entsprechend rief das einschneidende Datum vielfältige Reaktionen hervor – politische, natürlich, aber auch journalistische, fotografische, literarische und in den Künsten allgemein. Die Katastrophe von 3/11 war in Japan möglicherweise die erste dieses Ausmaßes, die quasi in Echtzeit begleitet wurde. Bildmaterial von Überwachungskameras und Webcams zeigt, wie das Wasser heranbrandet, Straßen weggespült, Ortschaften und Häfen in Trümmer gelegt werden. Schon unmittelbar nach dem Geschehen dokumentierten Fotograf:innen aus Japan und dem Ausland es ausgiebig. Ein Beispiel sind die sorgfältigen Bildzeugnisse der Ruinen, Trümmerflächen, Aufräumarbeiten und Hilfseinsätze des Fotojournalisten Kazuma Obara; sie belegen das grauenerregende Ausmaß der Zerstörung, die Professionalität der Rettungsteams und den Stoizismus der Überlebenden.

Mit der Zeit entstanden dann weniger direkte fotografische Antworten auf 3/11, und viele der angesehensten Fotograf:innen Japans wandten sich der Region Tōhoku zu. Kurz nach dem Erdbeben erklärte die japanische Regierung die Umge-

bung des beschädigten Kernkraftwerks Fukushima zum Sperr-
gebiet, dem Unbefugte im Umkreis von zwanzig Kilometern
(oder vielmehr im Halbkreis: die andere Hälfte lag im Pazifik)
fernzubleiben hatten.

Der Fotograf Tomoki Imai machte zwei Jahre lang Bilder des
verstrahlten Gebiets. Seine Serie *Semicircle Law*, für die Imai
seine Großformatkamera auf die Reaktorruinen am Horizont
richtete, entstand an verschiedenen Stellen auf oder nahe der
Zwanzig-Kilometer-Grenze. Mal sind die Reaktorblöcke kaum
zu sehen, oft überhaupt nicht. Die Fotografien zeigen schlichte
Landschaften zu verschiedenen Jahreszeiten. Einige wirken banal, andere wunderbar versonnen. Verwandelt werden sie erst
durch unser Wissen um den Kontext, in dem sie entstanden sind.

Ähnlich subtil ist das Werk Shimpei Takedas, das auf den
ersten Blick an Aufnahmen des Nachthimmels denken lässt.
Doch bei seinen weiß-schwarz gesprenkelten Bildern handelt
es sich in Wirklichkeit um Aufnahmen des Erdbodens – genauer
gesagt sind es Fotogramme, denn sie wurden ohne Kamera erstellt. Takeda hat an verschiedenen Stellen um Fukushima und
in angrenzenden Präfekturen Erdproben entnommen und sie
einen Monat lang in einer vollkommen verdunkelten Kammer
auf lichtempfindlichem Film gelagert. Je nach Radioaktivität in
der Erde zeigten sich später auf den Fotoabzügen weiße Pünkt-
chen oder aber ganze nebelartige Formen. Die geheimnisvollen
Bilder machen die sonst unsichtbare Verseuchung des Bodens
kenntlich.

Die Fotografien Imais und Takedas sah ich 2017 im Rahmen
einer Ausstellung japanischer Nachkriegsfotografie im San
Francisco Museum of Modern Art. Dort hingen auch Werke

von Rinko Kawauchi, deren Fähigkeit, stille Alltagsmomente zu beseelen, ich lange schon bewundere. Kawauchis Reaktion auf 3/11 (in San Francisco nicht gezeigt) fand Eingang in einen Band mit dem Titel *Light and Shadow*. Zentrales Motiv ihrer Fotoserie sind zwei Tauben, die eine schwarz, die andere weiß. Diese Vögel fotografierte Kawauchi in und über den Trümmern von Tōhoku, oft beide zusammen im selben Bild. Kawauchi zufolge handelte es sich um Brieftauben, die sich in der Verwüstung nicht mehr zurechtfanden, rastlos kreisten und ihren Heimatschlag zu suchen schienen. Ihre stark kontrastierenden Farben verliehen der Serie weitere Symbolkraft und eine wunderliche Note.

Wir reagieren auf Katastrophen mit Bildern. Sehen ist Teil unserer Bewältigung. Indirekte Reaktionen auf 3/11 wie jene von Imai, Takeda und Kawauchi bewegen besonders, weil sie auf eine Tragödie antworten, aber auch darüber hinausgehen und uns eine neue Bildsprache bescheren. Diese Künstler:innen erlauben uns einen so genauen wie entgrenzten Blick auf die Katastrophe, und dank dieser Entgrenzung transzendieren die Bilder ihr Sujet.

Während ich stumm das düstere alte Bildmaterial US-amerikanischer Atomwaffentests sichte, nehmen die wackligen Schwarz-Weiß-Bilder, ihres Kontexts beraubt, für mich eine abstrakte Qualität an. Wie die Fotos aus Japan erscheint das Material zugleich primordial und futuristisch. Die extreme Ungewissheit, die ich in unserer politischen Gegenwart empfinde, lässt mich zum ersten Mal die Verschränkung von Trauer und Vorahnung verstehen. Was erlitten wurde, weist womöglich voraus auf das, was noch kommt. Takedas radioaktiver Kosmos, Imais ominöse Landschaften und Kawauchis desorientierte

Tauben lenken meine Überlegungen in viele Richtungen gleichzeitig: zum Ablauf des Desasters, zur Trauer über das große Leid, zur Dankbarkeit für ein Werk, das die Trauer sichtbar macht, zu unguten Vorahnungen für die Zukunft.

Jederzeit kann eine Warnung auf Ihrem Handy aufleuchten. Weit weg ist Schlimmes passiert, eine Flut, ein Luftschlag. Bald schon gibt es Bilder von Menschen, die in den Trümmern dessen wühlen, was einst ihre Häuser waren. Mitfühlen ist leicht, schwer hingegen, sich vorzustellen, dass das ebenso gut Sie sein könnten, dass plötzlich Sie Ihren festen Platz in der Welt verlieren. Doch genau dieses falsche Sicherheitsgefühl, die Erwartung, es werde alles gut, geht uns für mein Gefühl gerade mal wieder verloren. Wenn ich heute Mahlers Neunte Symphonie höre, ist sie von Lewis Thomas' Essay eingetrübt und von einer Schwermut ähnlich der seinen durchdrungen. Nicht nur bei Mahlers Neunter geht es mir so: Jede Art Musik, die ans Erhabene rührt, macht mich beklommen, ob Coltrane, Björk oder bloß die beredte Stille, der ich lausche, wenn ich mitten in der Nacht aufwache.

Wenn ich an die leichtsinnige Politik denke, die derzeit vorherrscht, an die wachsende Skepsis gegenüber der Wissenschaft, den Niedergang der Diplomatie, den tweetenden Präsidenten und seine konfrontative Art, dann frage ich mich, welches Unheil uns hier in den Vereinigten Staaten wohl droht, Unheil, das sich vielleicht längst anbahnt, ob Kriegs- oder Naturgewalt, nuklear oder nicht, Unheil, das uns vollkommen unvorbereitet treffen, das unser Erleben der Welt auf immer verändern und uns zwingen wird, auf neue Art zu sehen, auf neue Art zu trauern.

GEBORSTENES GLAS

Amerikanische Zeitungen veröffentlichen nach Massenschie-
ßereien in der Regel keine Bilder von den Leichen. Gründe
dafür sind Respekt vor den Toten und Rücksicht auf die Empfindungen der Lesenden ebenso wie die Beschränkungen für
Fotojournalist:innen, Zugang zu Tatorten zu erhalten (diese
Konventionen unterscheiden sich auf subtile und ungerechte
Weise, wenn es sich um internationale Meldungen handelt).
Statt Fotos von blutigen Leichen auf der Straße sehen wir Bilder
von Krankenwagen, Rettungskräften, der Polizei und von Menschen, die sich in Deckung bringen. Ein Foto, das wir alle kennen, zeigt eine verzweifelte Person, die von einer anderen in den
Arm genommen wird. Ein anderes dokumentiert die Mahn-
wachen mit Kerzen, die nach solch schrecklichen Ereignissen
abgehalten werden. Das rohe Pathos, das solchen Momenten
innewohnt, ist mittlerweile abgestumpft; einmal zu oft gesehen,
sind die Situationen nicht so bewegend, wie sie sein sollten.
Aber selbst bei diesem schwindenden Interesse muss die Presse
Bilder veröffentlichen. Welche stechen hervor? Welche wirken
nach? Die nebensächlichen, die eigentümlichen und seltsamen,
die, die eine andere Geschichte heraufbeschwören.

Die Bilder, die mir vom Massaker in Las Vegas 2017 im Gedächtnis geblieben sind, sind die von zerbrochenem Glas. Stephen Paddock schlug zwei Fenster in seiner Suite im zweiunddreißigsten Stock des *Mandalay Bay Resorts* ein und feuerte von dort auf die Besucher:innen eines Countrymusik-Konzerts. Er tötete mindestens achtundfünfzig Menschen und verletzte Hunderte. Es wäre für Fotograf:innen, die nach dem Massaker eintrafen, naheliegend gewesen, nach oben zu schauen und Bilder vom Hotelgebäude zu schießen (die geteilte Terminologie für Kameras und Schusswaffen ist sowohl bedauerlich als auch erhellend), wobei sie die nächtliche Schussbahn des Mörders umgekehrt hätten. Diese Fotograf:innen hätten ein goldenes Gebäude gesehen, dessen Vorderseite ausladend und vage schiffsförmig ist. Die Fenster des Hotels sind im protzigen Vegas-Stil mit einer dünnen Goldschicht überzogen. In einem der oberen Stockwerke, knapp unter dem Dach, befinden sich zwei unregelmäßige Formen, zwischen denen neun Fensterflächen liegen, eine quasi im Bug des Gebäudes, die andere eher steuerbord. Sie sehen aus wie kleine schwarze Flecken oder Sternchen oder vielleicht sogar wie ein Paar ausgestochene Augen: Das sind die zerschlagenen Fenster.

Die Fotografien, die das Gebäude nach dem Massaker festhalten, sind Tatsachendokumente. Sie wirken nicht wie »Kunstwerke« und beabsichtigen das auch nicht. Ihnen gemein ist die Fähigkeit, unsere Aufmerksamkeit auf die Leere hinter den zerbrochenen Fenstern zu lenken, und zwar nicht nur auf die dunkle Leere, in der die Fenster zerbrochen wurden, sondern auch auf die unmenschliche Leere, die von der Seele des Mörders Besitz ergriffen hat, auf die trauernde Leere, die die Überlebenden eingeholt hat, und auf die abgrundtiefe Leere unserer Lebensweise, aus der unaufhörlich bestürzende Gewalt hervorbricht.

Glas ist in der Fotografie allgegenwärtig. Von Eugène Atgets spiegelnden Schaufenstern bis hin zu Lee Friedlanders raffinierten Selbstporträts sind Fotograf:innen seit Langem von den visuellen Komplikationen, die Glas in eine Komposition bringen kann, fasziniert. Glas ist jedoch nicht nur bestechender Gegenstand der Fotografie, sondern auch ihr Trägermaterial. Im neunzehnten Jahrhundert wurden Fotografien üblicherweise auf Nassplatten gemacht – mit lichtempfindlicher Emulsion beschichtetes Glas – und später auf weiterentwickelten, tragbaren Trockenplatten, bevor im zwanzigsten Jahrhundert Filme hergestellt werden konnten, die robust genug waren, um als transportable Träger für die Emulsion zu dienen. Manchmal wird das Negativglas selbst Teil der Geschichte einer Fotografie.

André Kertész fotografierte 1929, vermutlich durch ein offenes Fenster, die Aussicht auf Montmartre. Er verließ Paris und zog nach New York, wo er das Negativ erst in den 1960er-Jahren wiederfand. Zu diesem Zeitpunkt war es gesprungen und stark beschädigt (Abbildung 5). Dieser Schaden wurde zur eigentlichen Geschichte des Bilds. Wenn man Kertész' Abzug aus den 1970er-Jahren betrachtet, könnte man meinen, dass es sich um die Fotografie einer Stadt handelt, die durch ein zerbrochenes, vielleicht von einer Kugel zerschossenes Fenster gemacht wurde. In Wirklichkeit handelt es sich bei dem Stadtpanorama um einen Abzug von einem beschädigten Glasnegativ.

Zerbrochenes Glas und insbesondere zerbrochene Fensterscheiben sind ein interessanter Aspekt in der Geschichte der

5 André Kertész, *Zerbrochene Scheibe*, Paris (Negativ 1929; Druck in den 1970er-Jahren). Silbergelatine-Abzug. © Estate of André Kertész. Foto: higherpictures.

Fotografie. Eines der eindrucksvollsten Beispiele hat Brett Weston 1937 in San Francisco aufgenommen. Weston hielt weder ein Verbrechen fest, noch gab er einen soziologischen Kommentar ab. Er beschrieb mit seiner Kamera eine Abstraktion, die kalligrafische Präsenz eines zerklüfteten schwarzen Lochs, umgeben von einem grauen Glasrest. Das, was weggebrochen ist, dominiert das Bild. Wir sehen einen Umriss, der wie die Karte einer fiktiven Insel erscheint. Es ist mehr Dunkelheit als Glas zu sehen, und die Dunkelheit ist tief und geheimnisvoll, ein aufgerissener Mund in einem nicht enden wollenden Schrei. John Szarkowski, der einflussreiche Kurator des Museum of Modern Art, schrieb, dass diese schwarze Form »keine

Leere, sondern eine Präsenz ist; der Randbereich des Bildes ist im Hintergrund«. In der Mitte dieser Dunkelheit befände sich, wenn das Fenster ganz wäre, Westons Selbstporträt.

Brett Weston war der Sohn des großen Fotografen Edward Weston, und er teilte mit seinem Vater die Faszination für die fesselnden Abstraktionen, die alltägliche Objekte aufweisen können. Doch das einzigartige Talent des jüngeren Weston bestand darin, über eine lange künstlerische Laufbahn hinweg die konkurrierenden Anforderungen von Etwas und Nichts fein auszubalancieren – nicht nur von Form, sondern auch der Abwesenheit von Form – und aus diesen Spannungen starke grafische Bilder zu schaffen. Er kehrte mehr als einmal zum Motiv der zerbrochenen Fenster zurück, aber auch in seinen anderen Aufnahmen – wie einer 1973 entstandenen, kontrastreich gedruckten Fotografie des Mendenhall-Gletschers oder einem Bild von abblätternder Farbe an einer portugiesischen Wand aus dem Jahr 1971, auf dem die Farbe dunkel und die Wand darunter blass ist – schien er dieselben stark kontrastierenden, stark gestischen Motive zu verfolgen.

Das zerbrochene Fenster, das die deutsche Avantgarde-Fotografin Ilse Bing 1934 in Paris fotografierte, ist scharf und schneidend wie das von Weston, aber wir stehen einige Schritte weiter hinten und sehen einen wesentlichen Teil der Fassade eines Gebäudes sowie ein weiteres Fenster. Es handelt sich also um ein Bild mit Kontext, und dieser Kontext ist Armut. Aaron Siskinds wiederkehrende Studien von zerbrochenen Fenstern gehen näher heran, sparen die Rahmen größtenteils aus und bieten uns abstrakt-expressionistische Muster, die dem Glas ebenso viel Raum geben wie seiner Abwesenheit. Brassaï und

Gordon Matta-Clark erschufen eine reizvolle Bilderfolge von zerbrochenen Fenstern, die wie dichte Reihen von kantigen Flecken wirken, oder wie Fetzen eines Liedes. In Paolo Pellegrins *A Gypsy Woman on the Train*, das 2001 im Kosovo aufgenommen wurde, geht es ebenso um das Gesicht einer besorgten Passagierin wie um das beschädigte Fenster neben ihr; im Zusammenspiel erinnern sie an Krieg und Vertreibung. Etwas haben all diese Fotografien gemeinsam: Jedes zerbrochene Fenster ist ein erstarrter Schock.

Unter den Fotografien von den zerbrochenen Fenstern des *Mandalay Bay Resorts* gibt es interessante Varianten. Auf einigen ist eine Person zu sehen, die hinter dem Absperrband der Polizei steht und das hohe Gebäude betrachtet. Einige Fotograf:innen nutzten die Nähe des Flughafens von Las Vegas zum Las Vegas Strip, um Bilder zu machen, auf denen das Resort und die Air Force One, die den Präsidenten drei Tage nach dem Massaker zu einem Besuch am Tatort brachte, nebeneinandergestellt werden. Eines dieser Fotos zeigt das Flugzeug auf dem Flughafen, das goldene Gebäude weit entfernt im Hintergrund. Ein anderes Foto des Reuters-Fotografen Mike Blake hält fest, wie die Air Force One an dem Gebäude vorbeifliegt. Es gelingt ihm, avancierte Flugzeugtechnologie und die Zerbrechlichkeit von Glas in einem einzigen Bild darzustellen (und dabei an ein Foto vom Luftschiff *Graf Zeppelin* zu erinnern, das 1929 von einem gesprungenen Glasnegativ gedruckt wurde: Flug und Bruch in einem). Blakes Foto rückt den Schauplatz des Verbrechens in die Nähe des Präsidentenflugzeugs: Es ist beinahe ein politisches Statement. Aber was soll es aussagen? Dass der Präsident das Problem ignoriert? Dass seine Anwesenheit ein

Trost für die verängstigte Nation ist? Es ist ein klares Bild, aber ohne klare politische Botschaft.

Viele unserer Begegnungen mit Fotos, ob selbst aufgenommen oder von anderen gemacht, finden heute durch das Glas eines Handys statt. Das Handy ist eine Art Fenster, das stets kurz vor dem Zerbrechen steht. Die Welt der Bilder, die ein Echo der realen Welt ist, ist ebenso fragmentarisch. Vielleicht ist es das, was die verschiedenen Fotos der zerbrochenen Fenster im *Mandalay Bay Resort* so eindrücklich macht. Und vielleicht steckt darin auch eine politische Lektion. Ein unversehrtes Fenster ist vor allem wegen seiner Transparenz interessant. Aber wenn das Fenster zerbricht, fasziniert uns die Brüchigkeit, die schon immer in ihm war.

WAS HEISST HINSEHEN?

Ein Foto leidender Menschen: Wir sehen hin, und schon die gequälten Gesichter und Gesten verraten uns, dass etwas Schlimmes passiert ist. Schwieriger ist es, nur anhand der Aufnahme hinter die genauen Umstände zu kommen. Wer die Betroffenen sind, weshalb sie leiden, wer oder was dafür verantwortlich und was dagegen zu tun ist – das sind heiklere Fragen, Fragen, die uns das bloße Hinsehen kaum beantworten kann.

Die Angaben, die Journalist:innen zu ihrer Motivation machen, Momente der Gewalt zu fotografieren, überzeugen nicht immer. Warum reisen sie unter erheblichen persönlichen Risiken in Kriegs- und Konfliktregionen, um Menschen zu fotografieren, deren Leben in Schrecken und Chaos versinkt? Die Antwort gerät oft zur Tautologie: Es ist physisch riskant und psychisch kostspielig, solche Bilder zu ergattern, also müssen es die richtigen Bilder sein. Susan Sontag jedenfalls, wohl die Autorin, die sich am intensivsten mit der Schnittstelle von Gewalt und Fotografie befasst hat, überzeugte das nicht. Mit forensischem Scharfsinn sezierte sie in ihren Texten selbstgefällige Apologien einer Kriegsfotografie und brachte die Gewaltfotografien in direkten Zusammenhang mit dem Voyeurismus derer, die sie betrachten – so der Einwand, den Sontag 1977 in ihrer Essaysammlung *Über Fotografie* vorbrachte. Sontag hielt eine passive Haltung bei der Betrachtung bis zu einem gewissen Grad für unvermeidbar und jede Gewaltdarstellung durch diese Passivität für kompromittiert. »Durch die Kamera werden die Menschen zu Kunden oder Touristen der Realität«, schrieb sie. Gewaltbilder zu betrachten, scheint sie sagen zu wollen, ist so selbstsüchtig wie selbstentlastend.

Das Thema behandelte sie gegen Ende ihres Lebens noch einmal eingehender. In *Das Leiden anderer betrachten* (2003) zeigt sie sich Fotojournalist:innen gegenüber weiterhin skeptisch (sie spricht von professionellen Zeuginnen und »spezialisierten Berufstouristen«), und ihr bleibt der lüsterne Blick suspekt, den Bilder des Leids auf sich ziehen können. Doch in einigen Punkten revidierte sie ihre Position. Wo sie zuvor die Ansicht vertreten hatte, dass Fotografien trotz der Empathie, die sie förderten, diese schnell auch überstrapazierten, war sie sich da zuletzt nicht mehr so sicher. Sie stellte außerdem eine These infrage, die in ihren früheren Ausführungen implizit und im Werk von Theoretikern wie Guy Debord und Jean Baudrillard explizit zum Ausdruck kommt, nämlich, dass die Fülle und Verbreitung von Bildern die Realität selbst zum Spektakel verflachen lasse:

[Diese These] ... suggeriert – absurderweise und völlig unseriös –, dass es wirkliches Leiden auf der Welt gar nicht gibt. Es ist aber unsinnig, die Welt mit jenen Zonen in den wohlhabenden Ländern gleichzusetzen, wo Menschen das zweifelhafte Privileg haben, die Rolle dessen zu übernehmen

133

(oder auch abzulehnen), der zusieht, wie andere leiden. Genauso unsinnig ist es, irgendwelche allgemeinen Thesen über die Fähigkeit, auf die Leiden anderer zu reagieren, nur unter Berücksichtigung der Mentalität jener Nachrichtenkonsumenten zu entwickeln, die von Krieg, massenhaftem Unrecht und Terror aus eigener Erfahrung nichts wissen.

Gegen die Behauptung, Gräuelbilder seien moralisch verwerflich – »als habe man nicht das Recht, das Leiden anderer aus der Distanz wahrzunehmen, ohne selbst auch die rohe Gewalt zu spüren« –, wendet Sontag am Ende ihres Essays ein, dass etwas Distanz gelegentlich hilfreich sei. »Es ist nicht unbillig, Abstand zu nehmen und nachzudenken«, stellt sie fest. (Mehr noch als die Entschiedenheit ihrer Urteile bewundere ich Sontags Bereitschaft, frühere Standpunkte zu überdenken.)

Im einundzwanzigsten Jahrhundert sind wir, die wir solche Bilder betrachten, noch stärker gefordert. Darstellungen von Gewalt haben enorm zugenommen und sich zugleich gewandelt, sie verlangen eine ganz neue Bildkompetenz. Heute hadern manche, die grundlegend über die Fotografie nachdenken, mit Sontags Positionen in *Über Fotografie*. Eine von ihnen, Ariella Azoulay, hinterfragt Sontags These zum Voyeurismus. Für Azoulay haben viele Akteure teil an Konflikt- und Gräuelbildern; sie fragt weniger nach Voyeurismus oder gar Empathie als nach unserer Partizipation. Wir sitzen alle im selben Boot, scheint Azoulay sagen zu wollen (und die spätere Sontag, die Autorin des Essays *Das Leiden anderer betrachten*, würde ihr wohl kaum widersprechen). Mit dieser Position ist Azoulay eher einer anderen Tradition des Schreibens über Fotografie zuzuordnen, einer, auf die schon 1857 eine Bemerkung Lady Elizabeth Eastlakes in der *London Quarterly Review* verweist: »Denn ein schöner Zug dieser Passion für die Fotografie ist doch, dass sie Menschen ganz unterschiedlichen Schlags, aus allen Lebenslagen und -kreisen vereint, und jeder, der in die Reihen der Fotografen eintritt, sogleich zum Bruder und Mitstreiter einer Bewegung wird.«

Für Azoulay aber gehören nicht nur Fotografierende zu dieser virtuellen Bewegung. Fotografiert zu werden ist ebenso wie das Fotografieren oder das Betrachten von Fotografien Teil der sich gegenseitig verstärkenden Interaktion zwischen den miteinander agierenden und jeweils verstrickten Betreffenden. Für die Bedeutung eines Bilds sind diese Rollen ebenso konstitutiv wie die Kamera. Das ist eine der Kernaussagen Azoulays in ihrem hellsichtigen und wichtigen Buch *The Civil Contract of Photography* von 2008. Sie stützt sich auf zivilgesellschaftliche Verhältnisse: »Wann immer und wo immer es sich beim Motiv einer Fotografie um Menschen handelt, die Unrecht erfahren haben, fördert die Betrachtung des Bildes, an dem wir den Moment des Unrechts ablesen können, zivilgesellschaftliche Kompetenz und ist keineswegs bloß eine ästhetische Übung.« Azoulays Forschung erwuchs aus ihren eigenen Erfahrungen als israelische Bürgerin und Jüdin, die als solche Bilder palästinensischen Leids einordnen musste. Waren diese Menschen das grundlegend Andere, oder gehörten sie doch zum allgemeinen »Wir«?

• • •

Bilder von Gräueltaten werfen immer Fragen nach Ungleichheit auf. Und diese Fragen lassen sich nicht mehr auf ein »Warum die und nicht wir?« reduzieren. Wenn die Fotografie, wie Azoulay meint, zivilgesellschaftliche Verantwortung erweitert und entgrenzt, dann klagen solche Bilder in der Tat an, sie hinterfragen, sie setzen uns mit denen, die wir betrachten, ins selbe Boot. »Inwiefern haben wir dazu beigetragen«, wollen diese Bilder wissen, »die Bedingungen zu schaffen, unter denen anderen, unseren Mitmenschen, unaussprechliches Leid widerfährt?«

Die Medienwissenschaftlerin Susie Linfield setzt sich anders mit Sontag auseinander. In *The Cruel Radiance* (2010) streitet Linfield für die aus ihrer Sicht hehren Ziele der dokumentarischen Fotografie. Sie wirft führenden Kritiker:innen (neben Sontag auch Roland Barthes und John Berger) ein grundlegendes Misstrauen und mangelnde Wertschätzung der Fotografie vor. Linfield sieht in Sontag eine »messerscharfe Skeptikerin«, findet diese Haltung aber weniger ansprechend als die einer »Aficionada« wie der Filmkritikerin Pauline Kael. Was die Fotografie laut Linfield besonders gut kann, ist, aufzeigen, wie und wo Menschenrechte auf der Strecke bleiben. Eine Fotografie kann Menschenrechte nicht abbilden, aber doch mit bitterem Realismus zeigen, wie verhungernde Menschen, wie Leichen mit Schusswunden aussehen. »Fotografien belegen, wie leicht wir auf die Physis zu reduzieren sind, das heißt, wie schnell ein Körper verstümmelt, ausgehungert, zerschmettert, geschlagen, verbrannt, zerfetzt und zerquetscht werden kann.«

Das ist treffend beobachtet. Doch bekanntlich steckt der Teufel im Detail, und Details, die die Fotografie einfängt, sind visueller und affektiver Art, nicht solche, die man als »politisch« bezeichnen könnte und die mit Gesetzen, Sprachregelungen und Machtverhältnissen zu tun haben. Bei aller Zuversicht hinsichtlich der Effizienz der Fotografie räumt Linfield ein, dass wir »bei der Betrachtung über den Bildrand hinaussehen müssen, um die komplexe Realität zu erfassen, aus der das einzelne Foto erwächst«.

In *Das Leiden anderer betrachten* schreibt Sontag: »Die Absichten des Fotografen bestimmen die Bedeutung des Fotos nicht, das vielmehr zwischen den Launen und Loyalitäten der verschiedenen Gruppen, die etwas mit ihm anfangen können, seinen eigenen Weg geht.« Wie sehr das zutrifft, liegt in manchen Fällen auf der Hand, etwa bei den berüchtigten Fotos, die Private Charles Graner Jr. und andere Ende 2003 im Gefängnis Abu Ghraib im Irak aufnahmen. Indem sie die Häftlinge entkleideten, nackt zu menschlichen Pyramiden zusammenstellten, zur Masturbation zwangen, wollten Garner und andere US-amerikanische Soldat:innen ihre Gefangenen möglicherweise demütigen und so vor anstehenden Verhören zermürben. Die Fotos aber nahmen, sobald sie in aller Welt zugänglich waren, eine andere, schockierendere und empörendere Bedeutung an.

Oder betrachten wir den Fall des syrischen Fotografen mit dem Codenamen Cäsar. Er und sein Team machten Fotos für die Militärpolizei. Weil ihn die wachsende Zahl grausamer Morde beunruhigte, die er zu dokumentieren hatte, schmuggelte er ab dem Herbst 2011 bis zum Sommer 2013 große Mengen Fotos aus dem Land – Bilder von Menschen, die der syrische Staat hungern ließ, misshandelte und zu Tode folterte. Cäsar selbst konnte schließlich aus Syrien fliehen. Seine Bilder, ursprünglich für den einen Zweck (Identifizierung der Gegner des Regimes) aufgenommen, gewannen eine ganz neue Bedeutung (Belege für erschreckende Verbrechen gegen die Menschlichkeit). Die Kluft zwischen fotografischer Absicht und dem Nachleben der Bilder ist zwar nicht immer so erheblich wie in den genannten Fällen. Doch eine Art Bruch gibt es immer, einen Bruch, der sich aus der Tendenz der Fotografie ergibt, weniger zu zeigen, als zu meinen, anders gesagt: der Tendenz von Fotografien, mehr Konnotat als Denotat zu sein. In einem Text von Tina Campt heißt es, Fotografien sprächen zwar nicht, seien aber auch nicht stumm. Sie seien leise und forderten zum Lauschen auf.

. . .

Ein Foto leidender Menschen: Auf den ersten Blick scheint es einem Muster zu entsprechen, dem nämlich des professionell geschossenen Bilds einer Gräueltat in einem fernen Land (Bildtafel 3). Das fotografische Können zeigt sich in den Farben und im Bildrhythmus; trotz des Themas ist es ein großartiges Foto. Wir sehen fünf Menschen – vier Frauen und einen Mann. Sie stehen mitten in Ruinen. An einer blauen Tür oder Wand erkennen wir ein Graffito. Der Mann und drei der Frauen halten sich die Hände vor Mund und Nase oder verbergen ihr Gesicht ganz, als würden sie trauern und sich zugleich vor dem Gestank schützen wollen. Die vierte Frau hat die Augen zu Boden geschlagen. Es passiert etwas Schlimmes, das wir nicht sehen.

Was aber verrät dieses Bild für sich genommen über dieses Schlimme? Nicht viel. Sofern nicht Hinweise jenseits des Abgebildeten hinzukommen, bleibt das Bild Gemeinplatz über die Grausamkeit der Menschen oder die Allgegenwart von Leid, Wahrheiten, die keiner fotografischen Illustration bedürfen. Erst die Bildunterschrift liefert erste Hinweise: »Susan Meiselas. In Estelí beobachten Nachbarn 1979, wie auf der Straße Leichen verbrannt werden.« Der kurze Text verrät uns den Namen der Fotografin, Zeit und Ort, liefert eine einfache Beschreibung des Ereignisses. Geben wir uns damit zufrieden, haben wir das Bild lediglich mit spärlichen Informationen versehen. Weitere Nachforschungen würden ergeben, dass Estelí ein Ort im Norden Nicaraguas ist und dass die sandinistische Bewegung zur Entmachtung des Diktators Anastasio Somoza Debayle Anfang 1979 immer stärker wurde. Wir würden vielleicht erfahren, dass es sich bei den Leichen knapp außerhalb des Bildrands um Menschen handelt, die von Somozas Nationalgarde getötet wurden. Die Menschen auf dem Foto reagierten, so Meiselas, auf den »Verwesungsgeruch der Toten, die seit drei bis fünf Tagen in der heißen Sonne auf der Straße gelegen haben«. Auch sie, als Fotografin vor Ort, konnte sie riechen. Fast riechen wir sie selbst.

Für diese eine Aufnahme könnte man einen Regalmeter Bücher heranziehen – über die Geschichte Nicaraguas, über rechte Regime, über Lateinamerika Ende der 1970er, über linke Revolutionsträume, über die US-amerikanische Außenpolitik, über den Geruchssinn, über den Mut einer Frau, die in einer Kriegszone fotografierte, über die Politökonomie Estelís und so weiter. Das alles kann das Foto allein nicht leisten, aber es kann zu weiteren Nachforschungen anstiften.

Im Bewusstsein der Vergeblichkeit, die ungemein komplexen Umstände von Bürgerkriegen mit Fotos einzufangen, schrieb Meiselas über ihre Zeit in Nicaragua: »Mir blieben Bilder, ihnen bleibt eine Revolution.« 1978 und 1979 machte sie Hunderte Fotos. Bei späteren Besuchen kamen jede Menge weitere hinzu. Haben die Aufnahmen einen Unterschied gemacht? Und was, nebenbei bemerkt, könnte störender, ja anstößiger sein, als wenn jemand dich fotografiert, während du die Verbrennung der Leiche eines Angehörigen beklagst? Würdest du am schlimmsten Tag deines Lebens eine unablässig knipsende Fotografin dabeihaben wollen?

Ich wende mich erneut der Vorstellung Azoulays zu, dass Fotografien eine Bindung zwischen Fotografierenden und Fotografierten schaffen, dass sie eine Art Versprechen Ersterer gegenüber Letzteren darstellen: *Ich bezeuge.* Bei allem Leid, allem Schrecken und trotz der störenden Anwesenheit von Fotograf:innen besteht für diejenigen, die inmitten ihres Leids fotografiert werden, die Hoffnung, dass das, was ihnen widerfährt, von der Welt wahrgenommen werden wird und sie vielleicht, indem es andere bezeugen, Linderung erfahren.

Belegen lässt sich das kaum. Wir alle kennen Kriegsbilder, die lediglich journalistische Begehrlichkeiten befeuern. Es *gibt* Fotograf:innen, die süchtig nach Krieg sind, es *gibt* Betrachter:innen, die sensationslüstern sind, und doch ist die Fotografie nicht auf diese Sichtweisen beschränkt. Die Fotografie funktioniert und funktioniert nicht, sie ist vertretbar und untragbar, sie irritiert und übertrifft oft unsere Erwartungen. »Konfliktfotografie« insbesondere entsteht aus einer Vielzahl freier Variablen, die auf unvorhersehbare, unzuverlässige und doch unabweisliche Art dazu beitragen, Forderungen nach Gerechtigkeit sichtbar zu machen. Zu fotografieren kann schlimm sein, doch das entscheidende Bild nicht aufzunehmen, nicht Zeugnis abzulegen oder daran gehindert zu werden, ist oft schlimmer.

TATORT GRENZE

Am Dienstag, den 25. Juni 2019, wurde Rosa Ramírez in ihrem Haus in San Martín, El Salvador, gefilmt. Ramírez steht im Türrahmen zu einem kleinen Innenraum. Sie ist verstört, und ihre großen braunen Augen schimmern im grellen Licht der Kamera. »Am Samstag schrieb er mir die letzte Nachricht. Er schrieb: ›Mama, ich liebe dich.‹ Und: ›Passt auf euch auf, uns geht es hier gut.‹«

Ihr Gesicht ist vom Weinen verquollen.

»Als ich diese Nachricht las, ich weiß auch nicht, da musste ich weinen, weil sie irgendwie nach Abschied klang.«

. . .

Der Mann liegt mit dem Gesicht nach unten im Wasser, sein schwarzes T-Shirt ist weit über die Hälfte seines Rückens hochgerutscht. Ein Kleinkind, ein Mädchen, ebenfalls mit dem Gesicht nach unten, steckt auch in seinem T-Shirt. Sie liegen nebeneinander, ihr Arm um seinen Hals. Er trägt schwarze Shorts. Sie trägt eine rote Hose, die bis zu den Waden hochgerutscht ist, winzige Schuhe, und wir sehen die verräterische Ausbeulung einer Windel. Blaue Bierdosen schwimmen im graugrünen Wasser um sie herum. Das Schilf am Flussufer wuchert üppig. Das Foto zeigt Rosa Ramírez' Sohn, Óscar Alberto Martínez Ramírez, und seine Tochter Valeria. Es wurde von der mexikanischen Fotojournalistin Julia Le Duc aufgenommen.

Óscar Martínez und Valeria waren aus El Salvador gekommen und befanden sich bereits seit einigen Monaten in Mexiko. Entmutigt durch ein quälendes Asylverfahren versuchten sie, den Rio Grande von Matamoros nach Brownsville, Texas, zu durchschwimmen. Dort ertranken sie beide. Martínez war fünfundzwanzig, Valeria knapp zwei Jahre alt. In dem Video aus San Martín, das drei Tage später aufgenommen wurde, spricht Rosa Ramírez als eine Person, die jede Hoffnung verloren hat. Am Samstag zuvor las sie noch eine Nachricht ihres Sohnes. Am Dienstag, von Kameraleuten gefilmt, war sie selbst zur Nachricht geworden.

Martínez und Valeria sind zwei von Hunderten Menschen, die noch in jenem Jahr an der Grenze zwischen den USA und Mexiko sterben sollten. Sie sind zwei von Tausenden, die in den letzten zehn Jahren unter schrecklichen Umständen dort gestorben sind. An der Grenze starben Menschen, allein oder mit anderen, in der Wüste oder im Wasser, an Erschöpfung oder an Durst, oder von Kugeln getroffen, ihre Leichen den Elementen oder wilden Tieren überlassen.

. . .

Als Associated Press Le Ducs Foto in der ganzen Welt verbreitete, geschah dies gemäß den Konventionen von Berichterstattung: Irgendwo ist etwas passiert, jemand hat es fotografiert, das Bild wurde von einer Nachrichtenagentur übernommen, und es ging an die internationale Presse. Das Foto wurde auf den Seiten der *New York Times*, der *Washington Post*, des *Guardian*, des *Wall Street Journal* und unzähliger anderer Zeitungen veröffentlicht. In Zeitungsberichten und Kommentaren wurde es als ein Akt der Zeugenschaft gelobt und die Hoffnung geäußert, dass es an das Gewissen der amerikanischen Regierung appellieren und eine Veränderung an der Grenze bewirken könnte.

Brutale Bilder erwecken leicht Mitleid. Es stimmt zwar, dass einige wenige Fotografien, die Leid abbilden, tatsächlich zu politischen Veränderungen geführt haben, aber es stimmt auch, dass permanent schreckliche Bilder veröffentlicht werden, Tausende jedes Jahr, und die große Mehrheit ändert die Politik kein bisschen. Es gab wirklich überwältigende und wirklich widerwärtige Fotos aus Gaza, Lampedusa, Jemen und Kaschmir. Doch trotz einer Vielzahl eindrücklicher Fotos scheitern die Regierungen in der Regel daran, die legitimen Forderungen von Menschen, die Sicherheit und Würde suchen, zu erfüllen.

Vielleicht erwarten wir zu viel von einzelnen Fotos. Was wäre, wenn wir zu jedem Vorfall nicht nur ein Foto hätten, sondern hundert? Was wäre, wenn wir Fotos hätten, die über einen längeren Zeitraum hinweg aufgenommen wurden und nicht nur zeigen, was im Juni 2019 in Matamoros geschah, sondern auch, wie es dazu kam? Wären wir dann in der Lage, weiterhin an unserer Unschuld festzuhalten?

. . .

In den 1980er-Jahren unterstützten die Präsidenten Ronald Reagan und George H. W. Bush die Militärregierung El Salvadors in einem Bürgerkrieg gegen verschiedene linke Gruppen. Die Gräueltaten der Regierung sind umfassend dokumentiert, Zehntausende Menschen starben. Hunderttausende flüchteten in die Vereinigten Staaten. Mitte der 1990er-Jahre ließ Präsident Bill Clinton den »vorübergehenden Schutzstatus« für salvadorianische Geflüchtete nach dem Ende des dortigen Bürgerkriegs auslaufen, und viele derjenigen, die zur Rückkehr gezwungen wurden, gründeten Gangs oder schlossen sich welchen an. Diese Gangs sind für die derzeitige Gewalt im Land verantwortlich. Im Juni 2014 erklärte Präsident Barack Obama nicht ohne Stolz, dass die Grenzschutzbeamten »bereits jedes Jahr Hunderttausende von Eingewanderten ohne Papiere festnehmen und abschieben«. Im Jahr 2017 wurden Dutzende mutmaßliche Gangmitglieder durch die von den Vereinigten Staaten finanzierten salvadorianischen Sicherheitskräfte illegal hingerichtet.

Im Januar 2018 verkündete das Weiße Haus seine Absicht, den befristeten Schutzstatus für fast zweihunderttausend Menschen aufzuheben, die nach einer Reihe verheerender Erdbeben im Jahr 2001 aus El Salvador in die Vereinigten Staaten gekommen waren. Dies hätte zur Folge, dass diese Menschen nicht mehr in der Lage wären, ihre armen Verwandten in der Heimat zu unterstützen, was die bereits angeschlagene salvadorianische Wirtschaft weiter schädigen würde. Im April desselben Jahres begann der Grenzschutz, die »Metering«-Praxis umzusetzen, die die Bearbeitung von Asylanträgen an der Grenze zwischen den Vereinigten Staaten und Mexiko extrem verlangsamte und einen enormen Rückstau verursachte. Im Juni 2019 drohten die Vereinigten Staaten, den Ländern Guatemala, Honduras und El Salvador keine weiteren Hilfen zu gewähren, bis diese die Migration ihrer Staatsangehörigen in die Vereinigten Staaten eindämmten – eine grausame und kontraproduktive Maßnahme.

Wie lässt sich ein solch unerbittlicher Katalog unmenschlicher Politik fotografieren? Folgenschwere politische Entscheidungen, die oft von Männern in Anzügen in schlichten, gleichmäßig ausgeleuchteten Räumen getroffen werden, erzeugen in der Regel keine visuelle Dramatik. Die Fotos würden wohl nur eine Person zeigen, die ein Dokument unterschreibt oder eine Rede hält. Sie würden vielleicht einen Präsidenten zeigen, eine Kongressabgeordnete, einen Grenzschutzbeamten, einen Lobbyisten, eine Richterin, Menschen bei einer politischen Kundgebung oder in der Wahlkabine.

Was wäre, wenn diese Fotos in all ihrer bürokratischen Banalität neben dem Foto von den beiden Ertrunkenen gezeigt würden? Aus einer so befremdlichen Gegenüberstellung ließe sich womöglich eine entscheidende Wahrheit ableiten. Und was wäre, wenn das Foto mit den Leichen ganz weggelassen und nur die Politik gezeigt würde, die zu den Todesfällen geführt hat? Wären wir dann immer noch schockiert und traurig? Oder brauchen wir immer ein Leichenspektakel, damit sich die Geschichte echt anfühlt?

. . .

Die Medien verteidigten die Veröffentlichung von Le Ducs Foto mit dem bekannten Argument, dass es die Aufgabe der Presse sei, die Wahrheit zu verbreiten, egal, wie bitter diese sei, und dass, indem auch die bitterste Wahrheit verbreitet werde, ein wenig Gerechtigkeit geschaffen werden könne. Aber das Foto eines toten Kindes an der Grenze zwischen den USA und Mexiko ist, für sich genommen, nicht die bitterste Wahrheit. Die noch bitterere Wahrheit wäre es, zu vermitteln, dass es sich bei dem, was wir hier sehen, um ein Verbrechen handelt und nicht um einen Unfall. Die bitterste Wahrheit wäre es, zu zeigen, dass das Verbrechen von allen begangen wurde, die das Foto gesehen haben – und dass es sich nicht um Nachrichten aus einer entfernten und fremden Realität handelt, sondern um etwas, das Sie getan haben, nicht Sie persönlich, sondern Sie als Mitglied eines größeren Kollektivs. *Sie* sind es, die deren Demokratie untergraben haben, *Sie*, die deren Wirtschaft zerstört haben, *Sie*, die deren Anspruch auf Asyl verweigert haben. Es sind keine Fremden, die Sie um einen Gefallen bitten. Es sind Menschen, die Sie bereits kennen und die Sie nun mit Ihren Vergehen konfrontieren.

In der Regel werden solche Bilder nicht auf diese Weise präsentiert oder verstanden. Was passiert also, wenn Ihnen immer wieder Beweise für Ihre Verbrechen vorgelegt werden, Sie aber Ihre Schuld nicht anerkennen wollen? Was passiert, ist, dass Ihre Beurteilung der Beweise immer unaufrichtiger wird. »So ein Unglück«, sagen Sie. »Wie bedauerlich, empörend, herzzerreißend.« Sie treffen diese Aussagen, die zum Teil wahr, aber hauptsächlich falsch sind, und das Leben geht weiter.

Losgelöst von dem menschlichen Schmerz, aus dem sie entstanden sind, gehen die Bilder zudem in eine ästhetische Sphäre über. Es fällt uns zu leicht, Rosa Ramírez zu vergessen, die in ihrem Haus steht und trauert, so wie auch wir trauern würden, und es fällt uns zu leicht, uns an das eindringliche Foto von ihrem toten Sohn und ihrer toten Enkeltochter zu erinnern. Nach der Veröffentlichung solcher Bilder wird oft darüber spekuliert, welches von ihnen wohl einen Preis gewinnen wird. Die Fotografin eines spektakulär schrecklichen Bildes wird sofort von Kolleg:innen beglückwünscht, denn der Ruhm wird sicher folgen: ein Pulitzer-Preis vielleicht, oder die Auszeichnung als Pressefoto des Jahres. Und über dieses Glatteis schlittern wir allzu leicht hinab in den immer lauter werdenden Teil der Bevölkerung, der sich damit brüstet, Amerika wieder groß zu machen, und bei dem diese brutalen Bilder direkter wirken. Für diese Menschen zeigen solche Bilder, dass Einwandernde bekommen, was sie verdienen. In ihren Augen sind diese Bilder keine Anklage, sondern stellen eine natürliche Ordnung dar. »Versuch' halt nicht, illegal einzuwandern«, so ein Kommentar auf der Website der *Times*. Ein anderer schrieb: »Es ist doch seine eigene Verantwortung, wenn ein Vater die Fehlentscheidung trifft, mit einem Kleinkind auf dem Rücken durch einen Fluss zu schwimmen.«

Die Schwachen und Entwürdigten sollen leiden, und sie leiden. Sie sollen sterben, und sie sterben. Die Welt ist, wie sie ist. Es ist nicht nur leicht, das Unglück anderer Menschen zu ertragen, vielmehr bestätigt ihr Leiden sogar, dass sie keine Barmherzigkeit verdient haben.

· · ·

Fotografien von extremem Leid werden auch weiterhin veröffentlicht werden; nur wenige Medien werden sich die Gelegenheit entgehen lassen, ein eindrückliches Bild zu bringen. Wie die Vergangenheit zeigt, werden diese Fotos in einer Form veröffentlicht werden, die diejenigen, die Macht über Leben und Tod ausüben, nicht besonders herausfordert. Die *New York Times* beispielsweise erläuterte ihre Entscheidung, das Foto von Le Duc zu veröffentlichen, mit den Worten, dass sie darauf achte, keine »politische Aussage« zu treffen oder »eine Position zum Thema Einwanderung« zu vermitteln. Doch auch mit dieser Vorsicht bezieht sie – angesichts einer so entsetzlichen Politik – eine Position.

Es ist auch unwahrscheinlich, dass die Asymmetrie zwischen denjenigen, deren Schmerz in Nachrichten verwandelt wird, und denjenigen, die die Nachrichten »konsumieren«, korrigiert werden kann. Es gibt strenge, fast unumstößliche Anstandsregeln, die von und für Menschen befolgt werden, die als Weiß angesehen werden oder die eingeladen wurden, am Weißsein teilzuhaben. Das rassifizierte Gefälle bei der Veröffentlichung von Fotos verletzter Körper ist mittlerweile eine immer wiederkehrende und fast schon ermüdende Thematik. Medienunternehmen haben jedes Mal, wenn die Frage danach auftaucht, eine (oft mürrische) Standardantwort parat, die in der Regel einen Verweis auf den Nachrichtenwert beinhaltet. Und doch bringt der Nachrichtenwert nur selten zerstörte Weiße Körper auf die Titelseiten.

Die Fragen, die wir uns jetzt stellen sollten, sind dringlicher und unangenehmer. Was ist das für ein Mensch, der solche Fotos sehen muss, um zu wissen, was er bereits wissen sollte? Wer sind wir, wenn wir uns immer brutalere Bilder ansehen müssen, um etwas zu fühlen? Was ist brutal genug?

Diese Fotografien sind schließlich keine Fenster, sondern Spiegel. Wir schauen in sie hinein, und was sie uns zurückwerfen, ist etwas Ungeheuerliches und nur schwer mit unserer Vorstellung von uns selbst zu vereinbaren. Wir schauen und schauen, und dann – gesättigt vom Schauen, sicher in unseren Reaktionen, ohne je zu begreifen, worum es eigentlich geht – legen wir sie weg.

SCHATTENKABINETT – DIE KUNST
KERRY JAMES MARSHALLS

1

Spätestens seit Kerry James Marshalls *Portrait of the Artist as a Shadow of His Former Self* (1980) ist der Schatten nicht mehr nur als bloße Verlängerung, Modulation oder Variation des Selbst zu sehen. Er *ist* das Selbst, und das Selbst ist der Schatten.

Schatten und Stoff beziehungsweise Substanz waren noch nie recht voneinander zu trennen. Schon bevor Shakespeare schrieb: »Was ist dein Stoff? Woraus bestehest du, / Daß Scharen fremder Schatten dich umschweben?«

Im Werk Marshalls verschmelzen Stoff und Schatten, wie bei einer totalen Finsternis verwandeln sie Wahrnehmung und Ansicht.

2

Die junge Kora aus dem peloponnesischen Stadtstaat Sikyon musste Abschied nehmen von ihrem Geliebten. Zum Andenken zog sie eine feine, formtreue Linie um seinen Schatten. (Die Geschichte findet sich, vermeintlich als Entstehungsmythos der Porträtkunst, im fünfunddreißigsten Buch der *Naturalis historia* Plinius des Älteren.) Koras Vater Butades füllte den Umriss der Silhouette mit Ton und brannte diese zusammen mit anderen Töpferwaren. Eine Methode zum Gedenken an das, was sonst vergessen würde. Ein verewigter Schatten.

3

Selten so einen Unsinn gehört, oder? Afrika, das sonnengebannte, lichtgeflutete Afrika, als »Dunkler Kontinent«? Hier muss mehr als nur eine Metapher im Spiel sein. Hier wird womöglich eine ganz andere Dunkelheit verdrängt und verlagert.

Die Bezeichnung »Dunkler Kontinent« setzte sich im Zuge des kolonialen Expansionshungers im neunzehnten Jahrhundert durch und unterschlug, ja begrub damit Tausende Jahre währende Wechselbeziehungen zwischen Europa und Afrika. Das war genau der Abstand, den die Kolonialherren brauchten. Es wurde etwas vorgetäuscht, Vertrautheit als Fremdheit ausgegeben, das Dunkle zum Sinnbild nicht der so Benannten, sondern der Namensgebenden.

4

Marshall sucht nichts. Nein. Er sucht vielmehr das, was nicht da ist. Oder nein, nicht ganz. Er sucht das, was da ist, aber ungesehen bleibt. Oder fast, versuchen wir's noch mal. Er sucht das, was da ist, aber *von denen* nicht gesehen wird. Das ist es.

Marshall sagt, er wolle »die Abwesenheit ansprechen – Abwesenheit großgeschrieben«. Abwesenheit, ansprechen, A, a – so müssten ein Alphabet, eine Anekdote, eine Abhandlung beginnen.

5

Als Silhouette bezeichnet man einen abgepausten, mechanisch oder von Hand gezeichneten und schwarz gefüllten Schattenriss. Sie kann kunstvoll direkt aus schwarzem Material gefertigt sein, etwa beim Scherenschnitt. Der heute gängige Begriff hat einen unerwarteten etymologischen Ursprung: Namensgeber ist Étienne de Silhouette, 1757 unter Ludwig XV. für ein knappes Jahr Generalkontrolleur der Finanzen. Silhouette war als kleinlich, als geizig verschrien, und so wurde alles, was belanglos oder knickerig erschien, *à la Silhouette* genannt.

Auguste Edouart, der 1814 nach London übersiedelte, galt als Meister der Kunst des Silhouettenschneidens. Er selbst nannte sich »Schwarzschattenmann«. Die Kunstform hatte viele Namen: Scherenschnitt, Schattenriss, Schwarzbild, bis Edouart die heute favorisierte Bezeichnung Silhouette in Umlauf brachte.

6

Die Beliebtheit, derer sich die Fotografie nach Louis Daguerres öffentlicher Präsentation 1839 erfreute, führte zu einer sinkenden Nachfrage nach Scherenschnitten. Und doch trieb die Allgemeinheit weiterhin der Wunsch um, Schatten festzuhalten, sie zu verewigen. Als Carte-de-visite-Bildchen populär wurden, hielten Daguerreotypisten potenzielle Kundinnen und Kunden dazu an, »den Schatten vor der Vergänglichkeit des Stoffs zu bewahren«.

Worum sie warben, waren nicht gewöhnliche Porträts, sondern genauer Porträts ihrer soeben verstorbenen Nächsten und Liebsten. An der Schwelle zum Vergessen wurde das Leben ein letztes Mal in Gestalt von Post-mortem-Bildern festgehalten.

7

Es wird dunkel. »Ich bin unsichtbar, verstehen Sie«, stellt der namenlose Erzähler in *Der unsichtbare Mann* fest, »weil sich die Leute weigern, mich zu sehen.« Als er eine Stelle in der Farbenfabrik Liberty Paints antritt, wird er in der Produktion eines »Optischen Weiß« eingesetzt. Dieses Weiß entsteht durch die Beigabe von zehn Tropfen einer schwarzen Chemikalie zum Grundton. Erst durch die Mischung wird das Optische Weiß auf seine charakteristische Weise strahlend: »Nur Optisches Weiß ist richtiges Weiß.« Blendend weiß. Allerdings ist auch Schwarz beigemischt. *Angesprochene Abwesenheit, großgeschrieben.*

8

Wie unbekümmert können Schwarze Menschen in den USA eigentlich irgendeine Form von Preisangaben aufnehmen? Welcher Schatten fällt permanent auf Verkäufe, aufs Verkaufen, auf die, zu deren Geschichte gehört, verkauft worden zu sein, so wie Waren verkauft werden? Der Gedanke kann nicht dauernd zugelassen werden – so kann kein Mensch leben –, muss aber doch jeden Umgang mit Preisen prägen. Der Sklavenhandel war ein Gewinn-und-Verlust-Unternehmen – live und in Farbe.

In der Kriminologie wie der Soziologie heißt der Anteil unentdeckter beziehungsweise nicht zur Anzeige gelangter Vergehen »Dunkelziffer«.

9

Yea, though I walk through the valley of the shadow of death, I will fear no evil. In der englischen Fassung der Bibel ist im 23. Psalm die Rede nicht vom Tal des Todes, sondern laut dem überraschenden Zusatz vom Tal der Schatten des Todes. Christen wie Clemens von Rom im Jahr 96 sahen hierin die Vorhersage des Durchgangs Jesu durch das Tal des Todes. Die Formulierung »Schatten des Todes« findet sich auch in der hebräischen Bibel. Sie kommt nicht nur im 23. Psalm, sondern im entsprechenden Buch noch mehrfach vor wie etwa bei Hiob (3,5) und Jesaja (9,2).

Einem rabbinischen Midrasch zufolge ist »das Tal der Schatten des Todes« als Fegefeuer zu verstehen, eine vorübergehende Pein, von der Gott dereinst erlösen wird. Ein weiterer aggradinischer Midrasch zu den Tehillim, Psalmen aus dem frühen Mittelalter, behandelt es als realen Ort, nämlich die Wüste Siph, Schauplatz der Flucht Davids vor seinen Feinden Saul, Doëg und Ahitofel.

Wenn hingegen im Psalm 17, Vers 8 Gott angefleht wird: »Behüte mich wie einen Augapfel im Auge, beschirme mich unter dem Schatten deiner Flügel«, klingt die positive Bedeutung des Schattens an. Der Schatten wird zu Balsam, Schutzschirm und Bollwerk, zum Refugium, Gegenteil einer drohenden Überwältigung.

10

In den Schatten einer Kalksteinhöhle im Flusstal der Ardèche bringen Menschen im Schein ihrer Feuer und Fackeln ihre Wandbilder an, kunstvoll den Felsformationen folgend.

Die Löwen, Bären, Rhinozerosse, die ganzen Tiere der Real- und Traumwelt dürften sich im flackernden Licht täuschend echt bewegt haben. Diese Wesen, von denen heute viele ausgestorben sind, dienten vermutlich schamanistischen Zwecken. Die dem Höhleneingang am nächsten gelegenen Malereien wurden in rotem Ocker ausgeführt. Weiter drinnen herrschen Schwarztöne vor, hergestellt aus Kohlerückständen und dem Pigmentruß der Feuer. Wann immer die vorzeitlichen Künstler mit ihren Fackeln hier einkehrten, erwachten die schwarz gemalten Tiere lodernd zu neuem Leben. Ewige Schatten, dreißigtausend Jahre alt; aus ihnen erwuchs und entfaltete sich der komplexe kulturelle Möglichkeitsraum dessen, was Schwarz bedeuten kann, gleichermaßen heilig, geschmäht, geliebt.

11

An der Schule, die ich als Junge auf dem Dunklen Kontinent besuchte, waren mit Ausnahme von ein, zwei indischen Kindern oder dem sehr seltenen Weißen Expat-Schüler alle Schwarz. Das war in Lagos, und an unserem Kontinent war überhaupt nichts dunkel.

Wir machten uns über unser jeweiliges Aussehen lustig, wie es Kinder überall nun mal tun. Wir bestimmten akribisch, wo jeder und jede von uns auf dem Spektrum von hell bis dunkel anzusiedeln war. Nicht dass uns interessierte, wer hell und wer dunkel war. Tausende Meilen entfernt vom europäischen oder US-amerikanischen Rassismus ging es uns allein um des Spotts willen ums Verspotten. Die Jungen mit hellerem Hautton nannten wir *yellow* beziehungsweise *oyinbo* (Yoruba für Weiß).

Mitteldunkle Hauttöne wurden nicht extra benannt, weil das, was als Norm gilt, weniger zum Spott taugt.

Für die dunkelhäutigeren Jungen gab es verschiedene Bezeichnungen: *blackie* beziehungsweise *dudu* (Yoruba für Schwarz). Ein guter Freund mit dunkler Haut hieß »Big Stout«. Seine Schwester war, der Schulhoflogik gemäß, »Small Stout«. Big Stout war sehr beliebt, wir riefen ihn von Zeit zu Zeit auch »Shadow«. Will heißen »Schwarzschattenmann«.

12

Zu den Farbmerkmalen gehört die jeweilige Helligkeit oder Dunkelstufe. Diese Feststellung kann man auf naheliegende soziologische Weise verstehen oder auch schlicht als Richtwert der bildenden Kunst. Das Farbmerkmal Helligkeit ist etwas anderes als der Farbton oder die Sättigung.

Elfenbeinschwarz ist Knochenkohle, ein warmes Schwarz mit leichtem Braunstich, ursprünglich aus verkohltem Elfenbein gewonnen, heute aus Tierknochen. Mars- oder Oxidschwarz ist vom Ton her dichter und von neutralem Farbwert. Lampenschwarz ist leicht blaustichig.

»Schwarze Kunst«, hat Faith Ringgold gefordert, »muss ihr Licht aus dem Schwarz ihrer Farbe schöpfen, weil diese unmittelbar schwarze Wahrheit ist.«

13

Gott schuf Nacht und Tag, sorgte für eine Verteilung der Schatten. Als Schattenseite der Erde, wo die Sonne nicht hinkommt, als Schattenteil des Mondes, der anzeigt, was für eine Nacht die Nacht ist. »Die Nacht wirft mit Vorliebe um jedermann

Schatten / um Brücken, Pferde, Gewehre, ein Grab«, schrieb Charles Olson.

»Wir verbringen unsere Tage halbig im Schatten der Erde«, heißt es bei Thomas Browne.

Alle Kontinente sind zeitweilig dunkle Kontinente. Doch ist die Dunkelheit niemals leer.

14

1815 lebte und arbeitete der englische Landschaftsmaler Charles Catton Jr. auf einer Farm am Hudson. Catton ärgerte, dass sein Sklave Robert Umgang mit einer jungen Frau auf einer Nachbarfarm pflegte, die ebenfalls Versklavte war. Zusammen mit seinem Sohn prügelte Catton Robert fast zu Tode.

Robert hatte Isabella (Bell genannt) regelmäßig besucht. Nach dem knapp entgangenen Mord durch die Cattons durften die beiden sich nicht mehr sehen. Robert starb wenige Jahre darauf, und Bell ließ das erfahrene Unrecht ihr Leben lang nicht los.

Werke von Catton finden sich im Besitz des Metropolitan Museum of Art und im Rijksmuseum Amsterdam.

Bell floh 1826 vor der Sklaverei. 1843 gab sie sich selbst ihren wahren Namen: Sojourner Truth.

15

Wer malt, steht immer in der Tradition der Malerei. Was ein Werk im Einzelfall interessant macht, was ihm unter anderem interessante neue Möglichkeiten eröffnet, ist sein Verhältnis zu den Traditionslinien der Kunst. Wer sich zu lange an Vorbilder hält, ordnet sich im Sinne der Tradition tendenziell gegen die eigene Zeit ein, womöglich schwächt dann ein nostalgischer Rückbezug das Werk. Das andere Extrem wäre die Arbeit, die in einem Maß zukunftsweisend sein will, dass nur die Zukunft darüber zu urteilen imstande sein (und es eher verwerfen) wird.

Mich sprechen Werke von Malern und Malerinnen an, die im besten Sinne gegenwärtig sind, die ein klares Verhältnis zu dem haben, was Malerei gewesen ist, die auszudrücken vermögen, was Malerei heute ist, und offen sind für das, was Malerei einmal sein kann. Solche Kunst ist glaubhaft zeitgenössisch und erkennt in Ausführung und Gestus an, was sie vorausgegangenen Epochen verdankt. Bei ihr ist die Geschichte der Malerei in guter Obhut, sie kennt ihren Platz darin. Sie agiert zweifach zeitgerecht: rechtzeitig genau zur rechten Zeit.

16

In Kurosawas *Kagemusha* (1980) wird der Tod des Shōgun von dessen Beratern verheimlicht. Seinen Platz nimmt bei wichtigen Anlässen fortan ein Doppelgänger ein, ein »Schattenkrieger«. Nach und nach vollzieht sich etwas, was durch die Vorhersehbarkeit keineswegs weniger betroffen macht: Der Schattenkrieger spürt in sich zunehmend die Macht, die körperliche Präsenz und Autorität des wahren Shōgun. Der Schatten *verkörpert* zum Erstaunen und Entsetzen aller am Hof den Vertretenen. Der Schatten, könnte man sagen, schiebt sich gleich einer Finsternis vor den Stoff.

17

In Addis Abeba sehe ich Julie Mehretus *Conjured Parts (Tongues)* aus dem Jahr 2016, ein Bild aus lauter schwarzen Zeichen. Das

Werk pulsiert, der Herzschlag eröffnet Möglichkeiten. Ich fühle mich in die Höhle von Chauvet im Jahr 30 000 v. u. Z. versetzt; ich finde mich in einem amharischen Manuskript wieder; ich sitze in einem mit Graffiti verzierten Keller eines Clubs; ich irre nachts im Wald durch einen Platzregen, durch ein Negativ-Twombly, beschriftet und überschrieben, ein verschmiertes Palimpsest. Ich rede in Zungen.

Apropos Zungen: In Sri Lanka, schreibt Michael Ondaatje in *Es liegt in der Familie*, besage ein Mythos, dass einem Kind die Gabe großer Beredsamkeit zuteilwerde, wenn es die Zunge eines *thalogoya*, eines Warans, verspeise.

18

Bei dem Wort »Untermalung« denkt man an eine Technik. Die Untermalung bietet die Möglichkeit, auf der Leinwand einen *disegno* zu realisieren. Sie legt Formen, Kontraste und Tonwerte fest, die in der Übermalung verfeinert werden sollen.

Die Frage: »Was ist Untermalung?« führt assoziativ schnell zu einer ganz anderen Frage: »Was liegt *unter* der Malerei?«

Oder: »Was liegt hinter der Geschichte der Malerei?«

19

Rembrandts Gemälde *Jean Pellicorne und sein Sohn Kaspar* aus dem Jahr 1632 hängt in der Wallace Collection in London. In diesem Doppelporträt ist der Vater, abgesehen von der weißen Halskrause und den Manschetten, ganz in Schwarz gekleidet, während der rund vierjährige Sohn Braun trägt. Das Bild ist in der detailreichen und transparenten Manier der Rembrandt-

Werke der frühen 1630er-Jahre gehalten, als der Maler aus dem südholländischen Leiden nach Amsterdam übersiedelt war, der Zeit, als er sich als großer Meister durchsetzen konnte, als er gefeiert und gefördert wurde.

Im Bild nimmt der wohlhabende Händler Jean Pellicorne von seinem kleinen Sohn einen Geldsack entgegen, Ausdruck eines Generationenvertrags. Die Geste versinnbildlicht die Hoffnung, Kaspar werde eines Tages selbst wohlsituiert sein und gut für die Familie sorgen. Die Aufforderung wird von der im Hintergrund kaum zu erkennenden alttestamentarischen Szene der Berufung des jungen Samuel unterstrichen.

Kaspar Pellicorne wurde in der Tat sehr reich, teils durch den Handel mit versklavten Menschen. 1677 verpflichtete er sich beispielsweise vertraglich mit anderen, die Westindischen Inseln mit achtzehnhundert Versklavten zu beliefern.

20

Wenn die Ärztin ein Röntgenbild vor den Leuchtkasten hängt, halten wir den Atem an. Etwas Entscheidendes wird sich zeigen. Das Geräusch, mit dem das Bild auf den Screen trifft, ruft zur Ordnung. Für unseren Laienblick sind die wolkigen Schatten nicht lesbar, dem Auge der Ärztin aber sind sie verständlich. Manche von ihnen könnten bösartig sein, oder aber, bei gütigem Schicksal, allesamt »unauffällig«.

David Hammons *Injustice Case* (1970), ein grauschattierter Körperabdruck, ähnelt einem Röntgenbild. Die bemerkenswerte Silhouette, gerahmt von der US-amerikanischen Fahne, durchschaut, was *von denen* nicht gesehen wird.

1 Caravaggio, *Die Enthauptung Johannes des Täufers* (1608), Öl auf Leinwand. St. John's Co-Cathedral, Valletta. Foto: Wikimedia.

2 Caravaggio, *Die Auferweckung des Lazarus* (1609), Öl auf Leinwand. Museo Regionale, Messina. Foto: Wikimedia.

3 Susan Meiselas, *Neighbors watch as dead bodies are burned in the streets* (1979). Esteli, Nicaragua. © Susan Meiselas/Magnum Photos.

4 Kerry James Marshall, *Untitled (Underpainting),* 2018. © Kerry James Marshall. Acryl und Collage auf PVC. Foto: David Zwirner Gallery, London.

5 Lorna Simpson, *Montage* (2018). Farbe und Acryl auf Gesso-grundiertem Holz.
Fünf Tafeln, jeweils 170,2 × 127 × 3,5 cm; Gesamtgröße 170,2 × 635 × 3,5 cm.
Unikat. © Lorna Simpson. Mit freundlicher Genehmigung der Künstlerin und von
Hauser & Wirth. Foto: James Wang.

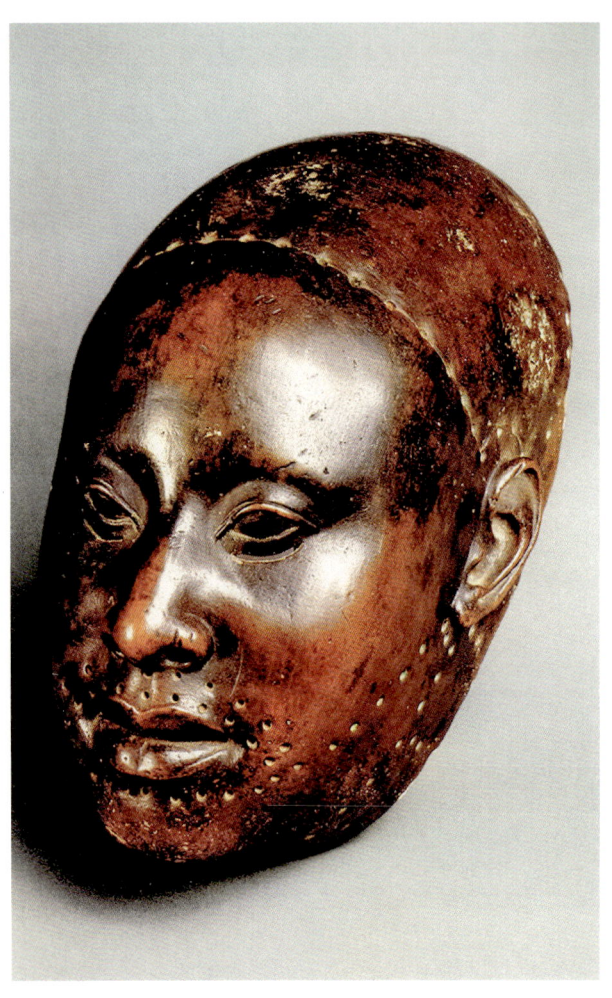

6 Anonym, Ife-Bronze, *Maske des Obalufon* (12. Jh.?). Kup-
fer. Höhe 24,5 cm. Nationalmuseum Lagos. Aus: *Art and
Life in Africa,* (https://africa.uima.uiowa.edu, NML 014).
Foto: Dirk Bakker.

7 Duccio di Buoninsegna, *Die Auferstehung des Lazarus* (1310/11). Tafelbild: Tempera, Blattgold auf Holz. Kimbell Art Museum, Fort Worth. Foto: Wikimedia.

8 Teju Cole, *Oslo* (2018).

21

Kerry James Marshalls Werk *Untitled (Underpainting)* von 2018 ist eine koloristische Komposition in Schwarz und Braun (Bildtafel 4). Sie zeigt Schwarze Menschen in einem Museumssaal. Der Künstler doppelt die Szene aus zwei Perspektiven.

Gemalt wird im Grunde immer plan auf einer Fläche, das gilt auch für Impasto-Aufträge. Malerei ist zweidimensional, sie strebt entweder nach der Illusion von Tiefe oder unterläuft sie gezielt. *Untitled (Underpainting)* tut beides, es nimmt den Dialog mit Werken von Künstlern wie Velásquez (Meister der Schwarztöne), Vermeer, Courbet, Manet (ebenso ein Meister auf diesem Gebiet) auf, die das Sehen thematisieren, wie auch mit früheren Werken von Marshall selbst.

Doch *Untitled (Underpainting)* tut noch mehr. Es befasst sich mit einer anderen Art von Illusion: mit dem, was unter der Malerei liegt, das Schwarz, das immer da war, nur *von denen* nicht gesehen.

22

1875 bestieg Eadweard Muybridge ein Dampfschiff mit Kurs auf Panama. Er war gerade von der Anklage freigesprochen worden, den Liebhaber seiner Frau, Major Harry Larkyns, erschossen zu haben. (Die Tat wurde zum Notwehrexzess erklärt.) Während der Zeit seines Exils besuchte er außerdem Costa Rica, Honduras, El Salvador, Guatemala und Mexiko. Seine berühmten Pferdebewegungsstudien lagen noch in der Zukunft.

Die von den Fotografen im neunzehnten Jahrhundert verwendeten lichtempfindlichen Glasplatten reagierten besonders stark auf blaues Licht. Auf Abzügen erschienen Himmel oft verwaschen bis weiß. Aus diesem Grund und um für alle Bildpartien mehr Detailschärfe zu erreichen, belichteten Fotografen gern zweimal oder mehr – einmal die Landschaft und dann, bei kürzeren Belichtungszeiten, den Himmel. Muybridge beherrschte diese Technik virtuos, und nicht selten versah er eine Landschaft mit einem geborgten Himmel. Seine Aufnahmen waren also letztlich Fiktionen, die nur auf dem Papier existierten und wenig mit der realen Welt zu tun hatten.

Besonders Wolkenstudien hatten es ihm während seines Aufenthalts in Zentralamerika angetan. Wie ließen sich bloß die flüchtigen und zarten weißen Gebilde bannen? Immer wieder unternahm Muybridge neue Versuche und schuf so ein Album weißer Schatten.

23

In der Karibik, stellt V. S. Naipaul in *Auf der Sklavenroute* fest, wurde Hautfarbe so streng wie unsinnig unterteilt in »Weiß, gelblich Weiß, Staubfarben, Sandfarben, Tee-, Kaffee-, Kakaobraun, Hellschwarz, Schwarz, Dunkelschwarz«.

24

Ein schwarzes Viereck mit verschwommenen Rändern und bläulichem Stich, das aus einem schwarzen Hintergrund mit violetter oder neutraler Tönung vor- beziehungsweise zurücktritt: In seinem Spätwerk strebte Rothko nach einer Evokation oder gar Konkretisierung des Erhabenen. Schwarz wurde ihm das, was Weiß für Muybridge bei seiner Wolkenjagd war: ein vollwertiges Farbtonspektrum. Er ging davon aus, dass im Schwarzen viel zu sehen sei, selbst wenn er persönlich vor allem das Tal der Schatten des Todes sah. Rothko ist am traurigen Ende des Spektrums der Möglichkeiten von Schwarz anzusiedeln. Seine Bilder sind nicht produktiv, nicht tröstlich, nicht freudig.

25

Ein Vortrag Toni Morrisons aus dem Jahr 1975 eröffnet mir die seelenlose Sprache und Haltung gewisser historischer Dokumente. Der Ton ist besonders drastisch in Texten, in denen es um Profit geht. Morrison zitiert aus *The Historical Statistics of the United States from Colonial Times to 1957*. In der Rubrik Z zu »Colonial and Pre-Federal Statistics« werden unter anderem genannt:

- Kohle von den Häfen am James River, Virginia, geordnet nach Zielhafen, 1758–1765;
- Roheisen aus England, geordnet nach Kolonie, 1723–1776;
- Eisenbarren aus England, geordnet nach amerikanischen Kolonien, 1710–1750;
- Wert der nach England ausgeführten Pelzwaren, nach britischen Kolonien, 1700–1775;
- Indigo und Seide aus South Carolina und Georgia, 1747–1788;
- Wert von Ex- und Importwaren, darunter Einträglichkeit und Kaufpreis von in die britischen Kolonien Nordamerikas eingeführten Sklaven, 1768–1772;
- Reis aus Charleston, S. C., geordnet nach Zielhafen, 1717–1776;
- Pech, Teer und Terpentin aus Charleston, S. C., 1725–1774

Kohle. Roheisen. Eisenbarren. Pelze. Indigo und Seide. Sklaven. Reis. Pech, Teer und Terpentin.

Mich quält das Wort »Profit«; und »Preis« macht mich fassungslos. Die Bedeutungen entgleiten mir.

»Dunkelziffern«.

26

Man in a Window (1978) von Roy DeCarava ist verdichtete schwarze Information. Der Mann in dem Foto ist schwarz, die Gardinen am Fenster sind schwarz, das Zimmer, in dem er sitzt, ist schwarz, das Licht, das die Szene ausstrahlt, ist schwarz. Fast ist man versucht, verschiedene Schattierungen von Grau zu sehen, doch das Bild, wie so viele von DeCarava, ist vielstimmig schwarz. Aus schwarzen Tönen steigt die Gestalt auf – verbindet, bestätigt, tröstet.

In diesem Fenster findet sich beides: Zauber und Resonanz. Zum einen klingt Betye Saars *Black Girl's Window* (1969) an, zum anderen ruft es Kerry James Marshalls unbetiteltes Bild einer jungen Schwarzen auf, die wir durch ein schwarzgerahmtes Fenster betrachten. Zeitgerecht heißt rechtzeitig zur rechten Zeit. Kunst, die in Verbindung mit der Geschichte von Kunst überhaupt steht, ist nie unzeitig.

27

Ab 1864 besaß Sojourner Truth die Urheberrechte für ihre Bildvisitenkarten, die sie mit dem Denkspruch *I Sell the Shadow to Support the Substance* bedrucken ließ.

Mit dem Verkauf der Bildnisse wurde der Kampf gegen die Sklaverei unterstützt. Truth veräußerte den »Schatten« (ihr

Porträt) zugunsten der »Substanz« (ihre Subsistenz wie auch das substanzielle Anliegen der Abolition). Stellt man die kommerzielle Aufforderung der Daguerreotypisten, »den Schatten vor der Vergänglichkeit des Stoffs zu bewahren«, der Aussage Truths gegenüber, die den Schatten um der Substanz willen verkauft, hat man den Unterschied zwischen dem Wunsch, dem Tod entgegenzuwirken, und dem Wirken für ein besseres Leben.

I *sell*. Eine, die sich einst (im Alter von neun Jahren bei einer Auktion, für hundert Dollar zusammen mit einer Herde Schafe) »gut verkaufte«, ist nun imstande, zu verkaufen: *I* sell. Wo einst der Körper verkauft wurde, ist es jetzt die Imago, die Idee, die zum Wohle des Körpers verkauft wird. Darin zeigt sich eine Ethik, die eine Vision mit Freiheit verknüpft.

28

»Schwarzsein ist in diesen Bildern unverhandelbar«, sagt Marshall.

Schwarz mit Ockergelb. Schwarz mit roher Umbra. Schwarz mit einem bestimmten Blau. Schwarz mit einem anderen Blau. Kohlschwarz aus Ruß. Marsschwarz aus Eisenoxid. Elfenbeinschwarz aus verbrannten weißen Knochen. Schwarz, schwarz, schwarz, schwarz, schwarz, schwarz, schwarz. Sieben Arten von Unendlichkeit.

NÄCHTIGE FARBE:
ZUM WERK LORNA SIMPSONS

Blautöne, dunkles Petrol, Purpurschwarz, Schwarz. Eine be-
kleidete Frau schläft auf einem Bett, ihre Arme in der unbe-
dachten Haltung des Unbewussten. Eine weitere Frau steht auf
einem Mauervorsprung, kurz davor, ihr Leben entweder in
Gefahr oder in Sicherheit zu bringen. Dann wieder dieselben
Figuren, jedoch fragmentiert und neu angeordnet, wobei ihre
Farben ineinander verlaufen und sich über die fünf Abschnitte
hinweg, die sich über beinahe sechseinhalb Meter ausbreiten,
wiederholen und das Gefühl von körperlicher Begrenzung und
Traumlogik verstärken. *Montage*, Lorna Simpsons aus Fotografie, Siebdruck und Malerei bestehende Arbeit, wurde 2018 neben anderen im Rahmen der Ausstellung *Unanswerable* in ihrer
Londoner Galerie gezeigt. Der Titel ist durchaus passend gewählt. Simpsons Werk, das sich dadurch auszeichnet, Bedeutung in der Schwebe zu halten, während es gleichzeitig eine
Auflösung zu versprechen scheint, hat seit jeher etwas auf produktive Art schwer Fassbares an sich.

Ihre ersten Erfolge waren mit Text kombinierte Fotografien.
Bei den Bildern handelte es sich um einfache, unverstellte direkte Schwarz-Weiß-Aufnahmen, häufig von einzelnen Frauen-

figuren, oft in der Rückenansicht. Die Texte, weit entfernt davon, eine Erklärung für die Bilder zu bieten, waren vieldeutig und offen. In *Waterbearer* (1986) etwa gießt eine Frau in einem einfachen weißen Unterkleid Wasser aus zwei Gefäßen – ein Plastikkanister in der einen Hand, ein Metallkrug in der anderen. Sie kehrt uns den Rücken zu. Unter dem Bild steht in Großbuchstaben: SHE SAW HIM DISAPPEAR BY THE RIVER, THEY ASKED HER TO TELL WHAT HAPPENED, ONLY TO DISCOUNT HER MEMORY. (Sie sah, wie er am Fluss verschwand, sie baten sie zu schildern, was passiert sei, nur um dann ihre Erinnerung abzutun.) Was ist hier geschehen? Wer ist »sie« und wer ist »er« und wer sind »sie«? Es kommt einem so vor, als sei man in eine Detektivgeschichte geraten, die nur die schwächsten Spuren des eigentlichen Vorfalls preisgibt. Was bleibt, ist die Parabel von einer Frau, der nicht geglaubt wird. In seiner radikalen Einfachheit gelingt es *Waterbearer*, über die Spanne von Jahrzehnten hinweg zum heutigen Zeitgeschehen Stellung zu nehmen.

Viele weitere Arbeiten Simpsons, darunter *Twenty Questions (A Sampler)* (1986), *Five Day Forecast* (1988) und *7 Mouths* (1993), sind ebenso wie *Waterbearer* gleichzeitig figurativ und fragmentarisch. Gleichmäßig ausgeleuchtet und präzise fotografiert, sehen sie aus wie Bilder aus einem illustrierten medizinischen Nachschlagewerk, anatomische Schautafeln von Köpfen, Rümpfen und Mündern, die aus dem Zusammenhang gerissen sind. Selbst in einer Arbeit wie *Figure* (1991) scheint die betreffende Figur – in ein schwarzes Kleid gehüllt und in die schwarze Unendlichkeit eines unbestimmten Ortes versetzt – ein Fragment zu sein, gerade so, als sei sie aus einem

Gruppenbild oder einem möblierten Zimmer ausgeschnitten worden. Die sie auf acht gravierten Plastikplaketten umgebenden Texte lesen sich wie Auszüge aus einem Fremdsprachenlehrbuch: »figured the worst« (stellte sich das Schlimmste vor), »he was disfigured« (er war entstellt), »figured there would be no reaction« (unterstellte das Ausbleiben einer Reaktion) und so weiter. Hier wurde die Geschichte nicht nur ausgedünnt, sie ist sogar ganz verschwunden. Es gibt keine Geschichte. Was uns bleibt, sind die Spannungen der konkreten Poesie.

Irgendwann Mitte der 1990er-Jahre erschienen Simpson die Reaktionen auf ihre Arbeit zunehmend klischeehaft. Zur gleichen Zeit entwickelte sich auch ihr eigenes Denken in eine andere Richtung. Welche Bedeutung kann das Bild einer Schwarzen Frau haben? Konnte es ein Kommentar zu Rassifizierung sein? Eine Aussage über Gender? Simpson löste sich von den figürlichen Darstellungen und begann, verstärkt mit verschiedenen Motiven zu experimentieren – Landschaften, unbelebten Objekten wie Perücken – sowie mit ungewöhnlichen, beinah skulpturalen Materialien wie Filz und Wandschirmen. Die Serie monumentaler fotografischer Polyptychen, darunter einige Landschaftsaufnahmen, die unter dem Titel *Public Sex* (1995–1998) zusammengefasst sind und keinerlei Figuren zeigen, greift den provokanten Titel nur am Rande auf. Diese über viele Jahre hinweg entstandenen Bilder bergen das, was Okwui Enwezor »das Gerücht vom Körper« nannte. Diese schroffen und emotionslosen Mysterien sollten auch den Noir-Stil in Simpsons späteren Filmarbeiten prägen.

Zwischen der ersten Inspiration für ein Werk und dem fertigen Produkt entwickelte Simpson immer komplexere konzeptionelle Schichten. Die Idee zu *9 Props* (1995) entstand während eines Aufenthalts an der Pilchuck Glass School in Washington, in deren Glasbläserei sie eine Reihe von dunklen Gefäßen nach dem Vorbild von Vasen und anderen Objekten anfertigen ließ, die in den Porträtarbeiten des wegweisenden Harlemer Fotografen James Van Der Zee verwendet wurden. Doch diese Gefäße waren noch nicht das endgültige Werk. Sie schickte sie zurück nach New York und fotografierte sie vor einem schlichten Hintergrund. Doch noch immer war das nicht das Werk. Es folgten weitere Schritte: Sie stellte aus diesen Fotografien neun Lithografien her, die sie auf Filz druckte. Schließlich fügte sie jedem lithografierten Gefäß eine Legende an, die den Kontext beschreibt, in dem es ursprünglich erschienen ist. Eine davon lautet beispielsweise:

Dinner Party with boxer Harry Wills,

1926

James Van Der Zee

(Abendgesellschaft mit dem Boxer Harry Wills, 1926, James Van Der Zee)

Harry Wills, auch bekannt als »Der Schwarze Panther«, Boxer und Geschäftsmann, sitzt bei einer Gruppe sieben weiterer Männer und Frauen – hauptsächlich Frauen mit erhobenen Champagnergläsern –, und eine der Frauen zu seiner Linken bringt ihm zu Ehren einen Toast aus. Vor ihnen befinden sich drei Flaschen Champagner, ein kristallener Dekanter, eine Flasche Portwein, ein Gesteck aus Blumen und Früchten sowie für jeden Gast ein Porzellangedeck.

Das Werk verweist aus verschiedenen Richtungen auf das, was nicht zu sehen ist: die ursprüngliche, die Künstlerin inspirierende Platzierung der Gefäße, die Menschen auf den Fotografien von James Van Der Zee, das soziale Leben in Harlem, das durch seine Fotografien evoziert wird, und das komplexe Gefüge von Umgangsformen und Klasse, das sie andeuten. All diese verschwundenen Kultur- und Erfahrungswelten werden auf ein elegantes Raster reduziert, das so einfach funktioniert wie ein antiquarischer Katalog, ein Gedankenbild, das von den Betrachtenden eine ruhige Auseinandersetzung und ein fantasievolles Eingreifen verlangt. Ohne symbolisch zu sein, geht es in dieser Arbeit um Rassifizierung – aber eben nicht um »Rassifizierung« in einer eigenen, in sich geschlossenen Kategorie, die, losgelöst vom Leben, nur von der Hautfarbenthematik begrenzt wird.

· · ·

»*Represent!*« bedeutet im Schwarzen US-amerikanischen Kontext, für die eigenen Leute einzustehen, Solidarität zu zeigen, das eigene Sein und Schaffen an einem geteilten Ethos auszurichten. Es ist ein Ausdruck des Mahnens, Begrüßens und Verabschiedens. In der bildenden Kunst ist das Wort eher konventionell konnotiert, meint in Abgrenzung zur abstrakten oder symbolischen Darstellung die mimetische Abbildung. In diesem allgemeineren Sinn bedeutet zu repräsentieren, abzubilden, ein Werk zu erschaffen, das visuell den Gegebenheiten der Welt entspricht. Es bedeutet, ohne Schnörkel zu illustrieren. Diese zweite Bedeutung von »repräsentieren« hat in der Kunstwelt derzeit Konjunktur. Der Realismus ist wieder da. Das ist überwiegend zu begrüßen: Nach der lang anhaltenden Abwesenheit von Schwarzen Figuren und Schwarzen Gesichtern in den Kunstmuseen sind diese nun häufiger zu sehen. Viele Künstler:innen, Schwarze wie auch andere, zeigen den Schwarzen Körper. Das ist notwendig und oftmals künstlerisch gelungen. Doch ebenso häufig, wenn nicht gar häufiger, scheitert diese Darstellung. Die Galerien sind voll von belanglosen Abbildungen, von Arbeiten, die nichts weiter sind als plumpe Stichwortgeber für soziale Belange.

Simpsons Werk besticht vor allem dadurch, dass die Künstlerin seit jeher die Komplexität des Schwarzseins zu erfassen weiß. Das trifft sowohl auf ihr eigenes Schwarzsein zu als auch auf jenes, das sich unvermeidlich durch die amerikanische Geschichte zieht. Sie verwirft die Figuration keineswegs, fühlt sich allerdings auch nicht ausschließlich Arbeiten mit Bezug auf Rassifizierung verpflichtet. Arbeitet eine Künstlerin mit einem Schwarzen Modell, wirft sie eine menschliche Frage auf, schlichtweg indem sie eine menschliche Präsenz in den Vordergrund rückt. Warum sollte ein Weißer Mann als Person wahrgenommen werden, während eine Schwarze Frau lediglich zum geschlechtsspezifischen und rassifizierten Subjekt taugt? Wie Kellie Jones feststellt, werden Nichtweiße Körper meist als »nicht neutral genug« erachtet, um bei den »objektiven Schemata, aus denen vermeintlich eine konzeptuelle Praxis hervorgeht«, mitgedacht zu werden. Wenn ihre Rassifizierung und ihr Geschlecht das Einzige sind, das einem betrachtenden Auge an einer Schwarzen Frau auffällt, scheint Simpson zu sagen, dann ist es die ethische Verpflichtung jener Betrachtenden, sich von diesen Fesseln zu befreien.

Freiheit ist Ausgangspunkt und Leitmotiv für Lorna Simpson. Ihr gesamtes Werk ist von einer humanen Strömung durchwirkt, wobei es ihr zugleich um einen »neutralen« Raum für Ideen als auch um die spezifischen Erfahrungen des Körpers geht. Diese jüngere Arbeit, *Montage*, ist Fotografie und Malerei, ein Spiel mit mehreren gefundenen Fotografien, die wie ein überdimensionierter Filmstreifen angeordnet wurden (Bildtafel 5). Sie setzt sich mit Träumen und Albträumen auseinander, mit Ambiguität und Verletzbarkeit. Im Zentrum befindet sich das, was Simpson als das »Drängen und Zerren der Fotografie« beschreibt: das stotternde Potenzial, das der mechanischen Reproduktion innewohnt, und die unvollkommenen Aufzeichnungen, die das unbewusste Leben widerspiegeln. Es handelt sich dabei um eine unmittelbare Antwort auf das derzeitige politische Klima, bei der das Wesentlichste in den intimsten Bereich überhaupt verlagert wird. Dort, wo das tyrannische »sie« zugunsten des verunsicherten »ich« vorübergehend in Schach gehalten wird.

Im eigenen Bett bleiben die Bilder bestehen, und Worte lassen sich nur schwer finden. Du bist in Traumtöne und Nachtfarben eingetaucht. Das ist die Kunst, die wir jetzt brauchen: üppig, anspielungsreich, sprachlos und unwiderleglich.

WIE SCHWARZ IST DER PANTHER?

Vor fast dreißig Jahren begann ich, mich in einen Afrikaner zu verwandeln. Damals verließ ich Nigeria und siedelte in die Vereinigten Staaten über. Ich war zwar im Sommer 1975 in den USA zur Welt gekommen, aber noch im Herbst nach Nigeria gebracht worden. Siebzehn Jahre lang war dort mein Zuhause. Zugleich wusste ich, dass ich auch Amerikaner war, dass die USA ebenfalls eine Art Heimat waren, der Geburt nach. Aber Afrikaner? Ich sah das nicht so. Ich sah mich als Lagosian, Yoruba-Sprecher, Bürger Nigerias. Afrikaner waren die anderen, von denen ich in Büchern las, die in traditionellen Gewändern auf den Seiten der Illustrierten erschienen oder als Zerrbilder in Filmen.

Im Sommer 1992 änderte sich das langsam. Die USA wurden zur Kontrastfolie für mein verborgenes Afrikanischsein. »Was bist du?« »Ich bin Nigerianer.« »Woher kommst du, Mann?« »Lagos.« »Lego- was?« Von Lagos hatte noch nie jemand gehört. Ich war Afrikaner – das war meine Kategorie von »Anderer«. Mir war das neu, aber ich wehrte mich nicht lange. Ich schloss mich anderen in ähnlich misslicher Lage an und begann, Afrikanisch zu lernen.

· · ·

Manchmal verspüre ich körperlich einen paradoxen Verlust: den des Vergessens. Dann sehne ich mich nach Zeiten, als mein Wissen kontingent war und umhüllt von dem, was ich nicht wusste. Früher, vor der Zeit immerwährender digitaler Abrufbarkeit, war Wissen geladen mit potenzieller Energie. Es ging mit Spekulationen einher, die zu anderen Arten von Erkenntnis anregten, bei denen es um Spielräume ging, nicht ums Rechthaben.

Hier ist ein Versuch, Erinnerung wiederzugewinnen: Ich weiß oder wusste einmal das eine oder andere über Großkatzen. Löwen gibt es in der Serengeti, Tiger in Südasien. Beide sind riesengroß. Geparde sind am schnellsten, klar, Leoparden gute Kletterer, sie schleppen ihre Beute in Bäume, und beide sind afrikanisch. Ich glaube, die wissenschaftlichen Namen der Großkatzen enthalten den Begriff »Panthera«, aber da bin ich mir nicht mehr sicher. Im Interesse meines Versuchs weigere ich mich nachzuschlagen. *Panthera leo*. So heißen meines Wissens die Löwen. Jaguare sehen Leoparden ähnlich, sind jedoch schwerer, gedrungener. Sie gehören nach Südamerika. Und ab da wird es nebulös. Sind Panther Jaguare? Oder etwas Eigenes? Wenn Panther einfarbige Jaguare sind, können sie nicht afrikanisch sein, weil Jaguare südamerikanisch sind. Ist ein schwarzer Panther dasselbe wie ein schwarzer Leopard? Und was zum Teufel ist ein Puma? Was sind Berglöwen? Ich glaube, es sind auch Pumas; vielleicht die nordamerikanische Sorte? Moment, aber was ist mit Kuguaren?

Als Kind stand ich sehr auf Großkatzen. Damals kannte ich mich ziemlich aus, und ein bisschen auch mit Greifvögeln (Adler, Habicht, Falke, Fischadler), deren Familienstruktur ähnlich komplex ist. Dilettierte außerdem in Dinosauriern, allerdings eher nebenbei. Es macht mir nichts aus, dass ich den Großteil meines taxonomischen Wissens über diese Spitzenprädatoren inzwischen vergessen habe. Traurig finde ich eher, dass ich es mit ein paar Mausklicks wiederherstellen kann.

. . .

Am Morgen des 11. Oktober 1933, sechs Jahre vor Beginn des europäischen Kriegs, in dem die Schweiz eine untergeordnete und doch ungute Rolle spielen sollte, stand im Zürcher Zoologischen Garten plötzlich der Käfig des schwarzen Panthers leer. Das Tier, ein Neuzugang von der Insel Sumatra, war in der Nacht ausgerissen. In den folgenden Wochen wurde es mehrfach gesichtet. Die sonst so unerschütterlichen Bürgerinnen und Bürger der Stadt gerieten in Wallung. Hunderte Beiträge erschienen in den Schweizer Zeitungen. Es wurden Fallen gelegt, erwischt wurden nur ein paar halbwilde Hunde. Von solchen Streunern stammten auch die Fährten, die man für die des Panthers hielt. Manche riefen nach einer exorzistischen Beschwörung und Austreibung. Von anderer Seite wurde die Konsultation eines Hellsehers empfohlen.

Erst Mitte Dezember, zehn Wochen nach seinem Entkommen, wurde das Pantherweibchen unter einer Scheune an der Grenze zwischen dem Zürcher Oberland und dem Kanton St. Gallen entdeckt. Kadaverreste eines Rehs in der Nähe ließen ahnen, wie es sich durch den Schweizer Winter geschlagen hatte. Der Tagelöhner, der das Tier aufspürte, erlegte es prompt als Wildbret.

. . .

Viele Hollywoodfilme haben sich Gedankenspiele zu Afrika erlaubt. Manche, für amerikanische Weiße gedreht, erwecken koloniale Fantasien wieder zum Leben (»Ich hatte eine Farm in Afrika«), sie stellen afrikanische Figuren als entweder brutal oder unbedarft dar. Andere, gedreht für amerikanische Schwarze, sollen erheben und dichten der afrikanischen Erfahrung Größe an. Beiderlei Fantasien vereinfachen natürlich. Es gibt vierundfünfzig afrikanische Staaten. Was würde es bedeuten, im Sinne dieser Länder zu träumen? Was, im Sinne von Mosambik, des Sudans, Togos oder Libyens zu träumen, die jeweilige Politik in ihrer ganzen rasanten Komplexität zu bedenken? Wie würde es aussehen, wenn als erzählerischer Rahmen die herrschenden Verhältnisse gewählt würden, und zwar auch für Fiktionen? Wakanda ist eine Monarchie, ebenso Zamunda. Weshalb sind Monarchien der narrative Normalfall? Können wir nicht weiter träumen als royalistisch?

. . .

Nur einmal habe ich je ein Haustier gehabt, eine Katze, und das ist über zehn Jahre her. Sie hieß Mirabai, auch Midnight genannt. Sie sprang zur Begrüßung gern an mir hoch, ein wunderschöner kleiner Panther. Mal verharrte sie in kontemplativer Versenkung, wie es so typisch ist für Katzen, mal bearbeitete sie mit den Pfoten rhythmisch einen Sonnenfleck auf den Holzdielen. Nur konnte ich dem lieben, verspielten, tiefschwarzen Tier nicht abgewöhnen zu beißen. Bald war ich es leid, nach jeder Schramme Antibiotika nehmen zu müssen. Dreimal biss sie mich, zweimal Besuch. Das war nie böse gemeint, sie konnte ihren Biss einfach nicht dosieren, und es floss Blut. Erschwerend kam die Entdeckung hinzu, dass ich hochallergisch auf Katzenhaar reagiere. Nicht bei allen Katzen, aber bei den meisten. Das war mir nicht klar gewesen. Arme Mirabai, ich musste sie ins Tierheim zurückbringen. Doch im Grunde meines Herzens bin ich Katzenmensch. Hunde sind okay, aber näher liegt mir, was Katzen tun und wie Katzen sind.

. . .

Im Zuge meiner Afrikanisierung wurde ich langsam auch Schwarz, doch hier war der Weg länger, komplizierter. »Afrikanisch« war zunächst das, was mich mit anderen aus Afrika verband: Freunde im ganzen Land und Menschen, mit denen ich in dieselbe Schublade gesteckt wurde. Es hatte damit zu tun, dass wir uns als Fremde in dem fremden amerikanischen Land erlebten, aber auch mit unserer geteilten Erfahrung der Hintergrundstrahlung des Kolonialismus. Die Weiße Vorherrschaft des Kolonialregimes endete in Nigeria erst fünfzehn Jahre vor meiner Geburt. Sie war noch sehr gegenwärtig. »Afrikanisch« hieß, mal abgesehen von allem anderen, gemeinsam diesem Unrecht entgegenzuwirken.

»Schwarz« wiederum war etwas anderes. Es war in gewisser Weise inklusiver. Neben den kolonialen Altlasten konnte es die amerikanische Erfahrung der Sklaverei, Sklavenaufstände, Jim Crow und den gegenwärtigen Rassismus umfassen, aber auch das Bindegewebe, das den Black Atlantic zu einer einzigen offenen Wunde macht – und damit das gesamte karibische wie auch europäische, lateinamerikanische und globaldiasporische Schwarzsein.

Aber die Bedeutung war auch enger gefasst, denn im Allgemeinen war »Schwarz« (oder »schwarz«) amerikanisch codiert; »American Black« meinte das Schwarzsein der von versklavten Menschen abstammenden amerikanischen Bevölkerung. Es waren nicht alle Schwarzen Menschen überall gemeint, es ging um die Verhältnisse in den Vereinigten Staaten. Um in den USA Schwarz zu sein, musste man sich »Schwarz« im Idiom des Landes aneignen – aneignen und lieben lernen. Schwarze Haut (und sei sie nur ein, zwei Nuancen dunkler als weiß) war das Zulassungskriterium, das Curriculum bestand aus den kulturellen Codes des Schwarzen Amerika. Also lernte ich Schwarz, so wie Obama Schwarz lernen musste, wie britische Schwarze in L. A. Schwarz lernen, Schwarze Menschen aus Jamaika in Brooklyn, aus Haiti in Miami, aus Eritrea in Washington, D. C., und aus Gambia in der Bronx. Wir lernten Schwarz und lernten Schwarz lieben – wohl wissend, dass es nicht das einzige Schwarz war.

. . .

Ein von Land umschlossener Staat, klein und friedliebend. Seine Menschen gelten als bodenständig und bescheiden, dabei ist das Land eines der wohlhabendsten der Welt und eines der technologisch avanciertesten. Es ist hoch gelegen, umringt von Bergen. Sein politisches System ist stabil. Seit Jahrhunderten hat es in dem Land keinen Krieg mehr gegeben. Aus Furcht vor dem Chaos in der Welt hält sich die Bevölkerung aus internationalen Konflikten heraus und Migrationswillige noch vor den Grenzen auf. Doch bei aller scheinbaren Abgeschiedenheit ist man auf dem Gebiet der Forschung, Waffentechnologie und Pharmazie erstaunlich emsig. Das Land hat den gordischen

Knoten der Logistik durchschlagen: Staus gibt es nicht, Hochgeschwindigkeitszüge verbinden geräuschlos auch entlegenste Winkel des Landes. Angesichts einer sich rapide wandelnden Welt stehen alle im Land vor der Entscheidung, ob sie sich weiter abschotten oder endlich mehr Verantwortung übernehmen und ihren Reichtum und ihre Technik zum Wohl anderer einsetzen wollen.

Ich meine natürlich die Schweiz. Doch ist die Schweiz immerhin eine Demokratie. Wakanda weniger. Meine Abneigung gegen Monarchien ist ausgeprägt, starr und vermutlich irrational. Ein hereditäres Recht zu herrschen empfinde ich geradezu als persönlichen Affront, egal, ob es mir als Fiktion oder in der Realität begegnet. Für mich liegt ein solcher Anspruch ideell irgendwo zwischen Eugenik und Phrenologie. Die Geschichte der Menschheit hat schon viele Monarchen gesehen. Sollen sie doch bleiben, wo sie größtenteils sind, in der Vergangenheit. Gesellschaften, wie ich sie mir erträume, gründen auf wohlfundierten demokratischen Entscheidungen. Und der Traum geht noch über Nationalstaaten hinaus. Keine Könige, keine Königinnen, keine präsidentiellen Regenten, keine Dynastien. Meiner Veranlagung nach habe ich das Zeug zum Königsmörder.

Die Staaten und Städte Afrikas von heute haben genug mit der Komplexität ihrer jeweils eigenen Realitäten zu tun, sie können nicht noch die undankbare Aufgabe übernehmen, das »Afrika« Hollywoods zu verkörpern. Afrikanische Länder haben von jeher einen regen Austausch mit der Welt gepflegt; ein isolationistisches Schwarzsein ist unsinnig und unmöglich, wir sind längst kosmopolitisch. In der heutigen Zeit ist Schwarz ohne Weiß so undenkbar wie Weiß ohne Schwarz. Wer und was wir sind, wird wohl oder übel (und für uns meist übel) vom anderen bestimmt, doch die Begegnung ist die Realität. Der einzige Weg führt durch sie hindurch. Das können wir uns nicht wegdenken, nicht mal als Fiktion, als Fantasie.

Und was afrikanische Könige betrifft, die gibt es noch heute, aber sie bekleiden eher bescheidene Positionen in ethnischen, regionalen Zusammenhängen, nicht als Potentaten und Herrscher gesamter Staaten. Diese Kleinkönige übernehmen zeremonielle Rollen innerhalb größerer politischer Systeme. Auf diese beschränken sie sich, sie unterstehen Landes- oder Kommunalregierungen. Die wenigen verbleibenden Monarchien mit nationalstaatlicher Gewalt wiederum sind nicht eben Vorzeigemodelle. Sie sind absurd gestrig, das Gegenteil von zukunftsweisend.

Die Wahrheit ist nicht seltsamer als eine Fiktion, aber sie ist spezifischer, widersprüchlicher, quirliger. »Afrika« – wie vage oder geklittert auch immer – wird nie an die Komplexität und Spannung irgendeines beliebigen Orts in Afrika heranreichen.

. . .

Im Winter 1902 besuchte Rainer Maria Rilke den Zoo des Jardin des Plantes in Paris und sah dort einen schwarzen Panther. Das Gedicht, das er daraufhin schrieb, das erste seiner 1908 veröffentlichten *Neuen Gedichte*, gehört zu seinen bekanntesten:

Sein Blick ist vom Vorübergehn der Stäbe
so müd geworden, daß er nichts mehr hält.
Ihm ist, als ob es tausend Stäbe gäbe
und hinter tausend Stäben keine Welt.

Der weiche Gang geschmeidig starker Schritte,
der sich im allerkleinsten Kreise dreht,
ist wie ein Tanz von Kraft um eine Mitte,
in der betäubt ein großer Wille steht.

Nur manchmal schiebt der Vorhang der Pupille
sich lautlos auf – Dann geht ein Bild hinein,
geht durch der Glieder angespannte Stille –
und hört im Herzen auf zu sein.

Rilkes Lyrik in ihrer höchsten Vollendung ist Inbegriff der Einfühlung. Er ist imstande, sich dem Leben der Dinge anzuver-
wandeln, fremde Perspektiven einzunehmen. Der Panther seines Gedichts ist schwarz, weil sein Fell schwarz ist. Und doch
ist er zugleich »Schwarz« im Sinne von Rassifizierung.

Alle schwarzen Panther sind schwarz, und es ist heute un-
möglich, sie außerhalb der kulturellen Bedeutungen zu denken:
die gefangene, der Gefangenschaft entkommene Katze,
Schwarze Menschen, die als Tiere gelten, der Black Panther der
Comics aus den Sechzigern, die radikale politische Partei, die
Filmstars des einundzwanzigsten Jahrhunderts. Alle schwarzen
Panther und Black Panther sind schwarz, schwarz wie die Nacht
und Schwarz wie ich.

. . .

Neben Großkatzen und Flugsauriern faszinierten mich als
Kind amerikanische Superhelden-Comics wie *Transformers*,
Voltron, *Speed Racer* und andere. Das war noch in Lagos, in den
1980ern. Als Teenager verlor ich dann das Interesse an SciFi,

Fantasy, Videospielen, Comics und Zeichentrickfilmen. Es gibt allerdings bis heute Ausnahmen: Ich mag *Solaris*, mag *2001: Odyssee im Weltraum*, *Children of Men*, *Minority Report*, aber das ist eine ziemlich selektive Bestenliste filmischer Dystopien. Ich liebe *Space Is the Place* von Sun Ra, nur ist das etwas vollkommen anderes.

Doch die jüngsten Bodysuit-Blockbuster, die Hollywood das große Geld bringen, langweilen mich. Es beschämt mich fast (kalt lassen Superheldenfilme nur gefühllose Klotze), aber die Welt besteht nun mal aus dem, was uns bewegt und was nicht, und es liegt ein gewisser Trost darin, zu wissen, was dich anspricht. In bestimmten mir unliebsamen Genres, besonders den schrillen, steht so viel auf dem Spiel, dass irgendwann gar nichts mehr auf dem Spiel steht. Das Schicksal des Planeten, die Zukunft des Universums etc. hängt stets entscheidend von dem einen genialen Schachzugs, der einen heroischen Schlacht ab. Die Kampfszenen ziehen sich hin, bloß wirken die Kämpfe nicht wirklich wie Kämpfe. Vergleichen wir eine Schlacht in einem beliebigen Superheldenfilm mit der in einem Kurosawa-Samurai-Epos wie *Ran*: Die neuen Filme sind computeranimiert, während bei Kurosawa alles Stahl und Fleisch und Staub und echter Schlachtenlärm ist. In einem typischen Superheldenfilm werden massenhaft Feinde getötet, doch kommt der Tod seltsam leichtfüßig, belanglos, untödlich daher. (Wie käme im *Black Panther* wohl der Bürgerkrieg in Wakanda rüber, wenn der Film Rechenschaft über die tatsächlichen Opferzahlen gäbe? Sie brächten das unbequeme Geheimnis des Films ans Licht, nämlich dass er zwei Hauptschurken und keinerlei Helden kennt.)

Vielleicht ist das einfach eine ästhetische Frage oder eine des finanziellen Erfolgs – unvermeidbar bei Filmen mit Budgets von über 100 Millionen Dollar und rigider als jede ideologische Zensur: Die Kosten müssen eingespielt, ein Gewinn muss eingefahren werden. Oder es liegt schlicht daran, dass jeder Film für seine Fans gemacht ist, nicht für ein skeptisches Publikum. Ich weiß, dass ich der statistische Sonderfall bin. Die Einspielergebnisse für das Marvel Cinematic Universe belegen, dass häretische Verächter des Superhelden-Geldwäschegeschäfts in der Minderzahl sind. Doch selbst wir erleben gelegentlich die schöne Überraschung eines Films, der gegen die Konventionen arbeitet, der sich an einer neuen Mythenbildung versucht und in der Folge auch Nichtfans verführt, sich in seine Welt einzufühlen, so reaktionär sie auch sein mag. Das ist Ryan Coogler mit *Black Panther* gelungen.

. . .

An einem regnerischen Dienstagnachmittag im März 2015 besuchte ich den Parque Zoológico de São Paulo. In Zoos wirken oft frühe wissenschaftliche und koloniale Praktiken nach. Ich besuche an fremden Orten gern Zoos, weil solche Tiergärten für mich so etwas wie Einführungen zum jeweiligen Land bieten. In der kontrollierten Umgebung eines Zoos zeigt sich wie unter einem Brennglas die gesellschaftliche Grundordnung, man findet dort Herrscher und Beherrschte, Typen und Typologien, überall Symbole und nirgends Bedeutung.

In São Paulo sah ich an diesem Tag Elefanten, Giraffen, einen merkwürdig fuchsähnlichen Hund, Schimpansen, Flamingos, eine Boa constrictor. Es waren nur wenige Erwachsene unterwegs, dafür aber mehrere übermütige Schulklassen. Ein Zoo ist womöglich der eine Ort, an dem sich meine Vorlieben zuverlässig mit denen von Kindern überschneiden. Ich besuche Zoos, und während ich mich dort umsehe und darüber nachdenke, was ein Zoo – vertretbar und unentschuldbar zugleich – darstellt, lasse ich mich immer auch von der Farbenpracht, Vielfalt und absoluten Fremdheit der Wesen jenseits der Gitter in den Bann schlagen. Ihr Blick, stumpf geworden an der Begegnung mit Menschen, lässt uns nicht mehr in ihr Innerstes ein und wirft doch wie ein matter Spiegel den Reflex eines Erkennens zurück.

Ich kann nicht mehr sagen, weshalb ich an jenem Tag vor dem Käfig des schwarzen Panthers stehen blieb. Mit dem Handy nahm ich ein kurzes Video auf. Weicher Gang geschmeidig starker Schritte. Er (oder sie) bewegte sich rastlos. Die allerkleinsten Kreise wirkten eher zielstrebig als zerstreut. Sie (oder er) war zugleich stattlich und unstet, sprungbereit, irre, eine schmerzlich gebändigte Kraft.

. . .

1902 oder 1903, etwa zur selben Zeit wie »Der Panther« oder wenig später, schrieb Rilke »Die Aschanti«, ein Gedicht über eine Gruppe westafrikanischer Männer und Frauen. Diese waren in Paris im zooähnlichen Jardin d'Acclimatation ausgestellt worden. Solche Völkerschauen, die Vorführung von afrikanischen Menschen (aber auch von Samoaner:innen, Inuit und Samen) in Zoos, im Zirkus und bei Weltausstellungen, hatten vor allem zwischen dem Ende des neunzehnten Jahrhunderts und 1930 Konjunktur. Die Anfänge dieser abscheulichen Praxis reichen weit zurück, ein eklatantes Beispiel war der Fall der

Saartjie Baartman, die 1810 aus Südafrika nach England gebracht und in London vorgeführt wurde.

Menschenzoos gab es in den 1870ern, vorgeblich zum Zwecke ethnografischer Studien, in Antwerpen, Paris, Barcelona, Hamburg, London, Mailand und New York. Der Kongolese Ota Benga wurden 1906 im Affenhaus des Bronx Zoo gehalten und erst nach Protesten Schwarzer Geistlicher befreit. (Zehn Jahre später tötete er sich mit einem Schuss ins Herz. Ins Herz!) Und 1930, drei Jahre bevor der schwarze Panther aus dem Zürcher Zoologischen Garten entkam, waren senegalesische Menschen in der Stadt zur Schau gestellt worden.

»Die Aschanti« ist ein Ausdruck von Enttäuschung. Rilke findet die Aschanti nicht afrikanisch, nicht wild genug. Eine Strophe lautet:

Keine wilde fremde Melodie.
Keine Lieder, die vom Blute stammten,
und kein Blut, das aus den Tiefen schrie.

So in der Art geht es weiter. Es gibt »Keine braunen Mädchen, die sich sammten / breiteten in Tropenmüdigkeit; / keine Augen, die wie Waffen flammten«, es gibt »Munde zum Gelächter breit«. Die Aschanti *sind* einfach, ungerührt, zeigen »ein wunderliches Sich-verstehen / mit der hellen Menschen Eitelkeit«. Rilke ist »so bange hinzusehen«. Ihm bleibt nur, sein Gedicht abzuschließen mit den Zeilen: »O wie sind die Thiere so viel treuer, / die in Gittern auf und niedergehn«.
Das ist rassistisch.

· · ·

Eusébio da Silva Ferreira aus Maputo in der einstigen portugiesischen Kolonie Mosambik kam aus sehr einfachen Verhältnissen, ging nach Portugal und wurde zum größten Spieler von Benfica Lissabon, dem größten vielleicht, der jemals das portugiesische Trikot trug, denn Größe geht über Pokale und Treffer hinaus. Eusébio war schwarz und schön auf dem Platz, so schnell, so schnell in seinem roten Trikot, gesegnet mit einem gewaltigen Schuss des rechten Fußes. Er war der beste Spieler der Weltmeisterschaft 1966. Dieser katzenwendige Mann wurde »König« genannt, »Schwarze Perle« und, vor allem, »Pantera Negra« – Schwarzer Panther (wie schon ein halbes Jahrhundert zuvor der Boxer Harry Wills). Es scheint kein Zufall, dass der erste Fußballgigant des afrikanischen Kontinents mit einem Tier verglichen wurde, zugleich aber mindert der Vergleich weder den Panther noch den Profi herab, stellt er doch letztlich den Versuch dar, eine Schönheit in Worte zu fassen, die das Herz aufgehen lässt.

. . .

Ich musste es doch nachschlagen. Vergessen ist unmöglich. Und es stellt sich heraus, dass ein schwarzer Panther zweierlei und keinerlei Tier ist. Er ist insofern kein Tier, als ein Panther keine eigene Art aus der Familie der Katzen darstellt. Er ist zweierlei insofern, als sowohl ein Jaguar als auch ein Leopard mit schwarzem Fell als schwarzer Panther gilt. Wie schwarz der Panther ist, hängt beim Jaguar von der Vererbung eines dominanten Gens ab. Wie schwarz der Panther ist, bestimmt beim Leoparden hingegen ein rezessives Gen. In beiden Fällen handelt es sich um eine Form von Melanismus: Wenn das mutierte

Gen für die Schwarzfärbung greift, entfaltet die Großkatze *the powa of deh Bleck Pentha*.

Hören wir kurz Toni Morrison zu:

> Und wo wir von dunkel reden. Ihr glaubt wohl, dunkel hätte bloß eine Farbe, aber von wegen. Es gibt fünf oder sechs Arten von Schwarz. Mal wie Samt, mal wie Wolle. Mal einfach leer. Mal wie Finger. Und Schwarz hält nicht etwa still. Es wabert und wechselt von einem Schwarz zum anderen.
>
> Von pechschwarz zu reden, ist wie von grün reden. Grün wie? Grün wie meine Flaschen? Grün wie Grashüpfer? Grün wie Gurken, grün wie Salat oder grün wie der Himmel wird, bevor ein Gewitter losbricht? Ungefähr so ist es mit dem Schwarz bei Nacht. Könnte genauso ein Regenbogen sein.

> Ich habe Schwarz gelernt, und ich habe die Diversität von Schwarzsein gelernt. Schwarz, stellt sich heraus, ist facettenreich und generativ. Es ist umfassend und widerständig. Diejenigen, die Schwarz erst lernen müssen, erweitern seine Bedeutung. Mein Schmerz ist Schwarzer Schmerz, meine Freude ist Schwarze Freude, meine Eigenart ist Schwarz. Pechschwarz spanne ich einen Regenbogen zusammen mit den ganzen anderen *black cats*. Wer künftig Schwarz lernt, wird auch mich lernen müssen.

· · ·

Mindestens einmal am Tag sage ich mir: »Die Welt kann anders sein.« Es steckt noch Leben in unseren Träumen. Das panafrikanische Projekt lebt fort. Die Erinnerung an das, was gut war an der Bandung-Konferenz und der Organisation für Afrikanische Einheit, lässt immer noch das Herz höherschlagen. Anzeichen für gemeinsames Handeln in den Darker Nations sind erhellend und geben Hoffnung. Doch »Afrika« als Trope und Trug, als Folie und Fassade interessiert mich immer weniger.

Mehr als Afrika reizt mich Nairobi, so wie ich Mailand spannender finde als Europa. Das große Ganze stiftet Solidarität, aber erst im Kleinen zeigt sich, wie wir leben. Ich will von »Afrika« nichts hören, es sei denn in Zusammenhängen, wo ebenso gut von »Asien« oder »Europa« die Rede sein könnte. Schon mal bemerkt, wie real Paris ist? So real will ich auch Lagos haben. Über Paris können sich Leute den lieben langen Tag unterhalten, ohne ein einziges Mal pauschal von Europa zu reden. Ich möchte über Lagos sprechen, nicht über Afrika. Ich möchte jemanden Yoruba, Ewe, Tiv oder Lingala sprechen hören. »Afrikanisch« ist keine Sprache. Ich möchte wissen, ob eine Maschine den Félix-Houphouët-Boigny oder den O. R. Tambo International Airport ansteuert. Ihr fliegt nicht nach »Afrika«, *my fam*. Afrika hat eine Fläche von über dreißig Millionen Quadratkilometern. Ich nehme es genau, wenn es darum geht, es genau zu nehmen, worüber wir reden, wenn wir über Afrika reden.

. . .

Ich bin mit Schwarzen Präsidenten, Schwarzen Generälen, Schwarzen Königinnen, Schwarzen Heldinnen groß geworden, fiktiven wie faktischen. Auch Schwarzen Dieben, Schwarzen Dummköpfen. Und zwar in Nigeria, dem größten Schwarzen

Staat der Erde. Ich habe siebzehn Jahre lang in derselben Stadt gelebt wie Fela Kuti. Alle waren Schwarz! Ich habe so viele Schwarze Menschen gesehen, dass meine Netzhaut schwarz ist.

Und vor dem Hochglanz-Weiß eines Anti-Schwarzen US-amerikanischen Rassismus ist unübersehbares Schwarz befreiend, aufrührend. Auch das lernt man, wenn man Schwarz lernt. Marvel? Disney? *Please.* Ich werde nicht auf dem Offensichtlichen herumreiten. Aber: Schwarze Sichtbarkeit, Schwarze Begeisterung (in einer tödlichen Zeit), Schwarze Zeugenschaft und Schwarze Zweifel: Wo wir uns begegnen, begegnen wir uns.

Fast neunundzwanzig Jahre sind es jetzt. Ich habe Afrikanisch gelernt und komme ganz gut klar damit. Nur, was ist eigentlich dieses zähe, wandlungsfähige Material, das unter extremem Druck entsteht? Was ist »Vibranium«? Es als Erz und Ausdruck eines Ressourcenfluchs zu verstehen, ist zu einfach. Vielleicht ist es weniger konkret zu denken. Vielleicht steht es für das Schwarzsein per se, Schwarzsein als gestaltgewordene Antwort auf das Anti-Schwarze, als Quintessenz des Geheimnisvollen, der Resilienz, der Autarkie und Irreduzibilität.

Entkommen! Lieber wäre ich in der Wildnis. Lieber lebte ich in einer selbst entworfenen Zivilisation, bizarr, widerspenstig, so eitel wie die der Weißen und deren Logik entzogen. Immerzu suche ich Auswege. »Drapetomanie« heißt das in *Diseases and Pecularities of the Negro Race* (1851) – das unbezwingbare Verlangen versklavter Menschen zu fliehen.

. . .

Zehn Jahre vergehen, und ich träume immer noch von der Katze. Ein Blinzeln, ein Bild geht hinein. Wo bist du jetzt, Mi-

rabai? Wurdest du im Tierheim vor Jahren schon eingeschlä-
fert? Oder erfolgreich vermittelt und alterst jetzt in Würde irgendwo in Brooklyn? Bei Menschen, jung oder alt, gnädig und
gerecht? Traumkatze, springt zur Begrüßung hoch.

IM DUNKELN BLEIBEN

Zum ersten Mal sah ich das Foto vor einigen Jahren im Internet. Später konnte ich seine ursprüngliche Quelle ausfindig machen: *In Afric's Forest and Jungle; or, Six Years among the Yorubans*, die 1899 veröffentlichten Memoiren von Reverend R. H. Stone (Abbildung 6). Es zeigt eine Menschenansammlung in einem Gebiet des heutigen Nigeria, das damals als Yorubaland unter britischem Kolonialeinfluss stand. Die Bildunterschrift lautet: »Ein König der Ejayboo. – Rechts der Gouverneur von Lagos. Jahrelang galt den Herrschern dieses kämpferischen Stammes das Bekenntnis zum Christentum als Kapitalverbrechen.« Der Klang dieser Beschreibung ist uns aus der anthropologischen Literatur dieser Zeit vertraut, auch wenn sich die Fotografie zeitlich nicht genau einordnen lässt. Bei »Ejayboo«, heute »Ijebu« geschrieben, handelt es sich um eine Untergruppe der Yoruba. Das weckt mein Interesse: Ich bin Yoruba und auch Ijebu, oder gehöre zumindest zu jenen, die Ijebu sprechen. Das Bild ist eine Zeitkapsel aus einer Welt, mit der ich zwar verbunden bin, die ich aber zuvor nicht gesehen hatte: eine durch koloniale Zusammentreffen entstandene Welt.

Mitte des neunzehnten Jahrhunderts hatten die Briten dem

König von Lagos durch Verträge und Gewaltandrohungen die Herrschaft über die Küstenstadt entrissen. Anschließend lenkten sie ihre Anstrengungen auf einen besseren Zugang zu den Gütern und Arbeitsleistungen im Hinterland der Yoruba. Die Yoruba waren zu dieser Zeit bereits eine bevölkerungsreiche und vielfältige ethnische Gruppe mit zahlreichen rivalisierenden großen und kleinen Königreichen, von denen einige den Briten freundlich gesinnt waren, andere weniger.

Stone stammte aus Virginia und war von der Southern Baptist Convention nach Westafrika entsandt worden. Von 1859 bis 1863 und noch einmal von 1867 bis 1869 – also vor, während und nach dem Amerikanischen Bürgerkrieg – lebte er unter ihnen, unter *uns*. Er hatte das Folgende über die Yoruba zu sagen: »Sie sind vernünftig, mutig sowie patriotisch und verfügen über ein hohes Maß an intellektueller Kultur.« Das ist zwar ein Lob, muss jedoch im Zusammenhang mit einer Aussage gelesen werden, die er vorher im Buch über das Leben »unter den barbarischen Menschen« in diesem Teil der Welt tätigt. Mitte des neunzehnten Jahrhunderts waren die Ijebu jedenfalls überwiegend wohlhabende Händlerinnen und Bauern, die den Briten den Zutritt zum Landesinneren verwehrten. Es bedurfte der Diplomatie, List und Gewalt, um sie schließlich zu bezwingen.

Die Fotografie in Stones Buch wurde in der Folgezeit aufgenommen. Der Weiße Gouverneur von Lagos – bei dem es sich, angesichts des infrage kommenden Zeitraums, um John Hawley Glover handeln dürfte – sitzt unter einem riesigen Sonnenschirm. An seiner einen Seite befindet sich ein weiterer hochrangiger Kolonialbeamter. Auf der anderen Seite sehen wir

6 Anonym, *A king of Ejayboo*. Aus Reverend R. H. Stones Memoiren *In Afric's Forest and Jungle; or, Six Years among the Yorubans* (1899). Schomburg Center for Research in Black Culture. Foto: New York Public Library, New York (https://digitalcollections.nypl.org/items/510d47df-94d6-a3d9-e040e00a18064a99).

einen Ijebu-König oder Oba, bei dem es sich wahrscheinlich um den Awujale des Ijebu-Königreichs, Oba Ademuyewo Fidipote, handelt. Der Oba trägt eine aus Perlen gefertigte Krone, aber die Perlenstränge wurden geteilt, sodass sein Gesicht sichtbar ist. Da der Oba gottgleich ist und daher nur verhüllt in der Öffentlichkeit auftritt, ist dies äußerst ungewöhnlich. Die sein Gesicht verdeckenden Perlen mit ihrem Wechselspiel von Licht und Schatten sollen ihm eine göttliche Erscheinung verleihen. Warum ist sein Gesicht auf diesem Foto zu sehen? Hier wurde gegen die Gepflogenheiten verstoßen. Die Dutzende Männer, die auf dem Boden vor ihm sitzen, sind sichtbar beunruhigt. Viele haben ihren Körper vom Oba abgewandt, einige haben sich zur Kamera gedreht, nicht um in diese zu schauen, sondern um den Anblick des entblößten Glanzes ihres Königs zu vermeiden.

. . .

Nachdem 1839 die Erfindung der Daguerreotypie bekannt gegeben wurde, verbreitete sich die Fotografie wie ein Lauffeuer. Sie wurde zu einem entscheidenden Element des europäischen Kolonialismus. Sie spielte eine Rolle bei dessen administrativen, missionarischen, wissenschaftlichen und kommerziellen Unternehmungen. Die simbabwische Schriftstellerin Yvonne Vera beschrieb es so: »Die Kamera erwies sich häufig als unheilvolles Instrument. Wie in den meisten Teilen der enteigneten Welt traf die Kamera in Afrika neben Gewehr und Bibel als koloniales Utensil ein.«

Und doch war die Fotografie in kolonisierten Gesellschaften nicht *nur* ein unheilvolles Instrument. In vielen Fällen übernahmen die betroffenen Gesellschaften die Fotografie und setzten sie für ihre eigenen Zwecke ein. So gab es beispielsweise in den 1880er-Jahren in Lagos eine Reihe von Fotostudios, in denen sich die Elite für Porträts ablichten lassen konnte. Abgesehen von solch positiven Nebeneffekten bildete die Fotografie während der Kolonialzeit die Welt ab, um sie zu erforschen, aus ihr Profit zu schlagen und sie zu besitzen. Der koloniale Blick würde wohl die aus Perlen bestehende Krone des Oba wie auch sein königliches Recht, sich zu bedecken, als barbarisch bezeichnen. Dabei handelt es sich um eine der wiederkehrenden Interaktionen zwischen den imperialen Mächten und den Bevölkerungen, die sie zu kontrollieren beabsichtigten: Die herrschende Macht entschied, dass alles gesehen und katalogisiert werden musste – eine Aufgabe, für die sich Fotografie perfekt eignete. Unter dem weit aufgespannten Schirm des Kolonialismus durfte den imperialen Behörden nichts verborgen bleiben.

Im neunzehnten Jahrhundert blühten der Imperialismus und koloniale fotografische Praktiken auf, und beide konnten ihre Ausbreitung – mit leichten kosmetischen Anpassungen – im zwanzigsten Jahrhundert fortsetzen. 1960, während des grausamen von Frankreich gegen Algerien geführten Krieges, beauftragte die französische Armee den jungen Soldaten Marc Garanger, die Menschen in einem Internierungslager in der Kabylei im Norden Algeriens zu fotografieren. Tausende wurden in der Region unter bewaffneter Bewachung gefangen gehalten, als der französische Befehlshaber anordnete, dass alle verpflichtend Ausweispapiere erhalten sollten. So wurde es notwendig, Porträts von allen Gefangenen zu machen, wobei viele der Frauen gezwungen wurden, ihr Kopftuch abzulegen. Frauen, die nicht gesehen werden wollten, wurden gezwungen, für Fotos zu posieren, die nicht für sie selber bestimmt waren. (Die Fotografie spielte eine andere, nicht minder feindselige, militärische Rolle bei den zahllosen Luftaufklärungsmissionen der Franzosen, bei denen Tausende von Negativen entstanden, mit denen die Region kartografiert werden konnte.)

Garangers Fotografien dokumentieren ein Unrecht, das zugleich durch sie verursacht wurde. Sein Ausweg – kein leichter – wäre es gewesen, den Befehl zu verweigern und ins Gefängnis zu kommen. Also schlug er sich auf die Seite der Unterdrücker. Seine Bilder zeigen uns, was wir nicht sehen sollten: junge und alte Frauen, mit wallendem oder geflochtenem Haar, ein Gesicht nach dem anderen, zu Hunderten, die kollektiv Widerstand ausstrahlen. Die Frauen der Kabylei schauen durch den Fotografen hindurch und betrachten ihn gewiss nicht als Verbündeten (auch wenn er das später zu behaupten versuchte). Ihre Blicke heben sich, spürbar zornig, von der Oberfläche der Fotografie ab. Ich kenne nur wenige Fotografien, deren Betrachtung schwerer fällt als die jener Porträts der lautlos wütenden Frauen der Kabylei.

. . .

Wenn wir davon sprechen, ein Foto zu »schießen«, räumen wir eine Verwandtschaft von Fotografie und Gewalt ein. Die unter der Ägide der Kolonialmächte entstandenen anthropologischen Aufnahmen aus dem neunzehnten Jahrhundert sind mit denen verwandt, die heute von zeitgenössischen Fotojournalist:innen aufgenommen werden, wozu auch Kriegsberichterstatter:innen zählen, die Streitkräften zugewiesen sind. Derart »eingebettet« zu arbeiten, ist manchmal die einzige Möglichkeit, direkte Aufnahmen von den Geschehnissen eines bewaffneten Konflikts zu erhalten, selbst wenn diese noch so eingeschränkt sein mögen. Gelegentlich führen solche Kooperationen zu Bildern, deren Direktheit den Behörden missfällt, doch viel häufiger trägt die Nähe zur Truppe dazu bei, die von der Armee bevorzugte Erzählweise, ihre selektive Wahrnehmung, ihre Halbwahrheiten und offenkundigen Lügen zu verbreiten.

Dennoch hat die Fotoreportage die Macht, unser Gewissen zu wecken und zu politischem Engagement zu animieren. Es gibt unzählige Beispiele für Fotografien, die wie Katalysatoren für das öffentliche Verständnis entscheidender Zusammenhänge gewirkt haben – sie reichen von den Bildern aus Bergen-Belsen von 1945 bis zum Foto des syrischen Kleinkindes Alan Kurdi von 2015, das wesentlich zur Kursänderung in der deutschen Geflüchtetenpolitik beigetragen haben soll. Und doch, vielleicht noch beharrlicher, dient die Fotografie Tag für Tag und Woche für Woche implizit den Machthabenden. Darauf zu bestehen, dass die zeitgenössische fotografische Praxis, also das Aufnehmen (und Veröffentlichen) von Bildern, dem Allgemeinwohl dient, ist ein historischer Trugschluss, da die Frage ausgelassen wird: »Zu wessen Wohl?« Solche Bilder sind nicht für die Abgebildeten bestimmt, ebenso wenig wie das Foto in Stones Buch für die Ijebu und ihren König gemacht wurde.

Gewissen Bildern gelingt es, eine unüberbrückbare Kluft und eine unumstößliche Hierarchie herauszuarbeiten. Sobald eine Gruppe von Menschen als »fremd« eingestuft wird, ist es sehr viel wahrscheinlicher, dass Nachrichtenhäuser ihrem Publikum explizite und verstörende Bilder von Mitgliedern jener Gruppe zeigen – etwa verhungernde Kinder oder von Kugeln zerfetzte Leichen. Gleichzeitig werden Verletzungen und Entwürdigung derjenigen, mit denen sich die Leser:innen verwandt fühlen – was häufig auf rassifizierter Anteilnahme und einem Klassenzugehörigkeitsgefühl beruht –, routinemäßig mit größerer Vorsicht behandelt. Dies hat sich kaum geändert, seit Kritiker und Wissenschaftlerinnen erstmals darüber schrieben, und es hat sich kaum geändert, weil sich die zugrunde liegenden politischen Beziehungen zwischen den herrschenden und den beherrschten Gesellschaften kaum geändert haben.

Ohne eine Auseinandersetzung mit dieser Ungleichheit, diesem falschen Geschichtsbild, wird sich die Fotografie weiterhin als das eine darstellen (eine treibende Kraft der Befreiung), während sie hartnäckig etwas ganz anderes bleibt (ein gehorsames Anhängsel der Staatsmacht). Sie wird weiterhin wie die Staatsorgane sein, die »Demokratie verbreiten« und Regime auswechseln. Selbst wenn sie gegen den Staat vorzugehen scheint, wird sie dies nur auf pittoreske, hübsch anzusehende, klägliche Weise tun und unter der Bedingung, nicht das Recht des Staates auf Machtausübung infrage zu stellen.

. . .

Wie lange werden diese radikal ungleichen sozialen Realitäten noch andauern? In den vergangenen Jahren wurden viele berührende Fotografien großer Migrationsbewegungen gemacht. Diese Bilder entspringen, wie üblich, dem vermeintlichen Recht der Fotografierenden, das Leid der Menschen »dort« zu zeigen, damit die Menschen »hier« es betrachten können. Doch beim Betrachten dieser Bilder – Bilder vom Krieg, vom Hunger, von Ertrinkenden und von erschöpften Menschen auf der Flucht – müssen wir den üblichen Rahmen von Mitleid und Abscheu verlassen.

Wenn ich die verstörenden Fotoaufnahmen aus Geflüchtetenlagern in Richard Mosses 2018 erschienenem Buch *The Castle* anschaue, fühle ich mich wie ein Angeklagter. Das imperiale Fundament von Mosses Projekt ist nicht zu übersehen: Unter Einsatz von Wärmebildkameras in Militärqualität erstellt er äußerst komplexe (aus Hunderten von Aufnahmen zusammengesetzte) Panoramabilder von Landschaften im Mittleren Osten und in Europa, in denen sich Geflüchtete entweder zusammengetan haben oder gefangen gehalten werden. Seine

Bilder geben die Überwachung wieder, der diese Menschen ohnehin schon ausgesetzt sind. Die Infrarottechnik macht die Bilder sehr dunkel und lässt die Menschen darauf als weiße Formen erscheinen (beinahe wie Negative). Das Bild verbirgt, was es offenlegt. Wir sehen Menschen, und doch bleiben sie gleichzeitig verborgen. Diese Technik bringt unheimliche Bilder hervor, auf denen sich verzweifelte Menschen umherbewegen wie Traumfiguren – undeutlich, aber mit geisterhafter Präsenz. Es schneit im griechischen Camp Moria. Wir sehen eine lange Schlange von Menschen, die warten. Worauf warten sie? Auf die ein oder andere materielle Zuwendung wahrscheinlich, auf Essen oder Decken oder Papiere. Ihr Warten steht für das tiefergehende Warten all derjenigen, die in den Vorraum der Menschlichkeit verbannt wurden. Sie warten auf die Erlaubnis, Mensch zu sein.

So eindrucksvoll der formale Aspekt von Mosses Bildern auch ist, gehören sie dennoch unzweifelhaft zur Sprache bildlicher Vorherrschaft. Dank seiner eigenen politischen Freizügigkeit und seiner kostspieligen technischen Ausstattung erstellt er akribische Bilder des Leidens, die in hochwertigen Büchern und Galerien gezeigt werden. Er ist weder der erste Fotograf, der Leiden ästhetisch darstellt, noch wird er der letzte sein. Und doch bricht hier etwas durch. Ihm gelingt etwas anderes als den meisten Fotojournalist:innen, indem er die Farben dämpft, die Betrachtenden mit Details überwältigt, rassifizierten Horror hervorruft, anstatt ihn adrett auszustellen, und in seine Arbeit philosophische Überlegungen zu den gezeigten Szenen einbezieht – *The Castle* enthält Essays von Judith Butler, Paul K. Saint-Amour und von Mosse selbst sowie ein Gedicht von Behrouz Boochani. Ihm gelingt es, die Betrachtenden zu verstören.

Die Zukunft der Fotografie wird ihrer Vergangenheit sehr ähneln. Sie wird weiterhin veranschaulichen, ohne zu verurteilen, wie die Mächtigen die weniger Mächtigen beherrschen. Sie wird »Nachrichten« übermitteln und weiterhin der Idee anhängen, dass dieses Vorgehen – die Leben anderer für »unseren« Bedarf zu sammeln – ein natürliches Recht ist. Allerdings hege ich ein wenig Hoffnung, dass eine Ethik der Selbstbestimmung wiederhergestellt werden kann. Ich hege die Hoffnung, dass die Flüchtenden in Moria, Athen, Berlin und Belgrad einen gewissen Grad der Privatsphäre erlangen werden. Die Frauen der Kabylei werden ihre Gesichter bedecken und zu ihrem frei gewählten Selbst zurückkehren. Die Perlenkrone des Oba wird wieder richtig sitzen und das Gesicht ihres Trägers verdecken. Fotografie schreibt mit Licht, aber nicht alles will zur Schau gestellt werden. Zu den Menschenrechten gehört auch das Recht, undeutlich, ungesehen und im Dunkeln zu bleiben.

4. TEIL
MIT ALLEN SINNEN

ERFAHRUNG

Der Fluss ergeht sich in Flussgesang. Hier oben, zwölfhundert Meter über dem Meeresspiegel, ist er noch jung, schmal und flach, aber flink. Auf dem Wasser flirrt das Licht- und Schattenspiel der Sonne unter dem Blattwerk der Bäume am Ufer. Hochsommergras säumt den Lauf, dazwischen große graue Bachsteine, mal glatt, mal zerklüftet. Er ist vom Ufer herabgestiegen und hat sich auf einem großen, von Ministromschnellen umflossenen Stein niedergelassen. Seine Sinne sind wach, empfänglich für alle Reize, den Sinnenrausch. Sinn, von indogermanisch *sent-*, »gehen, reisen, fahren«, althochdeutsch *sinnan*, »reisen, streben, trachten«, lateinisch *sentire*, »erfahren, empfinden, wahrnehmen, spüren«.

Was spürt er hier, an diesem Tag, vorgebeugt, still wie ein Stein im strömenden Fluss am Valser Rhein? Vielleicht ähnelt er der Figur, die Robert Lowell in »Früh Erwachen am Sonntagmorgen« beschreibt:

… und mein Leib erwacht
zu jungenhaft reinem Überschwang
und frevelhaftem Müßiggang –

203

keine Forelle, die im Laichzug sich
die Fliege schnappt, ist frei wie ich,
Drache auf dem Hort der Zeit
hockend, eh der Tag bereit.

Die Gestalt am Valser Rhein bin ich. Meine Augen registrieren das Glitzern auf dem Wasser, meine Ohren das Rauschen und Platschen, meine Nase den Duft der Gräser und Alpenblumen. Ich schöpfe Wasser in meinen Mund und schmecke Mineralspuren und einen Hauch Sommerwiese. Meine Finger berühren Steine, rau und glatt, das matratzengleiche Gras, die murmelähnlichen Kiesel, das flüchtige Wasser. Und hinter mir, eingelassen in den Hang, liegt ein wunderliches Bauwerk.

Die Christenheit hat die Sinne tendenziell immer gefürchtet. Sie galten als Einfallstor für den Teufel und schnellster Weg zur Sünde. Die illuminierte Handschrift *The Desert of Religion*, um 1425 in Nordengland auf Pergament in Tinte und Farbe verfertigt, fasst dieses christliche Ringen im Bild eines Waldes. Es finden sich Darstellungen vom Baum des Glaubens, Baum der Sanftmut, Baum des Seelenkampfes. Ein besonders eindrucksvoller Bogen zeigt den Baum der Fünf Sinne. Am Stamm steht *here growes a tree of leves fyne*. Der Baum hat fünf mehrgliedrige Blätter, jedes geschmückt mit drei Textvignetten, von denen die erste das jeweilige Sinnesorgan benennt, die anderen zwei die Sünden, zu denen es verleitet. So werden etwa den Augen die Eigenschaften »verboten« und »sehend« zugeordnet, das heißt, die Sünde der Augen besteht im verbotenen Sehen. Analog droht den Ohren »verbotenes Hören«, der Nase »verbotenes Riechen«, den Händen und Füßen »verbotene Berührungen«, dem Mund »verbotene Kost«.

Auch in den nachfolgenden Jahrhunderten legte sich der europäische Argwohn gegen die Sinne nie ganz. Doch in den Niederlanden verlieh das Goldene Zeitalter moralisch Bedenklichem neuen Glanz. Die Vanitas-Stillleben des siebzehnten Jahrhunderts dienten ebenso als Mahnung an die Vergänglichkeit, wie sie den Malern die detailverliebte Feier der Materialität und Texturen weltlicher Kostbarkeiten und Genüsse aller Art erlaubten. Sie zeigten eine Fülle von Dingen, die gekostet, ertastet, gerochen, betrachtet und gehört werden konnten. Pieter Claesz' Allegorie auf die fünf Sinne *Raucherstillleben mit vergoldeter Becherschraube, Violine und Büchern* ist eine meisterliche Assemblage. Es gibt für das Gehör die Violine, für den Geruch die glühenden Kohlen und die Tabakdose, für den Geschmack den Weinbecher, fürs Sehen das Licht und für den Tastsinn eine Vielzahl von Stoffen: Holz, Glas, Papier und Tuch. Was für ein Fest. »Gott erhalte dir deine fünf Sinne!«, sagt der arme Thom auf der stürmischen Heide zu Lear.

Erster Sinn: Sehvermögen. Eines Morgens Anfang 2011 wachte ich auf und konnte auf dem linken Auge nichts sehen. Der medizinische Notfall rüttelte mich zu einer neuen Empfindsamkeit auf. Doch ich hatte Glück: Meine Sehkraft war innerhalb weniger Tage wiederhergestellt. Jahrelang erforschte ich daraufhin die vielen Verästelungen meines Verhältnisses zum Sehen, woraus letztlich der Text-Fotoband *Blinder Fleck* entstand, bei dem allerlei hilfreiche Fremdzitate und -texte meinen Blick erweiterten, angefangen von der hebräischen Bibel über Homer bis in unsere Zeit.

Zweiter Sinn: Gehör. Hier dürfen wir nicht nur an die Musik denken, sondern müssen die unendlichen Möglichkeiten akustischer Sinneseindrücke berücksichtigen, von militärischem Infraschall bis hin zu den flüsternden Herzgeräuschen im Stethoskop. Nicht dass unsere Art zu hören die einzige wäre. Die Geräuschwahrnehmung der Fledermäuse zum Beispiel ist unserer sehr entrückt, wie Thomas Nagel in seinem berühmten Aufsatz zur bewussten Erfahrung »Wie ist es, eine Fledermaus zu sein?« scharfsinnig darlegt. Nagels Überlegungen erinnern mich an ein kunstvolles Gedicht Les Murrays: »Fledermaus-Ultraschall«. Murray, der wohl bedeutendste zeitgenössische australische Dichter, schrieb ungemein einfühlsam vom Leben der Tiere. Das genannte Gedicht, 1986 veröffentlicht, wird zwar kaum eine direkte Antwort auf Nagels Überzeugung sein, dass die Struktur des Bewusstseins einer Fledermaus sich uns nie wird erschließen können. Doch kenne ich kaum eine bessere Entgegnung auf Nagels Behauptung des subjektiven, nicht fassbaren Erlebnischarakters als die drei Fünfzeiler mit Schlussvers von Murrays »Fledermaus-Ultraschall«:

Geschlafsackt in einem Doppelflügel
mit Flöhen, in Felsspalt oder Speicher,
sind Radarfledermäuse Dunkel in Miniatur,
ihr ganzes Gesicht ein zerknittertes Ohr,
schwachäugig, feine Zähne gebleckt zum Gesang.

Wenige sind Vampire. Keine huscht durch Spiegel.
Wo sie am Abend fliegen, ist eine seltsame
Klangjagdzone über dem höchsten C.

Insektenbeute an der Spitze unseres Hörens
dröhnt zu ihrem detaillierenden ti ihr re:

Ah, himmelsnister, aerofristen, eh?
Über unsren urauen (unsre ära ewig
eh dein roh radau) flügellüften wir,
irren, schären, schief – systemisch-aura,
unser irres ü unser licht, unser flitz.

Ein feins Gehör, unser lüftiger Jahwe.

Dritter Sinn: Geschmack. Der ist ziemlich rätselhaft, geringge-
schätzt, ein Sinn, der als Erkenntnisinstrument dem Seh- wie
dem Hörsinn seit der Antike nachsteht, weil diese angeblich
wertfrei sein können. Der Geschmack hingegen erscheint zu
eng mit der Lust verwandt und deshalb suspekt. Er verbindet,
nach Giorgio Agamben, Wissen und Lust, sei »Lust, die erkennt« oder »Wissen, das nicht weiß, sondern genießt«. Rousseau wollte mit seiner Unterscheidung zwischen »intellektuel-
len und psychischen Eindrücken« einerseits, »die wir auf dem
Weg der Sinne empfangen, für welche sie jedoch nicht mehr
sind als zufällige Ursachen«, und »rein sinnlichen Eindrücken« andererseits auf dasselbe (oder jedenfalls auf etwas Ähn-
liches) hinaus. Farben und Töne schlägt Rousseau der letzteren
Kategorie zu. Der Geschmack hingegen ist der einzige Sinn, in
dessen Erregung sich nichts Moralisches mischt, er kann und
darf keine Rolle spielen.

Vierter Sinn: Geruch. Wir sind uns schmerzlich dessen bewusst, dass wir Menschen den anderen Tieren am deutlichsten

in der Wahrnehmung von Gerüchen unterliegen. Verglichen mit dem hoch entwickelten Geruchssinn von Hunden, Elefanten oder Haien sind wir alles andere als Spürnasen. Ein Bär riecht Aas noch aus über dreißig Kilometern Entfernung. Wir nehmen das Jasminparfüm einer Person kaum zehn Schritt weiter gerade so noch wahr. In der Wildnis hätten wir keine Chance.

Fünfter Sinn: Tasten. Stellen wir uns vor, wir berührten unsere Lippen mit dem Finger oder den Finger mit den Lippen, eine Berührung, die einem Kuss ähnelt, ihm aber nicht gleichkommt. Michel Serres umschreibt die Geste mit der wunderbaren Feststellung: »Das ›ich‹ vibriert auf beiden Seiten der Berührung, abwechselnd.« Er hat recht. Ich bin mein Finger, ich bin meine Lippen, und ich bin hier wie da ein bewusstes Wesen. Berührung ist der rückbezügliche Sinn. Zu berühren heißt, berührt zu werden. Sich selbst zu berühren heißt, von sich berührt zu sein, schließt einen Kreis mit dem Selbst als Mittelpunkt und Umfang zugleich.

. . .

Diese kurze Charakterisierung unserer Sinne hat zwei Haken. Der eine besteht darin, dass es mehr als fünf Sinne gibt. Geahnt haben wir es immer, und heute sind wir langsam in der Lage, Sinne jenseits der klassischen fünf der westlichen Tradition zu identifizieren. Damit meine ich nicht das, was manche als »sechsten Sinn« bezeichnen, nicht das Paranormale. Ich meine das ganz Gewöhnliche, das Physiologische, das wir bislang bloß nicht systematisch erfassen konnten. Während wir schon längst nicht mehr der Vierelementelehre anhängen, wird man auf die Frage, wie viele Sinne es gebe, in der Regel noch immer zu hören bekommen: »Fünf«. Es gibt aber viel mehr. Möglicherweise neun oder gar einundzwanzig. Das hängt davon ab, wie gezählt wird, beziehungsweise davon, wie Rezeptoren kategorisiert werden. Die bisherigen fünf werden *heute* damit erklärt, dass jeder von ihnen eine eigene neurale Anordnung aufweist, und nicht etwa mit der Tatsache, dass er einem identifizierbaren Sinnesorgan zuzuordnen ist. Und neural gesehen, lassen sich eben weitere Sinne benennen.

Das Schmerzempfinden, die Nozizeption, ist neurologisch vom Tastsinn zu unterscheiden, auch wenn die Reize ebenfalls in der Haut entstehen. Die Wahrnehmung des eigenen Körpers im Raum wird Propriozeption genannt: Selbst bei geschlossenen Augen wissen wir zu jeder beliebigen Zeit genau, wo unsere Fingerspitzen sind, auch ohne dass diese etwas berühren. Der Gleichgewichtssinn setzt sich zusammen aus dem Sehsinn, dem Vestibularapparat im Innenohr und der Propriozeption. Wir alle haben einen lebenswichtigen und -erhaltenden Temperatursinn, die Thermozeption, die von Rezeptoren für die Registrierung von Hitze und Kälte gesteuert wird. Entsprechende Sensoren in der Haut sorgen zusammen mit thermoregulatorischen Zentren im Gehirn für einen inneren Temperaturausgleich. Damit hätten wir schon neun. Dazu kommen der Zeitsinn, der Schweresinn, sogar der schwach ausgeprägte Sinn dafür, wo wir uns auf dem Planeten befinden. Die Zahl wächst. Bis hinein in kleinste Feinheiten.

. . .

… und mein Leib erwacht / zu jungenhaft reinem Überschwang …
Du verlässt den Fluss und näherst dich dem wunderlichen

Bauwerk, als befändest du dich in einem Traum, dem Traum der Annäherung an den eigenen Körper, oder als erwachtest du aus einem Traum und entdecktest deinen Körper neu, entdecktest, dass das Bauwerk ein Körper ist, oder entdecktest die Idee eines Körpers in Gestalt eines Bauwerks. Nicht die Form, nicht seine Funktionen – so einfach ist es nicht –, sondern eher eine von der Architektur orchestrierte Erfahrung. Das Bauwerk *verkörpert* unser Sinnesempfinden, unser Sensorium. Es ist, als wäre unser Körper ganz auf seine Sinne reduziert und hätten diese Sinne sich einem Baukörper anverwandelt, der auf unseren Körper zurückwirkt und die Gesamtheit unserer Sinne anspricht. Du tauchst nach innen ins Dunkel eines Raumkontinuums, langer dunkler Gang, eine Art Versenkung, eine Einkehr, Sammlung des Körpers für das, was kommt. Ein Drehkreuz, ein Gang, eine Umkleidekabine aus dunkel poliertem rötlichem Holz mit schwerem schwarzem Ledervorhang. Dahinter hörst du jetzt ferne, gedämpfte Stimmen.

Dann schreitest du eine lange Treppe hinab, die dich wie zu einem Ritual hinunterführt in einen Raum, der wirkt wie eine gewaltige Kaverne. Aber es handelt sich nicht um einen natürlichen Hohlraum, eine Höhle: Alles steht im rechten Winkel zueinander. Du bist dir deiner nackten Füße auf unregelmäßigen Steinfliesen bewusst, der feuchten, flüchtigen Fußabdrücke anderer Badender, ihrer phantomgleichen Körper, des Halls ihrer im Dunkeln weit tragenden vielsprachigen Stimmen, der massiven Schwere des Bauwerks und der Lichtfugen der Decke, die wie Felsspalten den Raum erhellen. Schließlich sinkst du ins warme blaue Innenbecken.

. . .

Die Therme liegt in der Gemeinde Vals im Alpenkanton Graubünden in der Südostschweiz. Entworfen hat das Gebäude der Architekt Peter Zumthor, errichtet wurde es 1996 über der Fundstätte einer prähistorischen Thermalquelle. Das Gebäude ist neu, atmosphärisch aber wirkt es uralt: römisch, vorrömisch, ein eigenes Reich aus Ritus, Wasser, Fels, Dunkel. Bei Mircea Eliade heißt es: »Umgekehrt versinnbildlicht das Eintauchen in das Wasser die Rückkehr ins Ungeformte, die Wiedereinfügung in den undifferenzierten Zustand der Präexistenz.« Nie war ich so im Einklang mit meinem Körper wie in dieser Thermenkammer mit den auskragenden Dachplatten, den Steinfliesen, dem plätschernden Wasser, den gewaltigen, aus Gneisplatten geschichteten Blöcken, der Fusion von Schimmer und Schwere. Noch nie so im Einklang mit meinem Körper und zugleich so von ihm gelöst.

Das Innere der Therme bietet Schlichtheit und einen Reichtum an Kontrasten: Dunkel und Licht, Klarheit und Nebel, luftige Höhen und umschlossene Enge. Alles ist mit vor Feldspat und Quarz glitzerndem regionalem Gneis ausgekleidet. Er schimmert bläulich, gräulich, grünlich, seine Platten präzise geschichtet und in der Gesamtwirkung monumental. Wo das Wasser an ihm herabrieseln darf, haben sich Eisen, Carbonate und Sulfate abgelagert. Rund um das Innenbecken bieten am Gang mehrere Öffnungen die Möglichkeit zum Einstieg. Eine glüht geradezu rot. Du schlüpfst durch und steigst hinab in ein 41° heißes Becken, gerade noch zu ertragen. Dies ist das »Feuerbad«. Dein Körper gewöhnt sich, dann entsteigst du wieder. Gegenüber führt eine weitere Öffnung in einen kleineren Raum mit blau gestrichenen Betonwänden.

Dieses »Kaltbad« mit einer Temperatur von nur 13° ist höchstens sekundenlang auszuhalten. Weiter hinten liegt der Zugang zu einem warmen Becken voller Calendulablätter und zartem Lavendeldunst, für den *Bulbus olfactorius* des Badenden der Himmel auf Erden.

. . .

Mit der Geschichte des Badens verbinden sich zahlreiche Mythen. Diana und Aktaion, Susanna und die Ältesten, David und Batseba, Moses, Achilleus. Es ist die Welt halb versunkener Gefühle. Die »Kondensation von Empfindungen«, meint Zumthor. Ein Schwitzstein bietet extreme Feuchtigkeit und Eukalyptusduft. Am Trinkstein rinnt mir reines Valser Wasser durch die Kehle. Zum hohen quadratischen Klangbad gewährt der Eingangsspalt nur einer Person auf einmal Zutritt; tief im Herzen des Kontinents, bis zum Hals im Wasser schwebend und von unten erhellt, ganz allein und nahezu hypnotisiert, beginne ich zu singen, und alles, was ich hervorbringe, klingt fremd, fast prähistorisch. Dies ist ein auf Echos angelegter Raum. Eine einzige Stimme wird wie durch Zauber zum Chor, Obertöne erzeugen ungeahnte Resonanzen. Der Stein ist ein Schoß, im Becken Fruchtwasser.

. . .

Ich hatte eingeräumt, dass meine Darstellung der Sinne mindestens zwei Haken aufweist. Der zweite hat sich bereits in meine Beschreibung der Therme eingeschlichen, so wie der Tag sich durch die Lichtfugen in das Bauwerk – unsere Sinne sind nicht voneinander zu trennen. Sie greifen ineinander.

Die stärkste Form solcher Verquickungen ist die Kopplung mehrerer Sinnesreize: Synästhesie. Alle, die diese Verknüpfung sensorischer Stimuli kennen, erleben sie auf höchst individuelle und idiosynkratische Weise. So mag etwa die Tonhöhe eines B als Rosenduft, der Laut F als klanglich grün erfahren werden. Die moderne Neurologie hat nachweisen können, dass die Synästhesie zwar fallspezifisch, aber auch Veranlagung ist. Eine von dreiundzwanzig Personen weist die verantwortlichen Gene auf, von denen es mehrere gibt. In der Regel wirkt sich die Synästhesie nur in eine Richtung aus, das heißt, Klänge erzeugen gegebenenfalls Farben, nicht umgekehrt. Die Kopplung bleibt im einzelnen Fall konstant, ist aber doch immer anders. Außerdem werden streng genommen nicht die Sinne selbst gekoppelt, sondern Sinnesmodalitäten, also Wahrnehmungskomplexe zur Erfassung von Farben, Buchstaben, Formen, Geschmack (Farbassoziationen kommen am häufigsten vor). Eine visuelle Sinnesleistung kann sich mit einer zweiten verknüpfen.

1848 wurde bei einem achtjährigen Mädchen namens Ellen Emerson Synästhesie diagnostiziert. Damit war sie der erste dokumentierte Fall in den USA, der erste Fall einer bei einem Kind festgestellten Synästhesie überhaupt und auch der erste weibliche Fall. Als Beleg gilt der Brief eines Freundes ihres Vaters, der sich zeitweilig um Ellen und ihre Geschwister kümmerte. »Mich verwunderte, dass Ellen mich gestern, als ich mich mit Mrs. Brown unterhielt, fragte, ob auch ich ›bunte Wörter‹ benutzte. Sie meinte, sie könne die Farbe sehr vieler Wörter benennen und bereite den Kindern in der Schule damit viel Vergnügen.« Ellen Emerson war eine Tochter Ralph Waldo

Emersons. Der Freund, der Ellens Vater schrieb, war Henry David Thoreau.

Die Synästhesie Vladimir Nabokovs war eine schwindelerregend komplexe Version der »bunten Wörter« Ellen Emersons. In *Erinnerung, sprich*, seinem 1951 veröffentlichten Selbstzeugnis, legt er dar, wie ausgeprägt seine Zuordnung bestimmter Farben zu einzelnen Lauten war:

> Das lange *a* des englischen Alphabets … hat für mich die Farbe verwitterten Holzes, während ein französisches *a* mich an poliertes Ebenholz erinnert. Diese schwarze Gruppe enthält außerdem das *g* (vulkanisierter Kautschuk) und das *r* (ein rußiger Lappen, der zerrissen wird). Das hafermehlige *n*, das nudelweiche *l* und der Handspiegel des *o* mit seiner elfenbeinernen Rückseite wären die weißen Buchstaben. Mein französisches *on*, das ich als die Oberflächenspannung von Alkohol in einem randvollen kleinen Glas sehe, stellt mich vor ein Rätsel. In der blauen Gruppe befinden sich das stählerne *x*, die Gewitterwolke des *z* und das heidelbeerfarbene *k*. Da zwischen Klang und Form eine subtile Wechselwirkung besteht, sehe ich das *q* brauner als das *k*, während *s* nicht hellblau wie *c* ist, sondern eine merkwürdige Mischung von Himmelblau und Perlmutt.

Die Schilderung ist außergewöhnlich und geht eine ganze Weile so weiter, ganz bis zum *v*, von dem Nabokov hochzufrieden versichert, er habe die vollkommene Entsprechung endlich in Aloys John Maerz' und Morris Rae Pauls *A Dictionary of Color* beim »Rosenquarz« gefunden.

Es gibt natürlich nur einen Nabokov, doch die wissenschaftliche Erforschung der Synästhesie ist allgemein von großem Wert, weil sie beleuchtet, wie raffiniert unser Verhältnis zu den Sinnesmodalitäten ist. Ich halte mich nicht für einen Synästhetiker, aber ich kann mir die Intensität meiner Sinnesempfindungen nicht immer erklären, und ich kenne eine gewisse Bewegung zwischen Zahlen und Farben: die Drei ist rot, die Sieben grün. Vier rote Rosen wären mir unbehaglich, weil Rosen rot sind und es drei oder fünf geben muss. Doch bleiben die Assoziationen bei mir schwach, und wir alle assoziieren mal mehr, mal weniger. Ich war überrascht und wiederum nicht überrascht, als meine Mutter eines Nachmittags auf einen Kaffeebecher mit einem unverwechselbaren Henkel blickte und nur ein Wort sprach: »Obama.« Ich verstand sofort: Das »Ohr« des Bechers war seinem zum Verwechseln ähnlich. Zum Verwechseln aber war ein assoziativer Sprung nötig.

. . .

Bei ungefähr neunzig Prozent der Gesamtbevölkerung findet man eine unwillkürliche Korrelation zwischen Klang und Form, den sogenannten Bouba/Kiki-Effekt, erstmals 1929 von Wolfgang Köhler erforscht. Für sein auf Teneriffa durchgeführtes Experiment bat Köhler die Teilnehmenden, knollenförmige und stachelige Gegenstände den Wörtern »maluma« beziehungsweise »takete« zuzuordnen. 2001 wiederholten die Forscher Vilayanur Subramanian Ramachandran und Edward Hubbard das Experiment unter Verwendung der Begriffe »bouba« und »kiki« mit Studierenden an US-amerikanischen Colleges wie auch in Indien mit Tamilsprechenden. Mehr als

95 Prozent der Befragten ordneten »richtig« zu, nämlich »bouba« den Knollenformen und »kiki« den stacheligen. Der Bouba-(maluma-)Kiki-(takete-)Effekt legt nahe, dass die Benennung von Gegenständen nicht zufällig ist. »Bouba« verlangt einen runden Mund, die Aussprache von »kiki« hingegen dehnt ihn seitlich und lässt mit dem kurzen i an Stachelformen denken. Der Effekt der kreuzmodalen Sinneswahrnehmungen von »bouba« und »kiki« zeigt sich auch auf klanglicher Ebene – mit »bouba« wird ein dumpfer Ton assoziiert, mit »kiki« ein heller Klang – und ebenso auf der des Geschmacks – »bouba« wirkt cremig, »kiki« herb oder säuerlich.

Wir alle kreuzen und korrelieren unsere Sinneswahrnehmungen. Die meisten von uns sind ausgesprochen empfänglich für bestimmte Reize, also stets nur eine feine, muschelförmige Madeleine von einer Erinnerungsschleife entfernt. 1887 veröffentlichte der amerikanische Chemiker Henry Piesse sein Buch *Olfactics and the Physical Senses*. Darin wird der kuriose Ansatz seines Vaters Septimus Piesse präsentiert. Dieser habe eine als »Skala der Gerüche« bezeichnete Taxonomie vorgeschlagen. Als Primärgerüche klassifizierte er Kampfer, Zitrone, Jasmin, Rose, Mandel, Nelke und Sandelholz. Dann ordnete er ihnen Töne zu, das tat er auch mit den nichtprimären Gerüchen, vom hohen F für Zibet bis zum tiefen C für Patschuli. Dem mittleren C entsprach Jasmin. Die Gerüche wurden auf einer Tonskala angeordnet, die Piesse senior als »Odophon« bezeichnete. Zur Ehrenrettung des Sohns muss man sagen, dass er sich eine eindeutige Bewertung der Spekulationen des Vaters verkneift.

Piesses Korrelation von Jasmin mit dem mittleren C erinnert

mich an einen Vorfall vor vielen Jahren bei einer Wanderung in den Jarawahills vor Jos in Nordnigeria. Es war ein Tag unvergesslicher Schönheit und Fernsicht: Die klare Luft der Hochebene, der unvermittelt sichtbar werdende milchblaue See mit der einen blendend weißen Felswand. Gegen Ende der Tour, als wir seit Stunden keiner Menschenseele mehr begegnet waren, stießen wir auf einen mit weißen Blüten übersäten Jasminstrauch. Ich pflückte eine Handvoll Blüten, zerdrückte die Blätter in den Fingern und führte sie an meine Nase. Im selben Moment, exakt in dem Augenblick, als ich in der klaren Bergluft den starken Jasmingeruch wahrnahm, stieg aus dem Strauch eine Wolke weißer Schmetterlinge auf. Ich dachte, ich halluzinierte oder erlitte einen Schlaganfall. Doch es war schlicht erlebte Koinzidenz. Seither sehe ich, wann immer ich Jasmin rieche, Schmetterlinge.

Charles Dickens versteigt sich in seiner Wochenzeitschrift *Household Words* zum folgenden kühnen Gedankenspiel:

Ist also Jasmin das mystische Meru – das Zentrum, das Delphi, der Omphalos der Welt der Flora? Ist er der Ursprung, der eine unerreichbare, unteilbare Urgrund aller Düfte? Ist Jasmin die Isis der Blüten, auf festem Boden in schönsten Flor gehüllt, die alle lieben müssen, niemand jedoch findet? Herrlicher Jasmin! Wenn es so ist, müsste die Rose entthront und diese unvergleichliche Blüte Königin an ihrer Statt werden. Erhebungen und Thronentsagungen sind ein Volkssport und Spaß; vielleicht sollten wir zum Bürgerkrieg der Gärten blasen und Jasmin zur absoluten Herrscherin küren.

. . .

Im März 1994 schrieb Alfred Kazin: »Mir wurde das Herz schwer, als ich hörte, Bellow habe einmal gesagt: ›Wo ist der Tolstoi der Zulus? Der Proust der Papuaner? Ich würde ihn gern lesen.‹« Bellows Bemerkung konnte kaum überraschen; schon seit einigen Jahren war er durch eher konservative Einlassungen aufgefallen. Mitte der 1990er sorgte seine Feststellung allerdings in der amerikanischen Debatte um den Krieg der Kulturen wochenlang für Wirbel, und es gab ebenso viel Zustimmung wie Widerspruch. Bellow platzierte zu seiner Verteidigung einen Essay in der *New York Times*. Noch heute bleibt der Groll bei der Lektüre unüberhörbar. Der Autor schlägt um sich, und er schlägt mit jedem Absatz neue Volten.

Eingangs erklärt Bellow, ihm werde *unterstellt*, etwas Derartiges gesagt zu haben. Dann versichert er, es jedenfalls nie in gedruckter Form getan zu haben. Dann schreibt er: »Da wurde medial zum Skandal aufgebauscht, was zunächst ein Missverständnis war.« Dann scheint er einzuräumen, dass er es doch gesagt hat, irgendwie, aber nur, um auf den Unterschied zwischen schriftlichen und vorschriftlichen Kulturen zu verweisen. Im nächsten Absatz heißt es dann schon, seine Bemerkungen seien eben »so dahergesagt« gewesen. Und dann bringt er vor, dass, da weder die Bulgaren noch die Amerikaner einen Proust vorweisen könnten, und also auch sie gekränkt sein müssten. Von Bulgar:innen oder Amerikaner:innen war jedoch ursprünglich natürlich nicht die Rede gewesen – und zwar (so die Begründung in einem späteren Absatz), weil wir berücksichtigen müssten, dass »wir als Außenstehende andere Kulturen niemals wirklich durchdringen« könnten. Amerikaner:innen und Bulgar:innen sind aus Bellows Sicht offenbar

218

nicht so fremd, wie es Zulus und Papuaner seiner Vorstellung nach sind.

In seiner kurzen Stellungnahme folgt eine erbitterte Rechtfertigung auf die andere: Die Leute hätten keinen Sinn für Humor mehr, Empörung sei gerade en vogue, minderjährige Schwarze Gangster legten Leute schon wegen einer falschen Bemerkung um. Nirgends in dieser Tirade ist die Vorstellung erkennbar, dass die Zulus und Papuaner:innen vielleicht etwas zu entgegnen hätten oder auch nur in der Lage wären, die Herablassung in allen Facetten zu begreifen. Sie sind schlicht zu primitiv, um an der Debatte teilzunehmen, sie taugen höchstens als deren Gegenstand. Unerheblich, dass es durchaus Zulu- und papuanische Literat:innen gibt. B. W. Vilakazi, Vincent Eri und andere werden zum Verschwinden gebracht. Schließlich erklärt Bellow gegen Ende, dass die, die ihn kritisieren, Antisemiten oder Stalinisten seien und sein Recht verletzten, sich zu einem »wichtigen öffentlichen Thema« zu äußern. Er schließt mit den Worten: »Wir können kaum noch den Mund aufmachen, ohne als Rassisten, Frauenfeinde, Suprematisten, Imperialisten oder Faschisten gebrandmarkt zu werden.« Wir kennen die Diktion mittlerweile nur zu gut, in der Regel ist gemeint: »Wir können uns rassistische, frauenfeindliche, suprematistische, imperialistische oder faschistische Bemerkungen nicht mehr erlauben, ohne dass sie als solche verstanden werden.«

Ich habe lange überlegt, wie eine angemessene Antwort auf Bellows Erregung lauten müsste. Eine Entgegnung, die mir gut gefällt, lieferte der Autor Ralph Wiley, zitiert in Ta-Nehisi Coates' *Zwischen mir und der Welt*. Er meinte: »*Tolstoi* ist der Tolstoi der Zulus. Es sei denn, man hat etwas davon, Allgemein-

gut der Menschheit in exklusiven Stammesparzellen für sich zu
beanspruchen.« Mir gefällt diese Antwort, weil sie absolut treffend beschreibt, wie wir leben: in einer Polyphonie kultureller
Einflüsse, die nicht getrübt wird durch Faktoren wie Rassifizierung, Alter, Gender, Nationalität oder Zeitalter, die uns an in-
dividuellen Erfahrungen der Welt teilhaben lassen, die von Li
Po über viele, viele Stimmen bis zu Zadie Smith reichen. Wir
leben in den Welten des jeweils Anderen, Welten, in denen
Tolstoi Tolstoi bleibt, wo immer wir sind.

Ich hätte eine zweite Antwort auf Bellow zu bieten, eine Art
Spekulation. Stellen wir uns einen Abend gegen Ende des Jahrs
1385 vor. Der Oòni, der Gottkönig von Ife, hält Rat; sagen wir,
es geht um einen Landdisput. Der Oòni sitzt in prächtigen weißen Gewändern, Symbol seiner Reinheit und seiner Nähe zum
Gott Obatala, im schattigen Audienzraum des Palasts auf seinem Thron. Es handelt sich bei diesem Oòni um Obalufon II.,
den dritten König auf dem Thron von Ife. Den hatte er zunächst rechtmäßig bestiegen, war aber im Zuge eines schlim-
men Thronfolgestreits von seinem Onkel Oranmiyan entthront
worden. Das Ringen um die Macht ging jedoch einige Zeit
weiter, bis Oranmiyan schließlich gestürzt und Obalufon II.
wieder eingesetzt werden konnte.

Jetzt, 1385, ist er älter, weiser. Das Reich Ile-Ife, von der westafrikanischen Atlantikküste gut 200 Kilometer landeinwärts
Richtung Norden gelegen, ist befriedet. Die Miene des Königs
kündet von heiterer Zufriedenheit. Er hat die Wangen eines
Mannes, der lacht. Doch er lacht weniger, als dass er geheimnisvoll lächelt. Könnten wir Obalufons dunkle Gesichtszüge in
dieser von mir imaginierten Geschichte genauer ausmachen,

das heißt, wären sie nicht verdeckt von der Krone, deren Perlenschnüre Licht über sein Gesicht streuen, würden wir seine Ruhe und seinen Scharfsinn erkennen. Wir würden die natürliche Form seiner Lippen sehen, den Schwung des hintergründigen Lächelns, die Kontur der Nasenlöcher. Diese Feinheiten müssen wir in unserer Vorstellung ergänzen, und doch wissen wir, dass er es ist, hinter den Fransen aus schaukelnden Perlen im verdunkelten Raum. Etwas an seinem Gesicht ist unverkennbar.

Obalufon II. beugt sich zu einem Berater herab und raunt ihm seine Entscheidung ins Ohr. Über dem König stehen nur die Götter, und seine Stimme dürfen nicht alle hören. Der Berater verkündet das Urteil in der verhandelten Sache: wo die Grenzen auf dem Landstück zu ziehen sind, wem eine Entschädigung zusteht, welche Strafen jenen drohen, die dem königlichen Urteil zuwiderhandeln. In Anbetracht der vielen Aspekte des Falls, der unterschiedlichen Ansichten der betroffenen Parteien hat der Oòni klug entschieden. Rechtsprechung ist teils unweigerlich ein Rätselraten, und auch ein weiser Ratschluss wird manchem Kläger missfallen. In hundert Jahren wird diese Entscheidung wie so viele Angelegenheiten der Menschen kaum noch eine Rolle spielen, gar keine. Es wird andere Konflikte geben, andere Streitfälle und, wenn überhaupt, kaum Erinnerungen an diesen einen bestimmten Abend. In sechshundert Jahren werden Könige fast bedeutungslos sein.

Aber ich bleibe noch bei der fiktiven Szene, um einen Aspekt hervorzuheben: Nur sehr wenige unter den hier Versammelten, den Geheimnisträgern, wissen, dass der Mann vor ihnen gar nicht König Obalufon II. ist. Verborgen hinter einer hyperrealistischen Maske vertritt ihn ein ranghohes Mitglied des inneren Führungskreises (Bildtafel 6). Obalufon II. selbst ist seit Jahren tot. Seinen Platz hat die Maske eingenommen. Sie besteht aus fast reinem Kupfer, ein kostspieliges Material und schwer zu gießen. In ebenjener Ära geht das Wissen um das Wachsausschmelzverfahren für den Metallguss in Europa verloren, es wird erst zur Zeit Donatellos wiederentdeckt werden. Die Maske des Obalufon ist dem Gesicht des toten Oòni lebensgroß nachgebildet, und wird sie angelegt, setzt sie dessen segensreiche Regentschaft fort. In einigen Monaten wird es jedoch vorbei sein mit der okkulten List. Dann wird der nächste König, der vierte Oòni, den Thron besteigen. Obalufon wird zum Gott erhoben werden, dem Gott der Bildhauer, und zu einem der höchstverehrten Herrscher Ifes.

Doch vorerst, an diesem Abend im Jahr 1385, verharren wir in einer unumgänglichen Täuschung. Der Oòni erhebt sich, verlässt den Audienzraum, während das Volk von Ife sich niederwirft. Die weißen Gewänder des Königs hüllen ihn in Halbdunkel, es ertönt seine besondere Musik, die Musik Obatalas: der tiefe, schleppende Trommeltakt der *igbin*, begleitet vom Klirren und Rasseln metallenen Schlagwerks. Die Anwesenden sind umgeben von den geschnitzten Säulen des Palasts, den glitzernden Gewändern, den Bronzeskulpturen von Ahnen und Aristokraten, und natürlich der Maske, Gesicht des Königs, Garant der Tradition, der Identität. Ihre Ohren hören und deuten die polyrhythmische Perkussion, die tiefen und hohen Lagen, unterscheiden fein zwischen den instrumentalen Timbres. Ihre Nasen riechen das süßliche Räucherwerk aus rituellem *turari*, der afrikanischen Myrrhe, deren Duft durch die Halle zieht. Auf ihren Zungen liegt die Bitterkeit der zeremoniellen Kolanuss, die gereicht worden ist, um Weisheit und Sammlung zu fördern. Ihre Hände und Füße berühren gewebte Matten und die feine rote Erde. Ihre Haut spürt die Hitze der Halle, ihre Körper verankern sie in der wogenden Menge, nicht zu weit von oder zu nahe an anderen hier Versammelten. Es gibt einen Zeitsinn, aber es ist nicht der von Uhren vorgegebene. Ihr gesamtes Sensorium ist im Spiel, ihr Rezeptorensystem aktiviert – sie nehmen alle körpereigenen Reize wahr, Temperatur, Unbehagen, Stellung, Bewegung, Kraft, Gleichgewicht –, ihre Traditionen und Erinnerungen tragen dazu bei, sie im Fluss des Lebens zu verorten, ihnen ihren Platz in der Erblinie der Lebenden, Toten und Ungeborenen zu sichern. Sie alle miteinander sind in ebendiesem Moment ganz Mensch, mit allen Sinnen. Bei der Dichte ihrer Sinneswahrnehmungen verbietet sich jede Herablassung. Und wir als sinnbegabte Wesen erleben bei diesem lange zurückliegenden westafrikanischen Hofzeremoniell alles ebenso mit wachen Sinnen. Unsere Sinne, wie die der Anwesenden, gleichen dem Fluss bei seinem Flussgesang, einem das mittlere C intonierenden Klavier, einem unvermittelten Hauch Jasminduft, einer unerwarteten, unwiderruflichen, unvergesslichen, unfassbaren Wolke weißer Schmetterlinge.

EPIPHANIEN

»Ich bog in eine andere Seitenstraße, eine noch engere und überfülltere. Sie war gesäumt von Vorkriegsgebäuden, die einander anzurempeln schienen, jedes mit einer aufwendigen Feuerleiter, hinter der es sich der Welt wie hinter einer durchsichtigen Maske darbot.«

Im zweiten Teil von *Open City* erreicht Julius die Nachricht, dass sein geliebter Professor gestorben ist. Er zieht daraufhin endlos weit durch die Stadt, von Harlem bis hinunter nach Chinatown. Im Buch handelt es sich um eine recht komplexe Passage, die mit der zitierten Stelle beginnt. Mir schwebte eine bestimmte Art von dichter, epiphanischer, an diverse literarische und filmische Vorbilder angelehnte Großstadtliteratur vor.

Der Begriff Epiphanie verbindet sich in der Regel mit zwei Vorstellungen. Die eine ist religiös grundiert: eine plötzliche, überwältigende Präsenz des Göttlichen im Alltag, wie sie im Laufe der Jahrhunderte Juliana von Norwich, Teresa von Àvila und zahllose weitere Gläubige erfahren haben. Die andere ist literarisch. Mit der Epiphanie wird heute ebenso oder sogar stärker noch ein bestimmtes Konzept assoziiert, das in der europäischen Moderne aufkam und nachwirkte. Es zeigt sich besonders ausgeprägt in zwei frühen Prosawerken von James Joyce, in *Dubliner* – genauer in der darin enthaltenen Erzählung »Die Toten« – und in *Ein Porträt des Künstlers als junger Mann*. Epiphanien, wie sie Joyce verstand und wie sie in seiner Nachfolge als Mittel der Gestaltung eingesetzt wurden, stehen für geschärfte Sinne und blitzartige Erkenntnisse, die einer Figur oft weiterhelfen. Die Definition, die Joyce selbst in einer frühen Fassung von *Ein Porträt des Künstlers als junger Mann* lieferte, lautet: »jähe geistige Manifestation«.

»Die Toten« beginnt mit einem jährlichen Weihnachtsball in Dublin im Kreise von Familie und Freunden, Anfang des zwanzigsten Jahrhunderts. Nach dem Fest begleiten wir ein Gästepaar, die Conroys, zurück zu ihrem Hotel. Dabei werden uns die Sorgen Gabriel Conroys offenbart, der über etwas nachdenkt, das ihm seine Frau Gretta soeben von einem weit zurückliegenden Ereignis in ihrem Leben erzählt hat: Als junges Mädchen liebte sie einen Jungen und er sie. Dieser Junge, Michael Furey, der vor all den Jahren oft wie eine mythische Gestalt oder eine Figur aus einem kaum erinnerlichen Traum draußen unter ihrem Fenster wartete, wurde todkrank und starb. Ein Lied, zuvor auf dem Fest gehört, hatte sie an all das erinnert. Während sie nun im Hotelzimmer schläft, liegt ihr Mann Gabriel im Griff *seiner* aufgewühlten Gefühle wach:

Einige leichte Schläge gegen das Fenster ließen ihn dorthin blicken. Es hatte wieder angefangen zu schneien. Schläfrig beobachtete er die Flocken, silbern und dunkel, die schief gegen das Lampenlicht fielen. Die Stunde war für ihn gekommen, sich auf die Reise nach Westen zu bereiten. Ja, die

Zeitungen hatten recht: in ganz Irland schneite es. Der Schnee fiel auf jeden Teil der dunklen Ebene in der Mitte, auf die baumlosen Hügel, fiel leise auf den Bog of Allan, weiter nach Westen fiel er leise in die dunklen, aufrührerischen Shannonwogen. Er fiel auch auf jeden Teil des einsamen Kirchhofes auf dem Hügel, wo Michael Furey beerdigt lag. Dicht lag er auf den schiefen Kreuzen und den Grabsteinen, auf den Speeren des kleinen Gitters, auf dem kahlen Gesträuch. Langsam schwand seine Seele, als er den Schnee leise durch das Universum fallen hörte, leise herabfallen hörte wie das Nahen ihrer letzten Stunde, auf alle Lebenden und Toten.

Nachdem Joyce zunächst an die kleinlichen Sorgen Gabriel Conroys herangezoomt hat, an dessen Bestürzung, nichts über die lange gehüteten Geheimnisse im Herzen seiner Frau gewusst zu haben, blendet der Autor weit auf, bis die ganze Landschaft erscheint, der Schnee »fiel schief«, »fiel leise«, fiel »leise … wie das Nahen ihrer letzten Stunde«, auf »alle Lebenden und Toten«.

Das ist klassische Moderne, wie sie im Buche steht. Ich habe in *Open City*, einem Roman, in dem es um vieles geht, aber ganz sicher darum, wie das Leben eines Mannes von der Literatur und literarischen Vorbildern durchdrungen ist, direkt aus »Die Toten« zitiert. Mein Erzähler Julius sucht in Brüssel nach seiner Großmutter. Dort ist er schon lange ziellos in einem depressiven Nebel herumgeirrt. Die belgische Geschichte und die aktuelle Politik des Landes schmerzen ihn wie offene Wunden, doch es gibt auch persönliches Leid, das er zu verdrängen sucht. Er denkt an zufällige Begegnungen, die er in der Stadt gehabt hat. Seine Reise geht zu Ende. An einer Stelle ersetze ich Irland durch Belgien und den Schnee durch Regen, ändere aber sonst kaum etwas an der Joyce'schen Vorlage. Die Anleihe ist offensichtlich und unverhohlen. Unreife Dichter imitieren, reife Dichter stehlen, so Eliot (etwas anderes ist es, natürlich, wenn man darauf setzt, nicht aufzufliegen). Meine literarischen Vorlieben wurden zu Teilen von der Moderne geprägt, von Joyce und Woolf, Mann, Musil, Broch: dem Fluss der Gedanken in den Köpfen, dem Zusammenklang verschiedener Sinneswahrnehmungen in lyrischen Passagen. Einflussangst ist mir fremd, vielmehr bin ich skeptisch gegenüber einer Originalität, die den Dialog mit denen, die vorausgingen, meidet.

Der Schluss von »Die Toten« taucht in einem meiner späteren Bücher abermals auf, in *Blinder Fleck*. Die Passage unter dem Titel »Rivaz« ist die Beschreibung einer Wanderung. Dieser vorletzte Absatz im Buch stimmt ein Danklied an, ist voller Sonnenschein, nicht nächtig, weit weg von Regen und Schnee, und der Joyce'sche Rausch klingt nur ganz am Ende an.

Ich mache an einem betonierten, mit einem Stück blauem Schutznetz beflaggten Vorsprung Rast, ein Blau von derselben Farbe wie der See. Es ist, als hätte etwas lange auf Reifung gewartet. Ein Windstoß fährt vom Wasser hoch. Der Netzvorhang regt sich, und plötzlich liegt alles frei. Die Schuppen fallen uns von den Augen. Die Landschaft tut sich auf. Wir sind nicht mehr allein: Sie sind bei uns, waren es die ganze Zeit, alle unsere Lebenden und Toten.

Was wir als Joyce'sche Epiphanie verstehen, hat deutliche Vor-
läufer im neunzehnten Jahrhundert – bei Emerson, bei Words-
worth –, und es hat stark in die Literatur des zwanzigsten aus-
gestrahlt. Für den Geschmack von jemandem wie Charles
Baxter, Autor von *Against Epiphanies*, vielleicht zu sehr. Baxter
beklagt einen Überschuss an billigen Epiphanien, erwartbaren
Aha-Erlebnissen und plakativen Assoziationsketten in der zeitgenössischen amerikanischen Literatur, besonders in Kurzge-
schichten. Kaum wird es lyrisch, meint er, löst sich plötzlich
der Konflikt, der die Figur plagt. Das sei zu einfach. Ich gebe
Baxter recht, doch ist »Epiphanie« ein weiter Begriff, und ich
meine damit weniger diesen speziellen narrativen Kunstgriff
als ein stilistisches Verfahren, das uns mitten hineinversetzt,
ohne die Handlung voranzutreiben oder eine Lösung zu bieten.

Die folgende Passage aus *Mrs. Dalloway* beispielsweise leitet
eigentlich keinen überwältigenden Moment der Erleuchtung
ein. Vielmehr bietet sie uns eine Auflistung mit reicher Kost für
Auge und Ohr, sie bringt uns unserem und Clarissas Bewusstsein näher:

Denn der Himmel mag wissen, warum man es so liebt, so
sieht, sich zurechtmacht, um sich herum errichtet, nieder-
reißt und jeden Augenblick neu erschafft; denn den schiers-
ten Vogelscheuchen, den traurigsten Elendsgestalten auf den
Treppenstufen (vom Alkohol zerrüttet), die das Gleiche tun,
können keine Parlamentsgesetze, dessen war sie sich sicher,
aus ebendiesem Grund etwas anhaben: Sie lieben das Leben. Im Blick der Leute, in ihrer Eile, ihrer Langsamkeit,

ihrer Trägheit, im Getöne und Gelärme, in den Kutschen, Automobilen, Omnibussen, Lieferwagen und schlurfenden oder eiligen Plakatträgern, Blaskapellen, Drehorgeln, in dem Triumph und Geklingel und dem sonderbar hohen Surren eines Flugzeugs hoch oben war das, was sie liebte, Leben: London, dieser eine Augenblick im Juni.

Wir lesen Woolf und sind bei ihr, erschaffen jeden Moment neu, merken mit jedem Satzglied auf. Ein weiterer Meister dieser Methode ist W. G. Sebald, der von allen Schriftsteller:innen, deren Werk ich eingehender studiert habe, diesen intensiven, emotional aufgeladenen und doch intellektuell kompromisslosen Zugang am ungebrochensten verfolgt. Sebald hat ganze Werke verfasst, die nichts anderes als schwindelerregend assoziative Träume sind. *Die Ringe des Saturn* schildert eine fiktive Wanderung durch Suffolk, in Form von Tagebucheinträgen eines Mannes, der im Kopf eine ganze antiquarische Hypertext-Bibliothek mit sich herumzuschleppen scheint. Besonders beeindruckt mich die Souveränität, mit der Sebald über ein ganzes Buch hinweg einen Gedanken mit dem anderen verknüpft. Schaut man ganz genau hin, sieht man die Knötchen – dort, wo es heißt: »ich entsinne mich jetzt auch«, oder dass Soundso »dafür ein Auge gehabt haben mochte« –, aber nur, wenn man danach sucht. Sonst liegt eine hochkontrollierte Darbietung vor, eine in Zeitlupe quellende Wolke. *Die Ringe des Saturn* endet so:

Ja, und zuletzt … ist Gründonnerstag, der 13. April 1995 auch der Tag, an dem Claras Vater, kurz nach seiner Einlieferung in das Coburger Spital, aus dem Leben geholt wurde. Indem ich jetzt, wo ich dies niederschreibe, noch einmal unsere beinahe nur aus Kalamitäten bestehende Geschichte überdenke, kommt es mir in den Sinn, daß einst für die Damen der gehobenen Stände das Tragen schwerer Roben aus schwarzem Seidentaft oder schwarzer Crêpe de Chine als der einzig angemessene Ausdruck der tiefsten Trauer gegolten hat. So soll beispielsweise bei dem Leichenbegräbnis der Königin Victoria die Herzogin von Teck erschienen sein in einem, wie es in den zeitgenössischen Modejournalen hieß, wahrhaft atemberaubenden, von dichten Schleiern umwogten Kleid aus schwarzer Mantuaseide, von der die Seidenweberei Willett & Nephew in Norwich, unmittelbar vor ihrer endgültigen Schließung, zu diesem einzigen Zweck und zur Demonstration ihrer auf dem Gebiet der Trauerseide nach wie vor unübertroffenen Kunstfertigkeit eine sechzig Schritt lange Bahn herstellte. Und Thomas Browne, der als Sohn eines Seidenhändlers dafür ein Auge gehabt haben mochte, vermerkt an irgendeiner, von mir nicht mehr auffindbaren Stelle seiner Schrift *Pseudodoxia Epidemica*, in Holland sei es zu seiner Zeit Sitte gewesen, im Hause eines Verstorbenen alle Spiegel und alle Bilder, auf denen Landschaften, Menschen oder die Früchte der Felder zu sehen waren, mit seidenem Trauerflor zu verhängen, damit nicht die den Körper verlassende Seele auf ihrer letzten Reise abgelenkt würde, sei es durch ihren eigenen Anblick, sei es durch den ihrer bald auf immer verlorenen Heimat.

Ich erinnere mich noch an den Schock, als ich *Die Ringe des Saturn* das erste Mal las, ein Schock der Erleuchtung und ein Schock des Erkennens. Die literarische Haltung, die ich beschreibe, zeichnet sich durch eine gewisse Dichte aus, ob es um eine dunkle und melancholische Innenschau geht wie bei Sebald oder um das Pulsieren und das Potenzial der Metropole wie bei Woolf, Walter Benjamin oder Bruno Schulz. Städte sind Vielheit und Fülle, sie laden zur Inventarisierung ein. Aufzulisten heißt in etwa so viel wie lieben. Die folgende Passage stammt aus Toni Morrisons *Jazz*, ein Buch, dessen Tempo, Wucht und improvisatorische Raffinesse die Musik des Titels feiern:

Das Atmen tut weh bei so kaltem Wetter, aber egal, welche Probleme sich daraus ergeben, in der Stadt vom Winter umfangen zu sein, sie nehmen sie in Kauf, denn es wiegt alles auf, in der Lenox Avenue zu leben, sicher vor den Weißen und dem, was sie aushecken mögen; wo die Trottoirs, ob schneebedeckt oder nicht, breiter sind als die Hauptstraßen der Städtchen, in denen sie geboren wurden, und ganz normale Leute sich an eine Haltestelle stellen können, in die Straßenbahn einsteigen, dem Mann einen Nickel geben und hinfahren, wo es ihnen gefällt, obwohl es ihnen nicht gefällt, viel herumzufahren, denn alles, was sie brauchen, ist an Ort und Stelle: die Kirche, der Laden, das Tanzfest, die Frauen, die Männer, der Briefkasten (aber keine High-School), das Möbelgeschäft, Zeitungsverkäufer auf der Straße, die Kneipen mit Schwarzbrand (aber keine Bank), die Friseursalons, die Barbiere, die Bumslokale, die Eiswagen, die Lumpensammler, die Billardhallen, die Lebensmittelmärkte, die Lottoannahme und alle erdenklichen Clubs, Organisationen, Gruppen, Orden, Vereinigungen, Gesellschaften, Bruderschaften, Schwesternschaften oder Verbindungen.

»Alles, was du willst, ist da, wo du bist«, schreibt sie. Die Szene erinnert an das Romankonzept, von dem Stendhal in *Rot und Schwarz* spricht – »ein Roman ist ein Spiegel, der eine Landstraße entlangspaziert«. Einen ähnlichen Ansatz finden wir bei Orhan Pamuk in seinem *Istanbul*. Hier geht es um *hüzün*, die der Stadt und der türkischen Geschichte eigene Melancholie:

Das sind dann früh hereinbrechende Abende, Familienväter, die in einem Vorort mit einer Tüte in der Hand unter einer Straßenlaterne ihrem Heim entgegenstreben, alte Buchhändler, die während einer der zahlreichen Wirtschaftskrisen in ihrem Lädlein frieren und den lieben langen Tag vergeblich auf Kunden warten, Friseure, die darüber jammern, dass in solchen Krisen die Kunden sich immer seltener blicken lassen, an verwaisten Anlegestellen vertäute alte Bosporus-Dampfer, Schiffer, die beim Putzen auf einen kleinen Schwarzweißfernseher schielen und sich wohl bald auf dem Schiff zu einem Nickerchen zurückziehen werden, enge Pflasterstraßen, Kinder, die zwischen Autos Fußball spielen, Frauen mit Kopftuch, die mit einer Plastiktüte in der Hand an abgelegenen Haltestellen auf einen ewig nicht kommenden Bus warten, ohne miteinander ein Wort zu wechseln, leere Bootshäuser alter Bosporus-Villen …

232

Pamuk treibt es sehr weit; die Passage zieht sich als einziger Satz über mehrere Seiten hin, insgesamt mehr als hundert Zeilen. Sie endet so:

> … der heruntergekommene Zustand, in dem sich alles und jedes befindet, die Störche, die sich im Spätsommer vom Balkan und aus Ost- und Nordeuropa Richtung Süden aufmachen und beim Überfliegen des Bosporus und der Prinzeninseln von ganz Istanbul beobachtet werden, und schließlich die Männerscharen, die nach Fußballländerspielen (die in meiner Kindheit stets mit schweren Niederlagen endeten) rauchend nach Hause ziehen.

Attributsätze häufen sich – eine Reihung wie die des biblischen »zeugte« im Buch des Menschen Geschlecht –, und jeder weist auf den Ausgangssatz »Das sind …« zurück: Abende, die; Familienväter, die; alte Buchhändler, die; Friseure, die; Schiffer, die; Störche, die … Die wiederkehrende Konstruktion entfaltet im Laufe der gewaltigen Passage eine hypnotische Wirkung, das Stilmittel evoziert den Nebel der Melancholie, von dem die Passage handelt; hypnotisch wie bei Joyce das Wort »fallen« – wie der repetitive trochäisch *fallende* Rhythmus in »Die Toten«.

Man denkt bei einer solchen Bestandsaufnahme unweigerlich an eine auktoriale, narrative Instanz, die uns durch die Erfahrung städtischen Lebens begleitet, vorbei an Passanten, Protagonistinnen und wechselnden Panoramen. Fast scheint es, als machten sich solche Erzähler:innen das Diktum Christopher Isherwoods zu eigen: »Ich bin eine Kamera mit offenem Verschluss, ganz passiv, ich nehme auf, ich denke nicht.«

In der Literatur ist die Kamera Metapher, im Film Realität. Das liebeshungrige Straßenmädchen, das in Fellinis *Die Nächte der Cabiria* von 1957 im Zentrum steht, ist ganz sicher nicht Federico Fellini. Cabiria wird grandios gespielt von Giulietta Masina. Und doch erleben wir in bestimmten verdichteten Momenten die Verschmelzung ihrer Sicht mit seiner, die auch die unsrige wird. In der Schlussszene des Films läuft Cabiria, die erneut von der Liebe enttäuscht wurde, von einem Steilabhang am Wasser in den stillen Wald. Sie ist ganz allein, hat bitterlich geweint und zeigt nun eine versteinerte Miene. Musik erklingt, Cabiria lässt die letzten Bäume hinter sich und tritt auf eine Straße. Es erscheint eine Frau, dann eine zweite; lebhaft, rufend, tänzelnd und musizierend nähert sich von fern eine Festgesellschaft. Nach und nach tauchen Gitarren, Partyhüte, ein Motorrad, ein Akkordeon auf. Die Leinwand füllt sich mit ausgelassenen jungen Leuten. Cabiria geht weiter, doch die Stimmung der Nacht hat sich verändert. Die Musik wird lauter, die Feiernden wollen sie mitziehen. »Buona sera«, ruft mit reizender Stimme eine junge Frau, und die arme, betrübte Cabiria mit ihrem clownesk geschminkten Gesicht lächelt leise. Die Musik schwillt an, und ihr Lächeln wird, trotz der Tränen, breiter.

Achteinhalb, später gedreht, ist ein Film übers Filmen. Er endet sozusagen mit der weiteren Ausgestaltung der Idee, die Fellini sechs Jahre zuvor in *Die Nächte der Cabiria* zu verwirklichen suchte. Es ist eine längere Szene, sie ist komplexer, aber die Energie ist dieselbe: Der Hauptakteur wird mitgerissen vom lärmenden Reigen ihm vertrauter Gestalten und dem immer bunteren Treiben; das sich eben deshalb zu einem sensationellen Crescendo steigert, weil sämtliche Sinne angesprochen sind. Wir sehen das alles, wir hören die Stimmen und die Musik, wir versetzen uns in die Figuren und ihre Empfindungen. Der Protagonist Guido, gespielt von Marcello Mastroianni, erlebt die Verwicklungen seines Lebens als Traumsequenz, eine Art Karnevalszug – seine längst verstorbenen Eltern, seine Kollegen, seine Geliebten, alle sind wie durch ein Wunder da –, und er selbst führt den Zug als Tambourmajor an.

Fellinis Filmkunst, Nino Rotas Musik, mitreißende Lebensfreude. Nüchterner ist da James Salter in seinen Erinnerungen *Verbrannte Tage*. Die folgende Passage aus dem Buch gehört zu denen, bei denen ich sagen kann: Ja, auch dort möchte ich sein. Von einer einsamen Gestalt wird uns eine Landschaft gezeigt, die auf ihn eine starke Wirkung ausübt, die er mit wachen Sinnen in sich aufnimmt. Es ist Morgen, aber das Licht noch schwach. Wäre alles musikalisch unterlegt, dann mit einem Andante, flüchtigen, morgendlichen Klängen.

Unten hat die Erde ihre Dunkelheit abgelegt. Da ist das Silber von zahllosen Seen und Flüssen. Das Größte, was man sehen kann, haben die Alten geschrieben, sind Sonne, Sterne, Wasser und Wolken. Hier, unter ihnen, woran denkt man? Ich weiß es nicht mehr, aber wahrscheinlich denkt man gar nichts, oder an das Fliegen selbst, die Unvergänglichkeit, die Brillanz. Du denkst nicht an die Fische in dem großen, sich windendem Strom, dünn wie eine Schnur, meilenweit unter dir, oder an die Frösche in den blinkenden Teichen, die auch nicht an dich denken; sie wissen wenig von dir, wenn ich auch einmal, direkt nach dem Start, den Schatten meiner Maschine wie die Schwingen Gottes über das trockene Gras gleiten sah und über einen Hasen, der vor dem Lärm erstarrt, zweihundert Fuß unter mir saß. Dieser einsame Hase, ich, die Morgensonne und alles, was jenseits dessen lag, wurden in dem Moment eins, wie eine Verfinsterung.

Texte wie dieser blenden und beflügeln mich. Dialoge zwischen Figuren sind schön und gut, und wahrscheinlich müssen Komtessen zwangsläufig in Salons hereinrauschen, wie sie das in gewissen Romanen tun. Doch der heimliche Grund, weshalb ich lese, der einzige Grund, sind genau jene Momente, da die Geschichte, die erzählt wird, die Welt mit wachen Sinnen betrachtet, die Dinge sieht, wie sie sind, oder sie träumt, wie sie sein könnten. Momente, die wie ein dunkler Wald sind, ein weiter Himmel, ein unlösbares Rätsel, oder, um mit Heaney zu sprechen: »eine Hast durch die Vertraut- und Fremdes zieht«.

. . .

Seit Jahren beschäftigen mich auch Walter Benjamins und Asja Lacis' Denkbild *Neapel*, Rilkes *Aufzeichnungen des Malte Laurids Brigge*, Márquez' *Hundert Jahre Einsamkeit*, Hesses *Siddhartha* und Schulz' ungewöhnliche, surreale *Zimtläden*, allesamt Texte sinnlicher Fülle. Ich erinnere mich plötzlich an Schulz' dämmrige, feierliche Zimtläden im Drohobycz der Zwischenkriegszeit, an ihre kostbare dunkle Ware. Schulz wusste genau, dass das Inventar solcher Läden nicht minder reichhaltig ist als das ganzer Städte.

Fellinis Medium unterscheidet sich sehr von meinem, bei ihm ist die Grundstimmung oft grotesk, geschwätzig und ganz anders als das, was ich beim Schreiben zu erreichen versuche. Und trotzdem habe ich von seinen Filmen technisch viel gelernt: *Die Nächte der Cabiria*, *Das süße Leben*, *Achteinhalb*, *Roma*. *Roma* hat mir zu einem besseren Verständnis der Bewegung in der letzten Passage von »Die Toten« verholfen – der Kamerafahrt quasi – und dazu, wie aus Schnee Regen werden kann. Dieser späte Film Fellinis, dessen Fokus die italienische Hauptstadt ist, spielt sich größtenteils auf einer Tonbühne in den Cinecittà-Studios ab. Doch die Eingangs- und Schlusssequenzen wurden vor Ort in Rom gedreht. Kurz nach Filmbeginn zeigt uns Fellini eine lange, rätselhafte Sequenz auf der Grande Raccordo Anulare, dem Autobahnring um Rom. Verkehrstechnisch ist Rom eine hochkomplexe Stadt, genau wie jenes Lagos, in dem ich aufgewachsen bin, wie São Paulo, wie Chicago. Der Verkehr – andauernd, aufreibend, nie endend, aber auch unendlich ereignisreich – ist das wahre Thema der dantesken Eröffnungssequenz von Fellinis *Roma*. Sie dauert rund neun Minuten. Tag geht langsam in Nacht über, die Kamera zieht auf in die Totale, und wir geraten in eine Art Realtheater, Gegenbild zum vollkommenen Junitag Virginia Woolfs. Wir sehen Feuer, dann noch wüstere Brände. Wir sehen einen Feuerwehreinsatz. Wir sehen einen umgekippten Lastwagen, totes Vieh, Regen, Demonstrierende, Werkanlagen, wir verfallen geradezu einer Industrie-Romantik, bis der Verkehr am Kolosseum zum Soundtrack grollenden Donners und eines anhaltenden Hupkonzerts im Licht greller Blitze endgültig zum Erliegen kommt.

Eine Epiphanie ist nicht allein Offenbarung oder Erkenntnis, sie ist auch eine Erweiterung, ist gesteigertes sinnliches Erleben. Sie bringt uns mit dem in Berührung, was das Herz höher schlagen lässt, es überrumpelt und weit öffnet. Stendhals Spiegel, Isherwoods Kamera sind Instrumente der Empfänglichkeit und wahllosen Aufmerksamkeit. Sie ermöglichen eine überwältigende Fülle von Sinneseindrücken, die dem fühlenden Selbst gewaltig zusetzen kann.

Der Auszug aus *Open City*, den ich eingangs erwähnte, entstand in der Grande école dieser vielen Vorbilder. Julius fehlen anfangs die Worte, gegen die Sprachlosigkeit unternimmt er einen langen Spaziergang. Nachdem er elf Kilometer gelaufen ist, erreicht er Chinatown. Ich zitiere die Passage nun in ganzer Länge, damit sich Fluss und Rhythmus entfalten:

Ich bog in eine andere Seitenstraße, eine noch engere und überfülltere. Sie war gesäumt von Vorkriegsgebäuden, die einander anzurempeln schienen, jedes mit einer aufwendigen Feuerleiter, hinter der es sich der Welt wie hinter einer durchsichtigen Maske darbot. Elektrodrähte, Strommasten, vergessene Fahnentücher und ein Dickicht aus Schildern rankten sich an den Fassaden bis hoch zu den Dächern der vier- und fünfstöckigen Häuser. In den Schaufenstern wurde für Zahnhygieneprodukte, Tee und Kräuter geworben. Große Behälter waren randvoll mit Ingwerknollen und Heilwurzeln gefüllt. Es schien nichts zu geben, was es in dieser kunterbunten Flut von Waren und Dienstleistungen nicht gab, und irgendwann schien auch die willkürlichste Abfolge von Schaufenstern ganz normal: gebratene von der Decke hängende Enten, gefolgt von aneinandergedrängten nackten Schneiderpuppen, gefolgt von flatternden Zetteln in sonnengebleichten Rottönen, zuletzt eine wilde Versammlung von Buddha-Figuren aus Bronze und Porzellan. In diesen letzten Laden trat ich ein, um der tosenden Straße zu entkommen.

Das Geschäft, in dem ich der einzige Kunde war, stellte eine Miniaturversion von Chinatown dar: Käfige in Hülle und Fülle, aus Bambus oder fein aus Metall gearbeitet, die wie Lampenschirme von der Decke hingen; handgeschnitzte Schachspiele auf der antik aussehenden Ladentheke; gefälschte chinesische Lackkunst im Stile der Ming-Dynastie, von kleinen Schmucktöpfen bis zu bauchigen Vasen, die so groß waren, dass sich ein Mann dahinter verstecken könnte; in Hongkong gedruckte humoristische Merkblätter im Stile »Konfuzius sagt« mit Sinnsprüchen auf Englisch, die Männern Rat für die Eroberung von Frauen gaben; Holzstäbchen in Porzellanhalterungen; Glasschalen in allen Farben, Formen und Stärken; und schließlich, in einer scheinbar endlos langen Glasvitrine hoch über den Regalen, eine Serie grell bemalter Masken in allen erdenklichen Variationen dramatischer Mimik.

Inmitten dieses Füllhorns saß eine alte Frau. Sie hatte kurz aufgeschaut, als ich hereinkam, war jetzt aber wieder ganz in ihre chinesische Zeitung versunken, mit einem Ausdruck, der so undurchdringlich war, dass man hätte glauben können, sie trage ihn seit der Zeit zur Schau, als die Pferde hier noch aus Trögen am Straßenrand tranken. Und als ich dort stand, in diesem stillen, staubigen Laden mit den knarzenden Ventilatoren über mir, zwischen holzgetäfelten Wänden, die nichts von unserem Jahrhundert verrieten, hatte ich das Gefühl, in eine Raum-Zeit-Krümmung gestolpert und in eines der vielen Länder geraten zu sein, in die chinesische Kaufleute gereist waren, seit es globalen Handel gab. Und wie zur Bestätigung – oder wenigstens Aufrechterhaltung – dieser Illusion richtete die alte Frau einige chinesische Worte an mich und deutete nach draußen. Dort lief ein Junge in Festtagsuniform mit einer Basstrommel vorbei, gefolgt von Männern mit Blechblasinstrumenten. Keiner spielte, doch sie marschierten feierlich im Gleichschritt die schmale Gasse entlang, die mit einem Mal auf wundersame Weise wie leergefegt war. Die alte Frau und ich beobachteten den Festzug aus der gespenstischen Stille des Ladens heraus; nur die Ventilatoren an der Decke summten, während die Musiker Reihe um Reihe an uns vorbeizogen, mit ihren ganzen Tubas, Posaunen, Klarinetten und Trompeten: Männer jeglichen Alters, einige mit fleischigen Gesichtern, andere, die aussahen, als hätten sie kaum die Pubertät erreicht, mit ersten Anzeichen von Pfirsichflaum auf dem Kinn, und sie alle trugen ihre goldglänzenden Instrumente mit feierlichem Ernst, bis ein letztes Trio mit Rührtrommeln, gefolgt von einer abschließenden riesigen Basstrommel, getragen von einem noch riesigeren Mann, die Prozession beschloss. Ich folgte ihnen mit den Augen, bis sie hinter dem letzten Bronze-Buddha am Rand des Schaufensters verschwanden. Die Buddhas lächelten der Szene mit vertrauter Gelassenheit nach, und ihr Lächeln verschmolz zum Lächeln jener, die alle menschlichen Sorgen hinter sich gelassen hatten, dem archaischen Lächeln der griechischen Kouroi auf ihren Grabstelen, einem Lächeln, das eher auf totale Abgeklärtheit hindeutete als auf Freude. Und jetzt konnten die alte Frau und ich die ersten Töne der Trompete von draußen hören. Nur zwei Takte, zwölf Noten, ein Echo der fernen Fanfare in Mahlers Zweiter Symphonie, die nun von der gesamten Band aufgenommen wurden; eine chromatische, vom Blues infizierte Figur, eine ehemalige Missionshymne vielleicht, ein Klagelied, ein Klang wie ein entfernter Sturm. Ich konnte das Stück nicht identifizieren, aber es entsprach in jeder Hinsicht der schlichten Ernsthaftigkeit jener Lieder, die ich zuletzt auf dem Schulhof der Nigerian Military School gesungen hatte. Damals, vor vielen Jahren und Tausende Kilometer entfernt von dem sonnendurchfluteten Laden, in dem ich gerade stand, gehörten jene anglikanischen Songs of Praise zu unserem täglichen Morgenritual. Ich zitterte, als der kehlige Chor der Blechbläser in den Raum schepperte, während die Tuba sich behäbig durch die tieferen Tonlagen bewegte und der Klang des ganzes Ensembles wie Lichtbündel in Intervallen in den Laden fiel, bevor er sich schleichend wieder verlor, als sich die Band entfernte und in den Lärm der Stadt eintauchte.

Ich wusste nicht, ob der Zug der Kapelle Ausdruck von Bürgerstolz war oder ob es sich um eine Bestattungsfeierlichkeit handelte, aber die Melodie traf meine Erinnerung an die Morgenappelle meiner Kindheit so genau, dass ich plötzlich dieselbe Desorientiertheit und Seligkeit verspürte wie jemand, der in einem prachtvollen alten Haus steht und in der Spiegelwand eines weitläufigen Raumes die Welt in doppelter Ausführung erblickt. Ich wusste nicht mehr, wo das greifbare Universum aufhörte und das gespiegelte begann.

Diese Imitation bis ins Kleinste, von jeder Porzellanvase und jedem stumpfen Fleck auf dem Lack eines gebeizten Teakholz-Stuhls setzte sich fort in mir selbst, der ich mich, erstarrt in einer Halbdrehung, in meinem ebenso erstarrten Spiegelbild verdoppelte – ein Spiegelbild, das sich noch im selben Moment mit den gleichen Fragen herumzuschlagen begann wie sein ebenso verwirrtes Original. Am Leben zu sein, so schien es mir jetzt, als ich da stand und mir alle möglichen Sorgen machte, hieß Original und Spiegelung in einem zu sein; tot zu sein bedeutete, abgespalten zu sein, ein bloßes Spiegelbild.

Schreiben strebt nach Zeugenschaft wie auch Verheißung. Es ist eine durch Traditionen beglaubigte Berufung: durch den Festzug, die Erinnerung, die Musik, durch Läden, die wie Städte sind, und Städte, die wie Läden sind, durch das Individuelle und Kollektive, durch das, was wir gelesen und was wir behalten haben, durch die Liebe und die Verzweiflung, durch die Lebenden und die Toten.

ETHIK

Wenn wir über Migration sprechen, drängen sich unweigerlich Wasserbilder auf; wir reden von einer »Flut« Geflüchteter, einer »Welle«, einem »Strom«, einer »Schwemme«. Das sind keine neutralen Begriffe, sie machen aus der Lage von Mitmenschen einen Grund zur Sorge, und zwar nicht Sorge um sie, sondern um uns. Doch sind Menschen kein Wasser, nicht unbelebt. Betrachte ich Videos vom lybischen Sklavenhandel – Clips, die mich sehr an Caravaggios grauenerregendes Spätwerk *Die Enthauptung Johannes des Täufers* erinnern –, sehe ich keine Welle oder Flut, ich sehe, wie Menschen verkauft werden. Es werden Zahlen gerufen, ich werde Zeuge einer Entmenschlichung. Die Entführer nennen sie »Ware«, sie bringen pro Kopf ein paar Hundert Dollar. Eine Obszönität, die niemandem widerfahren dürfte, eine Obszönität, die niemand mit ansehen sollte.

Die Erdbevölkerung ist in Bewegung. Seit 2019 sind rund siebenundsechzig Millionen Menschen in dieser oder jener Weise von Migration betroffen. Die Zahlen dürften weiter steigen und auch unter uns etliche erfassen, die damit nicht rechnen. Caravaggio zieht mich nicht zuletzt seiner Fähigkeit wegen an, sich in Heimatlose hineinzuversetzen. Sein Mitgefühl für Randexistenzen beruht auf eigenen Erfahrungen. Betrachte ich Caravaggios zärtlich-brutales Werk, sehe ich die Transformation dieser Erfahrung in Zeugenschaft. Wir fassen Nachrichten allzu leicht als Naturereignisse auf, nicht als von Kultur, Privilegien und Imperialismus geprägte Phänomene. Caravaggio gibt mir den Anstoß, zu überlegen, was es heißen könnte, die üblichen Beiträge zur »Bewusstseinsbildung« aufzugeben und mich der riskanteren Aufgabe der Zeugenschaft zuzuwenden. Wer Bewusstsein schafft, kann sich letztlich doch unparteiisch geben, wer aber Zeugnis ablegt, hat längst Partei ergriffen, hat sich entschieden, unprofessionell zu sein.

Es macht einen Unterschied, ob wir von etwas lesen oder hören, ob uns etwas berichtet wird oder ob wir es mit eigenen Augen sehen. Der Unterschied liegt in den Gefühlsreaktionen, die eigene Sinneseindrücke auslösen. Und in unserer Verantwortung, wie schmerzlich es auch sein mag, diese Unmittelbarkeit als Form ethischer Erkenntnis zu suchen. Mich erinnert das an eine Geschichte, die Anne Carson in ihrem erstaunlichen Werk *NOX* erzählt, einer Elegie auf ihren Bruder:

Als mein Bruder starb, wütete sein Hund in einem fort, bellte, knurrte, fiel einen an, fixierte einen Tag und Nacht. Er lief an die Tür, lief ans Fenster, gab keine Ruhe. Die Witwe meines Bruders, so erzählte man sich, nahm den Hund am Tag der Beerdigung mit in die Sankt-Johannes-Kirche. Buster jagt den Mittelgang hoch, richtet sich auf, legt die Pfoten auf den Sargrand, und kaum riecht er die Realität, ist die Wut weg.

Als ich 2011 an die amerikanisch-mexikanische Grenze reiste, um mir selbst ein Bild davon zu machen, was dort geschah, sah ich Dinge, die mein Gefühl, zur USA zu gehören, veränderten; nicht nur mein Zugehörigkeits-, nein, auch mein Verantwortungsgefühl. Ich sah Menschen, die mit geschwollenen Beinen von einem gescheiterten Einwanderungsversuch zurückgekarrt und in Mexiko von Freiwilligen betreut wurden. Ich sah Grenzbeamte auf der amerikanischen Seite im Freien an einem Schießstand üben. Und ich sah die Grenzmauer wie eine klaffende Wunde dazwischen. Bei einem zweiten Besuch war ich in der Bezirkspathologie in Tucson und ließ mir die Leichen derer zeigen, die in der Wüste gestorben waren. Viele würden nie identifiziert werden können, die Leichen zu stark entstellt von Raubvögeln, Wildhunden, von Sonne, Wind und Regen. Dort in der Pathologie machte ich Fotos der namenlosen Reihen einst geliebter, jetzt namenloser toter Körper. Ich entsinne mich, dass es im Lagerraum leicht nach Formaldehyd roch. Aber nicht nach Tod. Ich sah die Realität mit eigenen Augen, aber ich bin mir sicher, dass ich sie nicht roch. Was wäre andernfalls wohl gewesen?

Entscheidender (erstaunlicherweise), eindrücklicher und schmerzlicher ist ein Zeugnis der Grenze, das mich von ferne erreicht. Ich meine einen Ende 2018 bekannt gewordenen Vorfall, der sich einreiht in die Kette bedrückender Momente, die Adrienne Rich hellsichtig so beschrieb: »Doch keine Angst: dies ist kein russisches Gedicht, / wir sind zu Hause, / in unserem Land, mit unserer eigenen Wahrheit und eigenen Gefahr, / näher daran, dass auch bei uns Menschen verschwinden.« Es handelt sich um eine im Juni heimlich in einer Haftanstalt in

Texas aufgenommene Audiodatei. Wir hören Kinder zwischen vier und zehn weinen, tief verstört durch die Trennung von ihren Eltern. Ein Beamter, der den Schmerz der Kinder mitkriegt, scherzt: »Wir haben unser eigenes Orchester.« Sieben Minuten schreiender, nach ihren Eltern rufender junger Kinder – *mami*, schluchzen sie, *papa* –, während rings um sie her die Grenz- und Konsularbeamten ihrem Tagesgeschäft nachgehen. Denken wir nur einen Augenblick lang an Kinder zwischen vier und zehn, an denen uns etwas liegt, so wird die Brutalität dieser Maßnahmen auf unerträgliche Weise klar. Die Gewalt, die unser soziales Gefüge durchzieht, zeigt sich manchmal urplötzlich in dem, was wir hören oder sehen oder, wohl am krassesten, riechen.

Vielleicht liegt darin das Geheimnis eines Künstlers wie Caravaggio: dass er die Leinwand durchstößt und Sinne anspricht, die normalerweise nicht mit der Malerei assoziiert werden. Noch während er um sein Leben rennt, lebt er bis an die Grenze des Erträglichen aus dem Vollen aller verfügbaren Sinne, sinnlich, sensorisch, somatisch, erotisch. Denke ich über die Körper bei Caravaggio nach, lebende wie tote, fällt mir ein, was Kristeva in ihrem wichtigen Essay *Powers of Horror. An Essay on Abjection* schrieb: »Leichen zeigen mir, was ich ständig verdrängen muss, um zu leben.« Der Geruch des Todes, der Realität, bedroht das Ich. Das ist eine zentrale Behauptung ihres Aufsatzes aus dem Jahr 1982, in dem sie eine neue Interpretation des Abjekten vorschlägt. »Ein Leichnam«, schreibt sie, »ist ohne Glaubensgewissheit und jenseits der Wissenschaft betrachtet das Abjekte schlechthin. Er ist der das Leben vergiftende Tod.«

Einem – eher abwegigen – Bericht zufolge ließ Caravaggio einen frisch verscharrten Leichnam ausgraben, um ihn als Modell für seinen Lazarus zu verwenden. Allerdings liegen das Abwegige und die Realität bei Caravaggio eng beieinander. Betrachten wir die Leichenstarre des Lazarus, seine grünliche Haut, können wir das Bild geradezu riechen. Lazarus von Bethanien, Freund Jesu, Bruder Marias und Marthas, beigesetzt in einem mit einem Felsen versiegelten Grab. Als Jesus das Leid derer sah, die den Mann geliebt hatten, litt auch er: Seine Macht über Leben und Tod schmälert die Empathiefähigkeit keineswegs. *Und Jesus weinte.* Die Geschichte wird im elften Kapitel des Johannesevangeliums erzählt, und dort finde ich das Detail, das mich besonders berührt: »Da ergrimmte Jesus abermals in sich selbst und kam zum Grabe. Es war aber eine Kluft, und ein Stein darauf gelegt. Jesus sprach: Hebt den Stein ab! Spricht zu ihm Martha, die Schwester des Verstorbenen: Herr, er stinkt schon, denn er ist vier Tage gelegen.«

Duccios *Auferstehung des Lazarus* bildet Teil der Predella seiner monumentalen *Maestà* des Hochaltares des Doms zu Siena (Bildtafel 7). Duccios Darstellung zeigt den Moment des Wunders. Maria, in Rot, bittet für Lazarus. Martha erklärt Jesus, der Bruder sei bereits zu lange tot. Im Hintergrund drängen Menschen heran. Und der, der tot gewesen ist, tritt hervor, umwickelt wie eine Mumie. In seinen Augen erkennen wir erst Verwirrung, dann die Abmilderung dieser Verwirrung zu so etwas wie Leben (die Malerei ist selbst ein Wunder insofern, als sie zwischen Gefühlen changieren kann). Und dann gibt es auf Duccios Tafelbild ein weiteres unvergessliches Detail. Ein junger Mann direkt neben dem Stein fixiert Lazarus staunend, bedeckt dabei aber Mund und Nase. Diese Figur verleiht der Szene eine schmerzlich menschliche Note. Wir sehen in Darstellungen der Trauer oft Menschen weinen und klagen, sie werfen sich über die Toten. Oft sind es die Hinterbliebenen, die sich in ihrem Verlust selbst verlieren. Dann aber gibt es andere, die zwar auch trauern, jedoch mit etwas mehr Abstand, was ihnen erlaubt, mehr als den Verlust zu registrieren, so auch den Gestank, sodass sie ihre Nasen bedecken. Die vom Gestank des Todes überwältigte Figur. Woher kenne ich sie?

Da ist sie: in Koen Wessings Aufnahme aus dem Bürgerkrieg in Nicaragua, abgedruckt in Roland Barthes' *Die helle Kammer*. Ein Kind liegt von einem Laken bedeckt tot auf der Straße, im Vordergrund weint eine Mutter, eine weitere Frau, ein, zwei Schritte dahinter, hält sich die Nase zu. Ähnliche Figuren gibt es in den Fotos Susan Meiselas' aus derselben Zeit. Sie halten sich die Nase zu, bedecken manchmal ihr ganzes Gesicht, vor Kummer und vor Ekel. Die Leichname der Regimegegner:innen verwesen schon. Vielleicht ist nicht unerheblich, dass es *Nachbarn* sind, denn beim eigenen Kind würde der Gestank nicht so stören – oder gäbe es anderes, das dringlicher schiene. Die Nase mit der Hand zu bedecken, vom Gestank überwältigt zu werden, signalisiert eine gewisse Distanz, und die Distanz schafft – so unsere Erfahrung mit den Lazarus-Bildern von Duccio und Giotto oder den Fotografien Wessings und Meiselas' aus Nicaragua – Raum für die Betrachtung. Wir können den Schmerz dieser betroffenen Mutter nicht spüren noch den Verlust der Schwester, aber wir wissen, was es heißt, sich verbunden zu fühlen und doch empfänglich zu sein für olfaktorische Reize. Wir können wenigstens Nachbarn sein.

Menschen, die der Abjektion unterliegen, sind oft genau die, die angeblich unsere »Sicherheit bedrohen«. Und das tun sie in der Tat, sie bedrohen unser Gefühl, in Sicherheit zu sein, Nicht-Abjekte. Sie zeigen den Verlust von Sicherheit auf, der uns Menschen von jeher droht. Menschen, denen wir extremes Leid zumuten, erinnern uns an das, woran wir nicht erinnert werden wollen: dass jederzeit auch wir extrem leiden können. Unsere Sicherheit ist nicht deshalb bedroht, weil *sie uns* etwas antun werden, uns angreifen etwa, sondern weil *wir sind*, was wir sind: ebenso verletzliche und unsichere Wesen wie sie. Dieses Wissen muss um jeden Preis verdrängt werden, wir begegnen ihm mit Ekel. Das Abjekt ekelt uns, weil es auch in uns steckt, weil es unser fragiles Selbst verkörpert, die intimen Realitäten, die wir nicht riechen wollen. So erging es mir im sizilianischen Pozzallo, als ich plötzlich vor einem umzäunten Parkplatz stand, auf dem die Boote Geflüchteter deponiert worden waren. Ich registrierte und begriff die traurige Realität hinter den Booten intellektuell, doch erst als ich sie roch, brach ich in Tränen aus.

Nachrichten kommen wie neutrale Berichte zur Weltlage daher, und sie rufen erwartbare Reaktionen hervor. Tatsächlich treibt genau diese Erwartbarkeit der Reaktionen das ganze Unternehmen an. »Ein Boot ist gesunken«, lautet da etwa eine Nachrichtenmeldung, »700 Menschen ertranken«. Bei Leser:innen heißt es dann vielleicht: »Eine Tragödie«. »Tausende Menschen haben beim Versuch, von Mexiko aus die US-amerikanische Grenze zu überwinden, ihr Leben gelassen.« »Wie schrecklich.« Was hier und überhaupt in den Nachrichten fehlt, ist jegliches Gefühl dafür, dass die Ereignisse nicht einfach nur misslich sind, sondern eng zusammenhängen mit unserem Verhalten, mit dem Handeln unserer Regierung – und nicht zuletzt auf unsere Verantwortung füreinander verweisen.

. . .

Im Herbst 2013 besuchte ich den Palazzo Pitti in Florenz, wo ich neben anderen Gemälden Caravaggios den in Malta erschaffenen *Schlafenden Amor* sah. Als ich aus der Galleria Palatina hinaustrat in das Gewirr der Gassen davor, packte mich plötzlich eine überwältigende Wehmut, von der ich ahnte, dass sie mit einer Kindheitserinnerung aus Lagos zusammenhing. Mir kamen Nachmittage in den 1980ern in den Sinn, an denen wir auf der Heimfahrt von der Schule auf dem Campus der University of Lagos in Akoka zurück in den damals ruhigen Stadtteil Ikeja am anderen Ende der Stadt gelegentlich an einem Schreibwarenladen in Yaba haltmachten, damit mein Bruder und ich unser schwer verdientes Taschengeld für kostbare Stifte, Schachteln mit Pastellkreiden, Pinsel und dickes, cremefarbenes Aquarellpapier verprassen konnten.

Mein Bruder und ich waren beide wild aufs Malen und Zeichnen, etwa ab meinem siebten und seinem fünften Lebensjahr bis ins Teenageralter. Sind wir noch immer. Er ist Künstler, ich dilettiere. Damals gefiel uns nichts besser, als die Geduld unserer Mutter auf die Probe zu stellen, indem wir uns im Schreibwarenladen viel Zeit ließen. Sie, die nach einem sehr langen Arbeitstag sicher auf schnellstem Wege nach Hause wollte, wartete leidgeprüft im Wagen. Doch auf keinen Fall würden mein Bruder und ich uns bei unserem Materialbeschaffungsritual hetzen lassen. Wir prüften Stifte der Härtegrade H (2H, 4H, 6H) und der weichen B-Skala (2B, 4B, 6B usf.). Wie alle Fanatiker ergötzten wir uns an den genauen Angaben, wandelten beglückt durch die Gänge, verschlangen mit den Augen und berührten mit den Fingern die ausgelegte Ware der Hersteller, deren Namen für uns, zwei kleine Jungen nachmittags nach Schulschluss in Lagos, wie Mantras waren: Staedtler, Winsor & Newton, Rotring, Stabilo und Faber-Castell, verheißungsvolle Namen, das Versprechen langer genießerischer Stunden vor Staffelei oder Skizzenbuch daheim, wenn wir, selbstverständlich Rivalen, uns mit Stift oder Pinsel an Stillleben versuchten. Doch dazu würden wir in jenem Laden in Yaba, dessen Namen ich leider vergessen habe, schließlich zu einer Entscheidung kommen und unsere Wahl treffen müssen.

Tatsächlich gab es bei uns nie viel Geld. Wir mochten uns zur Not die Schachtel mit den sechzehn Kreiden leisten können, nicht aber die Luxusversion mit sage und schreibe vierundsechzig. Wir mochten genug Geld für den Ross-, nie aber für den echten Marderhaarpinsel haben, den, der nass die Tropfenform einer Träne mit überaus präziser Spitze annahm. Also stieß bei jedem Besuch unser Verlangen an Grenzen, und die gab der Geldbeutel vor. Wir ließen uns mit der Entscheidung Zeit. Dann liefen wir zum Wagen und zu unserer Mutter hinaus, die inzwischen fraglos am Ende ihrer Geduld war. Nur wussten wir eben, dass das Glück, das ein neuer Pinsel oder eine Auswahl an Stiften bringen würden, den momentanen Verdruss unserer Mutter mehr als aufwiegen würde. Außerdem war sie, die selbst in der Richtung keinerlei Talent besaß, insgeheim stolz auf unsere künstlerische Veranlagung und wunderte sich gelegentlich, wie sie zu Kindern kam, deren Neigungen sich so radikal von den ihren abhoben.

Das alles holte mich an jenem Nachmittag in Florenz wieder ein. Aber nicht die Erinnerung als solche überwältigte mich, sondern vielmehr das mit ihr einhergehende *Gefühl*, die intensive Wehmut. Ich fühlte mich unerklärlich jung, glücklich, erwartungsvoll, überreizt, wetteifernd, kreativ und verletzlich, und erst mit Verzögerung offenbarte sich mir der Grund für das Gefühl in der Erinnerung an den Besuch im Schreibwarenladen. Wo kam plötzlich fast dreißig Jahre später und Tausende Kilometer weit weg in einem fremden Land diese Aufwallung her? Was konnte derart mächtige Assoziationen ausgelöst haben? Ich wandte mich in der engen florentinischen Gasse um, ging ein paar Schritte zurück und fand die Antwort: Ich hatte frisch gespitzte Bleistifte gerochen. Erstaunlich, was eine so schwache wie spezifische Spur inmitten des Wirrwarrs an Gerüchen in der Gasse bei mir hatte auslösen können. Ich war an einem Künstlerbedarfsladen vorbeigekommen, und was da zur offenen Tür herausströmte, hatte mich schnurstracks in die Kindheit zurückversetzt. Der flüchtige Geruch war an meinem Bewusstsein vorbei tief an den Ursprung der Erinnerung geschleust worden und hatte mir ein Erlebnis beschert, das stärker war als der visuelle Eindruck der meisterlichen Gemälde, auf die ich gerade einen ganzen Nachmittag verwandt hatte, Werke von Giovanni Bellini, Raphael, Tizian, Caravaggio.

Henry de Montherlant wird die Sentenz zugeschrieben, das Glück schreibe mit weißer Tinte auf weißem Papier, aber ich selbst halte das Glück für eine sehr komplexe Gefühlsregung, die in ihrer Vielschichtigkeit der Trauer nicht nachsteht. Der hartnäckige Abjektionsgeruch, der mir in Pozzallo so zusetzte, das Gemälde der *Enthauptung des Heiligen Johannes des Täufers* in Malta, die Videoclips und Stimmen aus Libyen, das Weinen der verlassenen Kinder in der Aufnahme aus Texas, das alles sind Botschaften von der düsteren Seite des Lebens. Sie sind auf je eigene Weise gravierend und unvergesslich. Doch die süße Holz- und Grafitnote gespitzter Bleistifte in einer florentinischen Gasse ist nicht minder potent. Unsere Sinne sind unendlich vielgestaltig, feinstofflich. Wir sehen, wir hören, wir berühren und werden berührt, wir schmecken, wir riechen. Wir können jederzeit Teile unseres Körpers orten, wir empfinden heiß und kalt, wir fühlen Schmerz, wir können das Gleichgewicht halten. Wir kennen Momente der Synästhesie, wir lassen uns von Jasminduft in Staunen versetzen, uns bewegt der Klang von Trommeln, wir spüren, wie sich die Architektur auf den Körper auswirkt. Wir finden in Buch um Buch, Film um Film Augenblicke der Komplexität und Komplizierung, die uns aufrütteln und uns umso enger ans Leben binden, jene körperlichen und neuralen Reize, die uns versichern, dass es nicht nur uns so ergeht.

Wir bewegen uns mit wachen Sinnen durch die Welt, und wir treffen auf andere mit wachen Sinnen – vielförmige und feinstoffliche Körper, die wechselseitig aufeinander einwirken – und dies alles mahnt uns, uns unserer Verantwortung füreinander zu stellen. Wir sitzen quasi im selben Boot, und in diesem Boot riechen wir unsere Körper. In *Das Leiden anderer betrachten* bringt Susan Sontag eine hilfreiche Warnung vor:

»Mitgefühl ist eine instabile Gefühlsregung. Es muss in Handlung übersetzt werden, sonst verdorrt es. Deshalb stellt sich die Frage, was man mit den geweckten Gefühlen, dem übermittelten Wissen tun soll. (…) Die Menschen verhärten sich – wenn dies der richtige Ausdruck ist – gegen das, was man ihnen zeigt, nicht wegen der *Quantität* der Bilder, die ihnen vorgesetzt werden. Es ist vielmehr die Passivität, die abstumpft.«

Mich interessiert sehr, was Sontag hier zur »Passivität« sagt. Um die Menge der Bilder geht es ihr zufolge nicht. Es geht vielmehr darum, wie sie rezipiert werden. Wie lässt sich die bloße Rezeption faktischer Gegebenheiten in Handeln umsetzen?

Ich denke oft, wenn Sensitivität ein Merkmal meines ethnischen Sensoriums ist, dann muss das doch auch für andere gelten. Damit will ich nicht sagen, dass moralisches Empfinden eine besondere Sensitivität erfordert. Ich glaube eher, sie kann uns helfen und uns darin bestärken, uns darauf zu besinnen, was wir einander immer schon schulden. Um mit Édouard Glissant zu sprechen: Wir müssten, wenn wir uns sehen, erzittern. Genau deshalb reise ich, lese ich, interessiere ich mich für die Kunst: um zu ergründen, zu empfinden, zu erzittern, um die Gefahr zu bannen, dass konkrete Fakten nur eine passive oder gar nutzlose Reaktion erzeugen. Ich öffne mich, um mich von der »Bewusstseinsbildung« zu lösen und mich der »Zeugenschaft« zu nähern, näher ranzukommen, zu fühlen, was ich dort fühle (wo immer »dort« ist), zu beachten, was meine Sinne mir zutragen, und es in gemeinsame Verantwortung zu überführen, in das Wissen, dass mein Körper – unsere Körper – genau dafür gerüstet sind.

5. TEIL
IN DUNKLER ZEIT

HALTUNG BEWAHREN

Sonntagnachmittag in einer französischen Provinzstadt. Zwei Männer treffen sich in einem Café. Einer der beiden, Behringer, ist angetrunken. Er wird von seinem Freund Hans dafür getadelt. Plötzlich vernehmen sie einen gewaltigen Lärm. Als sie, wie auch einige andere Leute aus der Stadt, die Hälse nach der Ursache recken, sehen sie ein riesiges Tier stampfend und schnaubend die Straße entlangwalzen. Ein Nashorn! Kurz darauf ein weiteres! Sie sind fassungslos. Es ist ungeheuerlich. Man müsste etwas unternehmen. Sie machen den Anfang, indem sie einen heftigen Streit darüber vom Zaun brechen, ob das zweite Nashorn das erste war, das ein zweites Mal vorbeirannte, oder ein anderes, und ob es sich um afrikanische oder asiatische Nashörner handelte.

Im nächsten Akt werden die Ereignisse noch verstörender. (Es handelt sich übrigens um das Theaterstück *Die Nashörner* von Eugène Ionesco.) Die Sichtung der Nashörner befeuert weiterhin sinnlose Auseinandersetzungen. Doch dann verwandeln sich nach und nach einige Menschen in der Stadt in Nashörner. Ihre Haut verhärtet sich, es wachsen ihnen Beulen über den Nasen, die sich zu Hörnern entwickeln. Hans gehörte zu jenen, die sich über das Auftauchen der ersten beiden Nashörner empört hatten, und nun wird er selber zum Nashorn. Während seiner Verwandlung wendet Behringer ein: »Sie sind sich doch klar darüber, dass wir eine Philosophie haben, die die Tiere nicht haben. Ein Gebäude von unvertauschbaren Werten. Jahrhunderte menschlicher Zivilisation haben es erbaut.« Worauf Hans, auf dem besten Weg, zum Nashorn zu werden, erwidert: »Sobald wir das alles zerstört haben, werden wir besser dastehen.«

Es grassiert eine »Rhinozeritis«-Epidemie. Beinahe alle erliegen ihr: diejenigen, die die rohe Gewalt der Nashörner bewundern, diejenigen, die den Vorfällen von Anfang an keinen Glauben schenkten, diejenigen, die sofort beunruhigt waren. Eine weitere Figur, Stech, erklärt: »Wenn es eine Kritik zu üben gilt, dann ist es besser, eine Sache von innen als von außen zu kritisieren.« Woraufhin er sich willentlich der Verwandlung unterzieht, aus der es für ihn kein Zurück gibt. Die beiden Letzten, die sich dieser Massenkapitulation verweigern, sind Behringer und seine Kollegin Daisy.

Der französisch-rumänische Autor Eugène Ionesco schrieb *Die Nashörner* 1958 als Reaktion auf die totalitären Bewegungen in Europa, wobei ihn seine Erfahrungen mit dem Faschismus in Rumänien in den 1930er-Jahren besonders geprägt hatten. Ionesco wollte verstehen, warum sich so viele Menschen solch gefährlichen Ideologien hingeben. Wie konnten so viele derart auf Abwege geraten? Das Stück, eine Farce, bot ihm eine Möglichkeit, sich mit diesem Problem auseinanderzusetzen.

Kurz nach Mitternacht am 19. August 2015 attackierten die Brüder Stephen und Scott Leader einen Mann namens Guillermo Rodriguez, der in der Nähe eines Bahnhofs in Boston schlief. Die Leader-Brüder schlugen mit einem Metallrohr auf ihn ein, wobei sie ihm die Nase brachen und die Rippen prellten, und beschimpften ihn als »Wetback-Mexikaner«. Sie urinierten auf ihn. »Ihr Illegalen gehört alle abgeschoben«, sollen sie während des Angriffs skandiert haben. Die Brüder waren Anhänger des Präsidentschaftskandidaten, der bald darauf von der republikanischen Partei nominiert werden sollte. Als er von dem Vorfall hörte, sagte dieser Kandidat: »Die Menschen, die mir folgen, sind sehr leidenschaftlich. Sie lieben dieses Land, und sie wollen, dass es zu alter Größe zurückfindet.«

Das war der Moment, in dem meine ohnehin schon läutenden mentalen Alarmglocken zu schrillen begannen. Es sollten viele weitere frappierende Vorfälle folgen – Berichte über sexuelle Gewalt, Belege für Rassismus, die Androhung von Folter, die Befürwortung von Kriegsverbrechen –, aber der Angriff auf Rodriguez und die weitgehend nachsichtige Reaktion darauf waren ein einschneidender Moment. Etliche zeigten sich empört, doch Empörung wurde schon bald zu einem wirkungslosen Reflex. Andere sahen in der Parade aus Obszönitäten und Grausamkeiten eine sprudelnde Quelle für Humor. Wieder andere vertraten eine Haltung, die jener der Figur Wisser in Ionescos Stück glich: »Ich möchte Ihnen nicht zu nahetreten. Aber ich glaube nicht an Ihre Geschichte. Nashörner, hierzulande, hat man noch nie gesehen!«

Am 9. November 2016 wurde in den frühen Morgenstunden der Gewinner der Präsidentschaftswahlen bekannt gegeben. Im Laufe des Tages wurde immer deutlicher, wie weit die moralische Rhinozeritis bereits um sich gegriffen hatte. *People* veröffentlichte einen oberflächlichen Bericht über die Tochter des künftigen Präsidenten und deren Familie, die begleitende Bildstrecke war überschrieben mit: »Einfach zu niedlich«. Ein Kommentar in der *New York Times* empfahl, dass die Anhängerschaft dieses aggressiven Fanatikers nicht bloßgestellt werden sollte. Woanders wurde die Frage, ob der designierte Präsident ein guter Präsident sein werde, optimistisch beantwortet. Die Nachrichtenredaktionen fanden Wege, ihre Überraschung ob des Wahlausgangs zu äußern, aber nicht ihre Wut darüber. Wohin man blickte, entdeckte man unmissverständliche Zeichen der Normalisierung, die bereits im Gange war. So viele reihten sich ohne jeglichen Druck ein. Es spielte sich in einer ungeheuren Geschwindigkeit ab, beinahe wie eine Verseuchung. Es erwischte auch diejenigen, die – wie Stech in *Die Nashörner* – vorhatten, »von innen« Kritik zu üben.

Das Böse nistet sich im Alltäglichen ein, wenn die Menschen nicht imstande oder nicht willens sind, es zu erkennen. Es macht es sich unter uns bequem, wenn wir uns bemühen, es kleinzureden oder umzudeuten. Es begann nicht vor einer Woche, vor einem Monat oder vor einem Jahr. Es begann nicht mit den Drohnenangriffen oder mit dem Krieg gegen den Irak. Das Böse war schon immer da. Aber jetzt hat es einen totalitären Ton angeschlagen.

Am Ende von *Die Nashörner* kann auch Daisy dem Ruf der Herde nicht länger widerstehen. Ihre Haut verfärbt sich grün, ihr wächst ein Horn, sie verschwindet. Behringer, fehlbar und ganz allein, wird von Zweifeln geplagt. Er ist fest entschlossen, sich seine Menschlichkeit zu bewahren, aber beim Blick in den Spiegel ist er sich plötzlich fremd. Da er so stark von der allgemeinen Meinung abweicht, fühlt er sich wie ein Ungeheuer. Er hat Angst vor dem Preis seiner Unabhängigkeit. Doch er steht zu seinem Entschluss und weigert sich, die entsetzliche neue Normalität zu akzeptieren. Er wird sich zur Wehr setzen, sagt er. »Ich werde nicht kapitulieren!«

WEHRT EUCH, WEIGERT EUCH

Der Mut der französischen Résistance – ein Mut, der weit über bloßes Gerede und Gehabe hinausging – trug dazu bei, dass »Widerstand« in unserem heutigen Vokabular als heiliges Wort gilt. Mit banger Bewunderung erinnern wir uns an diese Menschen, von denen viele in Gefangenschaft gerieten und schon bald nach ihrer Festnahme gefoltert und hingerichtet wurden. Angesichts des Unaussprechlichen verpflichteten sie sich dem Unvorstellbaren.

Heute ist »Widerstand« wieder in Mode gekommen und beschreibt doch etwas gänzlich anderes. Das heilige Wort ist gewöhnlich geworden. Konfrontiert mit einem vulgären, wahnhaften und grausamen Regime, bezeichnen sich Menschen unterschiedlichsten Schlags vorschnell selbst als Mitglieder des »Widerstands«. Es scheint die angesagteste Sache zu sein, doch darum ging es in einer tatsächlichen Widerstandszelle nicht. Das Netzwerk Gloria SMH beispielsweise wurde 1942 vom Priester Robert Alesch an die Gestapo verraten; zwölf Mitglieder wurden erschossen, über achtzig gefoltert und nach Buchenwald und Mauthausen deportiert. Eine frühe Warnung rettete Suzanne Déchevaux-Dumesnil und ihren Begleiter

Samuel Beckett. Sie konnten in die unbesetzte Zone fliehen. Viele andere aus dem Netzwerk kamen ums Leben; diese beiden überlebten, irgendwie.

Die Nähe des Todes (die Absurdität, ihm entkommen zu sein) prägt Becketts Nachkriegswerke. Schon seine Erzählungen von 1946 kreisen nicht zuletzt um die Frage, was gesagt werden kann und was nicht. Nach dem Krieg schreibt er endgültig auf Französisch, um sich selbst vom Englischen zu befreien, um seine Sprache abzulegen. Damit löst er ein, was er bereits 1937 in einem Brief andeutete: »Meine eigene Sprache erscheint mir zunehmend wie ein Schleier, der zerrissen werden muss, um zu den Dingen (oder dem Nichts) dahinter zu gelangen.« Seine Texte werden besessener, zweifelnder, gequälter, weniger ausgeschmückt. Über lange Strecken sind sie karg, behandeln nur selten tatsächliche Begebenheiten aus dem Krieg. So schreibt ein Mann, der zu viel gesehen hat.

Wenn ich mir die Atmosphäre der Résistance vorstelle, kommt mir auch Jean-Pierre Melvilles *Armee im Schatten* (1969) in den Sinn, ein düsterer und intensiver Film, der Heldentum auf ungewöhnliche Weise darstellt: nicht als Nervenkitzel, sondern als eine Abfolge von zugleich schwerwiegenden und äußerst gewöhnlichen Entscheidungen. Ein Pilot, eine Hausfrau, ein Philosoph: Wir werden in ihre Welt hineingezogen, damit wir feststellen können, dass sie wie wir sind und dass sie sich, unerklärlicherweise, für das Risiko und gegen die Sicherheit entschieden haben. Ihr Heldentum ist, wie das so vieler Widerständigen, letztlich vergebens. Es kommt zum Verrat. Die meisten sterben.

Es war ein Widerstand ohne Frohsinn, er verzichtete auf jegliche Gesten der Vergnügung. Die Résistance hatte nicht einmal die Gewissheit, strategisch wirkungsvoll zu sein (der französische Widerstand operierte weder mit vereinter Kraft noch mit einer einheitlichen, geschlossenen Taktik). Warum also machten sie mit? Der Schriftsteller und Widerstandskämpfer Roger Stéphane drückte es 1952 so aus: »Noch nie waren so viele Menschen wissentlich so viele Risiken für eine so kleine Sache eingegangen: für den Wunsch, Zeugnis abzulegen. Es mag absurd sein, aber gerade durch solche Absurditäten haben wir unsere menschliche Würde wiederhergestellt.«

Es war eine gefährliche Hingabe an den Widerstand, zu der sich Hunderttausende verpflichteten, von denen allein in Frankreich Zehntausende starben. In den frühen 1940er-Jahren gab es eine Phase, in der die Nazis fünfzig französische Unschuldige umbrachten, wenn die Mitglieder der Résistance einen Nazi getötet hatten. Eine entsetzliche Rechnung, die aber die Résistance (und ihren kommunistischen Flügel im Besonderen) nicht davon abhielt, weitere Nazis zu töten. Es war eine grauenvolle Zeit. Für die Résistance stand nicht nur die politische Macht auf dem Spiel, sondern auch die menschliche Würde, die die Widerständischen, neben allen Fragen nach der taktischen Effizienz, für nicht verhandelbar erachteten.

Es ist diese Vergangenheit, die mitschwingt, wann immer das Wort »Widerstand« in der Arena der amerikanischen Politik heraufbeschworen wird. Es ist diese Geschichte, die über die Trivialität unserer Reaktionen richtet, über uns, die wir ein heiliges Wort banalisieren und seine Wirkmacht schwächen. Die Trivialität unserer Reaktion betrifft nicht die missliche Lage so vieler Menschen hier, die bereits gestorben sind, auch nicht die ernsthafte Arbeit, die so viele fernab des Rampenlichts leisten. Sie findet sich in den Stimmen derjenigen, die in der Öffentlichkeit den Ton angeben. Wie sehr ich mich in diesen Zeiten, zum Wohle Amerikas, nach Becketts Kargheit sehne, nach Melvilles Schwermut, nach Stéphanes Verlangen, Zeugnis abzulegen, nach emotionaler Nüchternheit, die dem ungeheuren Ausmaß des Verbrechens entspricht. Wie sollen wir unter diesen Umständen leben? Wie können wir den im Wort »Widerstand« angelegten Prinzipien gemäß leben, wenn sich die Bedeutung des Wortes selbst so stark verändert hat? Was können wir in einer Nation tun, die wie keine andere das Leid zur Unterhaltung verkehrt?

Ich schlage einen Widerstand durch Verweigern vor. Verweigert einen Widerstand, dem der Mut amputiert wurde. Verweigert das übliche Schlachtfeld und tragt den Kampf woanders aus. Verweigert das gemeinsame Essen mit dem Feind, weigert euch, den Feind zu verpflegen. Weigert euch, die Krisenlogik mitzutragen, weigert euch, auf ihre Provokationen zu reagieren. Weigert euch, die Vergehen des Vorjahres zu vergessen, ebenso wie jene des letzten Monats und der letzten Woche. Verweigert den Nachrichtenzyklus, verweigert die Kommentarspalten. Weigert euch, den Nachrichtenwert über zwischenmenschliche Solidarität zu stellen. Weigert euch, euch von Pragmatismus einschüchtern zu lassen. Weigert euch, von zynischen Menschen beurteilt zu werden. Weigert euch, zu leichtfertig getröstet zu werden. Weigert euch, schieres politisches Überleben zu bewundern. Weigert euch, das Kalkül des geringeren Übels hinzunehmen. Verweigert Nostalgie. Weigert euch, ins Gelächter einzufallen. Verweigert euch der Binarität von schrecklicher

Vergangenheit und grauenhafter Gegenwart. Weigert euch, die Notlage der Inhaftierten, der Gefolterten und der Abgeschobenen zu ignorieren. Weigert euch, von Machtdemonstrationen fasziniert zu sein. Verweigert den Mob. Verweigert die Spielereien, verweigert Etikette, verweigert Anschuldigungen, verweigert Ablenkung, was nichts anderes ist als die Duldung des Sterbens unter anderem Namen. Und wenn man euch sagt, ihr könnt euch nicht weigern, weigert euch auch dann.

DURCH DIE TÜR

In Nigeria bewohnten meine Eltern, Geschwister und ich eine Dreizimmerwohnung im obersten Stock eines Mietshauses in einem etwas besseren Teil von Lagos. Das war so um 1981. Meine Mutter unterrichtete Französisch. Aber hätte sie nicht uns Kinder betreut und wäre es anders gekommen, hätte sie vielleicht Karriere als Diplomatin gemacht. Mein Vater gehörte dem mittleren Management eines multinationalen Kakaoverarbeitungsunternehmens an. Er musste beruflich viel reisen. Sein Job führte ihn nach Ghana, an die Elfenbeinküste, nach Korea, Großbritannien und, vor allem, nach Brasilien. Wir besaßen kein Haus, wir besaßen noch nicht einmal Land, und doch brachte mein Vater eines Tages von seiner jüngsten Brasilienreise eine Tür mit: eine wunderschön lasierte Teakholztür, tief honiggelb, leuchtend, prachtvoll.

Der Erwerb dieser Tür erschien rätselhaft und etwas absurd. Mein Vater hatte für das prächtige Stück, das er sich aus São Paulo schicken ließ, sein ganzes Geld ausgegeben. Er hatte außerdem massive Türgriffe, Schlossblenden und einen pompösen Löwentürklopfer mit dunkler Patina erstanden. Diese Tür und die schweren Messingbeschläge hätten einer Kathedrale alle Ehre gemacht, dazu kamen Schlösser, Schlüssel und Scharniere, allesamt gekauft von einem, der keinen Grund und Boden besaß. Wir bewahrten die Tür in einer Kammer auf, dort setzte sie Staub an. Und dort sah sie ein Freund und Kollege meines Vaters, der gerade ein Haus baute. Er sagte: »Was für eine prächtige Tür. Pass auf, ich kaufe sie dir ab.« Mein Vater ging nicht darauf ein. »Ich gebe dir gutes Geld dafür«, sagte sein Freund. »Es ist wirklich eine wunderschöne Tür.« Zu keinem Preis sei sie zu haben, sagte mein Vater.

Diese närrische, von meiner Mutter rückhaltlos unterstützte Fixierung meines Vaters auf eine reale Tür für ein ungebautes Haus auf einem bislang imaginären Stück Land habe ich nie vergessen, nicht nur der Zuversicht wegen, sondern auch, weil sich darin ein instinktives Gespür für die symbolische Kraft von Pforten zeigt. Mir gefällt, wie viel Bedeutung den Worten »Tür« und »Durchgang« innewohnt. Wenn jemand sagt: »Es ist die erste Tür links«, dann meint er eigentlich den Durchgang, die Türöffnung. Eine Tür lässt uns immer ein und aus, ob sie von drinnen hinausführt oder ins Draußen hinein. So gesehen ist sie eine reflexive Vorrichtung. Eine Tür ist Schwelle, Durchgang, Dreh- und Angelpunkt diverser Möglichkeiten, voller Wandlungskraft. Sie ist Übergang, Zone all dessen, was bald sein wird, aber noch nicht ist, Reich des doppelsinnigen Gotts Hermes. Eine Tür ist – um nun die Wörterbuchdefinition anzuführen – eine bewegliche, meist an Scharnieren drehbare Barriere, die eine Seite einer Wand von der anderen trennt. (Bei Ogden Nash findet sich eine andere, witzige Definition: »Eine Tür ist immer etwas, hinter dem der Hund gerade nicht sein soll oder will.«) Die Vorstellung einer Tür als Symbol, als Sinnbild, ist sehr alt, möglicherweise gerade mal fünf Minuten jünger als die erste reale Tür. Sie bietet sich so offenkundig als Metapher an, wie es der Weg tut, und unseren Vorfahren war das sofort klar.

. . .

1401 wurde ein Wettbewerb zur Gestaltung des Nordportals der oktogonalen Taufkirche des Doms von Florenz ausgelobt. Die Teilnehmer reichten ihre Entwürfe ein, Vierpass-Hochreliefs aus Bronze zum vorgegebenen Motiv der Opferung Isaaks. Sieben Halbfinalisten blieben übrig, von denen fünf ausschieden, sodass schließlich Lorenzo Ghiberti und Filippo Brunelleschi als Finalisten benannt wurden. Beide waren zu dieser Zeit Anfang zwanzig.

Brunelleschis Darstellung der Opferung Isaaks war kühn, hochdramatisch: Abraham mit vorgerecktem Arm, der Engel von links heranstürmend. Ghibertis Entwurf war ausgewogener, eleganter, feiner gearbeitet, kompositorisch stimmiger, er folgte den fließenden Linien der internationalen Gotik. Die Jury konnte sich nicht entscheiden. Sie ernannte daher beide zu Siegern und schlug vor, die Künstler sollten die Reliefs für die schweren Portale gemeinsam gestalten. Ghiberti hatte damit kein Problem, doch Brunelleschi war empört. Er fand, er allein hätte gekürt werden müssen, und zog sich beleidigt zurück. Ghiberti schuf zunächst das Nordportal, es wurde in Bronze gegossen und vergoldet, eine Arbeit von einundzwanzig Jahren; sie ist noch heute an der Nordseite des Baptisteriums zu bewundern. Sie fiel so überzeugend aus, dass er beauftragt wurde, auch das Ostportal zu gestalten. Dafür brauchte er weitere siebenundzwanzig Jahre, das Ergebnis übertraf noch seinen ersten großen Wurf. Und was Brunelleschi betrifft, der wandte sich vor lauter Verdruss ganz von der Bildhauerei ab und ging nach Rom, um Baumeister zu werden. Brunelleschi war dann derjenige, der die Zentralperspektive entdeckte. Er war derjenige, der die Kuppel der Kathedrale Santa Maria del Fiore in Florenz entwarf, bis heute das weltgrößte selbsttragende Ziegelgewölbe. Brunelleschi gilt als Vater der Renaissancearchitektur.

Etymologische Recherchen zum Wort »Tür« sind nicht sehr ergiebig: *Thür,* f. ahd. *turi,* md. *tur* und *ture,* altfries. *Dure.* Der Begriff *thür* erscheint in den indogerm. Sprachen vielfach als Dual (die beiden Türflügel). Also besteht eine »Tür« eigentlich aus zweien, was uns nicht viel weiterbringt. Aber es zeigt uns, wie alt das Wort ist und wie alt seine zivilisationsgeschichtliche Bedeutung. Wie *Hand,* wie *Brot,* wie *Heim;* das sind Wörter, die wir haben, seit es Wörter gibt, weil wir sie brauchen, seit wir Sprachen verwenden.

Theophilus van Kannel aus Philadelphia gab wenig auf gute Umgangsformen, sagt man. Damen die Tür aufzuhalten, zum Beispiel, war nichts für ihn. »Bitte, nach Ihnen.« »Aber nein, nach Ihnen.« 1888 optimierte van Kannel eine Erfindung H. Bockhackers und beantragte ein Patent für eine »Sturmtürvorrichtung«. Sie war energiesparend und besonders an betriebsamen Orten praktisch. Van Kannels »Vorrichtung« kennen wir heute als Drehtür. Seine rotierende Karusselltür geht unablässig auf, unablässig zu und droht ständig, einen schwindelig zu machen oder Slapstickdesaster zu stiften.

Türen lassen auch an schlichtere, weniger ausgeklügelte Gegebenheiten denken. Ein Haus kann man als von einem Dach abgeschlossene Vielzahl von Wänden betrachten. Es käme zur Not ohne Fenster aus. Was es aber unbedingt haben muss, ist eine Tür. Ein Haus ohne Durchgang, ohne Tür, ist entweder ein Kerker oder ein Grab. Um eine richtige Wohnmaschine zu sein, muss es Verkehr erlauben. Mir gefällt die simple und eindringliche Art, in der Peter Zumthor seine vorarchitektonische Sensibilität für die materielle Welt beschreibt. Bei ihm heißt es:

Ich erinnere mich an eine Zeit in meinem Leben, in der ich Architektur erlebte, ohne darüber nachzudenken. Noch glaube ich, die Türklinke, jenes Stück Metall, geformt wie der Rücken eines Löffels, in meiner Hand zu verspüren.

Sie fasste ich an, wenn ich den Garten meiner Tante betrat. Noch heute erscheint mir jene Klinke wie ein besonderes Zeichen des Eintritts in eine Welt verschiedenartiger Stimmungen und Gerüche.

Hinter dem Fachwissen, das die Architektur voraussetzt, liegt der Wunsch, etwas zu erschaffen, das materiell und unverstellt erfahren wird, etwas, das auch präkognitiv anspricht, wie der Türgriff am Gartentor der Tante Zumthors oder die Tür, die in meiner Kindheit die Familie fast ein Jahrzehnt lang von einer Mietwohnung in die nächste begleitete. Tür und -öffnung sind eins, durch die Tür gelangen wir von einer Seite auf die andere, wechseln hinüber, überwinden, und interessanterweise hat »durch« etymologisch überdies dieselben Wurzeln wie »Tür«.

. . .

Vor ein paar Jahren reiste ich mit anderen auf dem Landweg von Lagos entlang der sogenannten »Sklavenküste« Westafrikas nach Cotonou und weiter nach Ouidah in der Republik Benin. Wir wandelten auf den Spuren menschlicher Grausamkeit. Wir sahen den Baum, an den versklavte Menschen gekettet wurden, wir sahen den Pferch, heute nur noch ein Feld, wo Tausende eingesperrt wurden, wir sahen die Grube, in die man Aufrührerische hinabstieß in den Tod. Schließlich, dem Meer zugewandt, erhob sich vor uns ein modernes Bauwerk, ein Bogen aus Beton und Bronze, das »Tor zur Reise ohne Wiederkehr«. Ein Tor, eine Tür, die keine Wiederkehr erlaubt, ist eigentlich ein Widerspruch und entwertet die Großzügigkeit von Durchgängen zum einseitigen Schrecken, und für diesen Schrecken steht hier der Torbogen.

Das widersprüchliche Tor in Ouidah führt meine Gedanken zu einem Werk des amerikanischen Künstlers Robert Gober: *Untitled Door and Door Frame*. Die verblüffende Installation besteht aus einer Türöffnung, durch die wir auf ein an die Wand gelehntes Türblatt blicken. Sie ist wie ein Gedanke, der nirgends hinführt als zurück zu sich selbst, eine Art Wortspiel dazu, wie eine Tür zugleich die Türöffnung bedeutet. Gobers Tür ist eine Variante der Anti-Türen des Forts von Gorée und von Ouidah, ist dekonstruierte Türheit, ein kraftvolles, verwirrendes Werk.

. . .

Nach langen Jahren kauften meine Eltern endlich ein Stück Land. Es war ein bescheidenes Grundstück weit draußen am Stadtrand von Lagos. Damals war die Gegend fast durchgehend noch Wald. Doch nach und nach wurde das Land gerodet. Es wurden Fundamente gegossen, Wände hochgezogen, Tür- und Fensterstürze gesetzt, ein Dach erstellt, eine Veranda gezimmert, und schließlich wurde, als nähme man von einem samtenen Kissen ein Kronjuwel, die prächtige brasilianische Tür vorn in den Rahmen gehängt. Der Löwentürklopfer aus Messing wurde angebracht. Weil es 1981 eine Tür gegeben hatte, gab es 1989 ein Haus. Als ich 1992 mit siebzehn Jahren auszog und meine amerikanische Reise antrat, geschah es buchstäblich durch diese Tür. Ich trat durch die prächtige, gehegte und gepflegte brasilianische Tür, fuhr zum Flughafen Lagos, flog in die USA und leitete so eine neue Lebensphase ein. Eine Tür, dann noch eine und noch eine, durch das Studium und durch meine Bücher, die vielen Türen des Lebens, eine Tür, dann noch eine und noch eine, durch meine Zweifel und Momente der Verzweiflung, durch mein Suchen und durch meine vielen Städte, durch die Türen, die mich zu diesem Augenblick geführt haben. Was kann die Symbolkraft nicht alles bewegen.

Und das bringt mich zuletzt auf einen Vorfall der Gegenwart, da unser Land sich auf den Punkt zubewegt, an dem es kein Zurück mehr gibt. An der Grenze zu Mexiko windet sich die Mauer am Grenzabschnitt San Diego wie eine Wunde durchs Land. Im Border Field State Park nimmt sie die Form eines Sicherheitszauns an. Darin findet sich eine Tür, ein Tor. Seit 2013 hat sich diese Tür dank des Engagements der Nonprofit-Organisation Border Angels ganze sechs Mal kurz aufgetan. Man nennt sie die »Tür der Hoffnung«. Menschen aus Tijuana und Menschen aus San Diego treffen sich dort zu einer kurzen Umarmung, einem Kuss, einer flüchtigen Familienzusammenkunft.

Ohne dass die einen auf die andere Seite gelangen, werden hier für einige kostbare Momente lange getrennte Menschen wieder vereint. Im November 2017 fand unter dem grimmigen Blick der Grenzpolizei sogar eine Hochzeit statt – zwischen Brian Houston aus Rancho San Diego und Evelia Reyes aus Tijuana. Und dann, im Januar 2018, schloss sich, weil unser Land *näher daran* (scheint), *dass auch bei uns Menschen verschwinden*, die Tür der Hoffnung endgültig, als wäre sogar menschliche Güte gegen das Gesetz, als wäre noch die Gnade eine unverzeihliche Gesetzeslücke. Die offene Tür war ein Ausnahmezustand, eine kleine versöhnliche Note in der brutalen Politik der Spaltung. Hier war niemand migriert. Hier hatte niemand geschmuggelt. Hier war lediglich ein Ort für einige wenige Freudentränen gewesen, ein Spalt in der Mauer, der Licht einließ.

NORD-PASSAGEN

1

Sie arbeitet im äußersten Norden nahe Spitzbergen, dort hält
sie sich Gesteinsbruchstücke an die Zunge. Sie kann am Geschmack erkennen, welche davon nicht bloß Steine sind, sondern wahrscheinlich Versteinerungen, also Fossilien. Sie ist
Paläontologin. Das Land ist alt. Es gab hier Leben.

Leben anderer Art lagert im Saatguttresor des Svalbard Global Seed Vault, einer Arche für die Zukunft der Menschen auf
dieser Erde. Es gibt und wird hier Leben geben. Dieser Tresor
setzt auf eine kommende Katastrophe, Norwegen hält ihn vor
für die gesamte Menschheit. Aus einem Gedankenexperiment
wurde ein reales, ein Hort für die Zukunft. Eine Handhabe.

Die Paläontologin ist mit Andreas verheiratet.

2

Der Sommer war trocken. Die Felder sehen strohig aus (so
blond wie die Frauen, die ich später über die Bogstadveien in
Oslo schlendern sehe). Andreas sagt, wenn es noch irgendwelche Zweifel gegeben haben sollte, ob Modelle und Messmetho-
den geeignet seien, eine Extremwetterlage eindeutig auf den
Klimawandel zurückzuführen, so seien diese nun ausgeräumt.

Dies ist das erste Jahr, sagt er, wo man sicher und unwiderspro-
chen davon reden könne, dass das Klima sich wandele, dass es
weltweit ohne Frage wärmer werde. Während er spricht, sehe
ich einen Mann im gleißenden Gegenlicht des späten Nachmittags über ein Feld gehen.

3

Auf der Rückfahrt sind wir auf der Fähre zu dritt. Ich frage Andreas, ob er meint, dass der Fährmann – der uns auch hinge-
bracht hat – derselbe ist, der damals mit dem Mörder überge-
setzt ist. Andreas schweigt kurz. Es liegt eine tiefe Stille auf dem
Wasser, durch das damals Dutzende schwammen. Viele konnten sich in Sicherheit bringen, viele nicht. Andreas sagt: Kann
sein. Er arbeitet seit Jahrzehnten hier. Wahrscheinlich war er es,
sagt er, aber ich würde ihn ungern fragen.

4

»Ut« heißt heraus oder außen, »øya« Insel: die äußere Insel,
die äußerste Insel, und dabei die kleinste von dreien. Storøya,
große Insel. Geitøya, Ziegeninsel. In Oslo staune ich später,
dass viele, mit denen ich spreche, noch nie auf Utøya waren.
Keine vierzig Minuten von der Stadt entfernt, hat die Insel
quasi mythische Bedeutung angenommen: beschworen, be-
träumt, beredet, beweint. Unmittelbar vor der Überfahrt nach
Utøya versuche ich, mir das Ganze auszureden. Warum willst
du da hin? Wozu? Um was genau zu sehen? Um was genau zu
tun? Aber ich kenne diese Stimme inzwischen, Gegenrede zu
der anderen, energischeren, die mich drängt, hinzugehen, wo
etwas passiert ist. Gelegentlich kaufe ich Bücher über das, was

geschehen ist, aber die lasse ich so lange liegen, bis ich den Ort körperlich spüre.

Andreas hat mich von Oslo nach Utstranda gebracht, von wo unsere Fähre ablegt. Wir treffen an einem schönen Tag Ende August ein und werden von Jørgen empfangen, der die Abläufe auf Utøya betreut. (Er hat den Job 2011 kurz nach dem Massaker übernommen.) Ein Rundgang über die kleine Insel, die in der milden Augustluft so still ist wie angehaltener Atem. Den Kjær-leiksstien am Wasser entlang, den Pfad der Verliebten oberhalb der niedrigen Klippen, wo elf junge Menschen sich still an die Wasserpumpe duckten. Mucksmäuschenstill in der Hoffnung, der Mörder werde sie nicht sehen, dort an der Wasserpumpe, bis er an die bäuchlings ausgestreckten Gestalten herantrat und zu feuern begann.

Hier draußen auf der äußersten Insel.

5

Am Tyrifjord fällt mir ein, dass Homer nirgends in der *Odyssee* oder der *Ilias* »blau« sagt. Ein vollkommen blauer Tag, ein so überwältigendes Blau, dass es einem vorkommt wie das Blau, bevor die Sprache ein Wort dafür fand.

Die Cafeteria stand und steht auch jetzt unter blauem Himmel. Sie liegt im Hegnhuset, dem Schutzhaus, der Gedenkstätte, die neunundsechzig dickere Holzpfeiler zählt, umgeben von vierhundertfünfundneunzig dünneren Stangen. Die neunundsechzig, die Toten, tragen das Dach. Die vierhundertfünfundneunzig, die Lebenden, umringen sie. Das tun nur Menschen. Wir beschützen unsere Toten. Sie beschirmen uns.

6

Während unserer Zeit auf der Insel meint Andreas, Kunst sei die Erinnerung an Details, die wir unmöglich im Gedächtnis behalten können. Ich bitte ihn, das zu wiederholen, und schreibe es auf: Kunst ist die Erinnerung an Details, die wir unmöglich im Gedächtnis behalten können.

7

Ich bin schon auf vier Andreasse getroffen. Es ist fast, als hieße jedermann Andreas. Einem bin ich nur flüchtig begegnet, die anderen drei lerne ich immerhin so gut kennen, dass wir richtige Gespräche führen. Die jeweiligen Andreasse erzählen mir jeweils andere Geschichten. Verschiedene, fortgesetzte Andreasse.

In meiner Jugend, sagt Andreas, hießen sehr wenige Jungen Andreas. Wenn ich heute an einem Kindergarten vorbeigehe, kann es passieren, dass ich eine Stimme rufen hören: Andreas, Schluss jetzt, runter vom Tisch!, und einen Augenblick lang glaube, die meint mich!

8

Von Ludvig Holberg weiß ich weiter nichts, als dass er ein früher norwegischer Philosoph und Bühnendichter von Rang war. Aber ich liebe die Musik, die Grieg ihm widmete: *Aus Holbergs Zeit* mit dem Zusatz *Suite im alten Stil*. Sie gefällt mir noch besser als die bekanntere Szenenmusik zu *Peer Gynt*. Die »Holberg Suite« ist von einem wunderbar sehnsuchtsvollen Gestus, eine Traumsphäre, zu der ich vor und während meiner Zeit in Oslo gern Zuflucht nahm.

Meine Wohnung liegt nur zwei Trambahnhaltestellen vom Holbergs Plass entfernt. Andreas erwähnt beiläufig, dass Ludvig Holberg als ausgefuchster Geschäftsmann viel Geld in Sklavenschiffe steckte und ordentlich daran verdiente. Später finde ich heraus, dass Holberg selbst einen »Schwarzen Mann« hielt, einen versklavten Menschen.

An dieser Stelle muss daran erinnert werden, dass zwischen 1670 und 1802 nahezu einhunderttausend Menschen auf dänischen und norwegischen Schiffen über den Atlantik gebracht wurden. Von Kopenhagen aus wurden Spirituosen und Waffen nach Afrika verschifft, von der Goldküste versklavte Menschen in die Karibik und von dort Zucker, Tabak und Mahagoni wieder nach Europa. Das war der sogenannte Dreieckshandel.

Die »Holberg Suite« hat fünf Sätze voller Ausdruckskraft und Gefühl.

9

Ich weiß noch, wie in Dänemark eine Dänin zu mir sagte: Wir mögen die Schweden nicht, aber die Norweger sehr. Worauf ich sagte: Und die Norweger, wie finden die euch? Worauf sie sagte: Ach so. Darüber habe ich noch nie nachgedacht. Weiß nicht. Ich hoffe, sie mögen uns auch.

10

Eine Party in der Østgaards gate. Weil ich Gast und Fremder bin, setze ich mich über die Etikette hinweg und frage einige Anwesende, welcher politischen Partei sie angehören. Gegenseitig würden sie sich diese Frage nie stellen, und ich selbst auf einer amerikanischen Party auch nicht. Doch weil ich Gast bin und Fremder, weil es Unbequemes gibt, das ich sichtbar machen will, verstoße ich gegen die Etikette. Sie sagen mir: Sozialistische Linkspartei. Arbeiterpartei. Sozialistische Linkspartei. Rote. Grüne. Liberale. Und im selben Moment schon siehst du ihre Enttäuschung übereinander aufblitzen. Meine Fragen verhageln ihnen nahezu die Partystimmung.

Mir fällt etwas ein, was ich in der *New York Times* gelesen habe, als 2017 in Norwegen das konservative Lager die Wahl gewann. Harald Baldersheim, Professor emeritus der Politikwissenschaften an der Universität Oslo, wurde mit der Bemerkung zitiert: »Im Vergleich war – und ist – die norwegische Politik nie sonderlich polarisiert. Beide Blöcke tendieren zur Mitte. So gesehen steht nicht viel auf dem Spiel.«

Ich bin kein Professor der Politikwissenschaften, aber mich verfolgt die Formulierung »nicht viel auf dem Spiel«. Stimmt das? Kann das sein? Für wen steht nicht viel auf dem Spiel? Was steht für Schwarze Norweger:innen auf dem Spiel, die unter der Regierungsbeteiligung der nationalistischen Fortschrittspartei aufwachsen? Professor Baldersheim hatte hinzugefügt: »Vier Jahre Regierungsbeteiligung haben die Fortschrittspartei eingehegt und harmlos gemacht.« Stimmt das? Wie definiert man hierzulande harmlos? Was steht auf dem Spiel, wenn die Rhetorik der Regierung dich und deine Anwesenheit herabwürdigt? Die Wunden einer Gesellschaft brechen immer genau an den Rändern auf.

11

Die Stunden nach dem Massaker. Es ist etwas Schlimmes passiert, etwas Unaussprechliches. Es gibt viele Tote. Es gibt Familien, die nie wieder ganz sein werden. (Zu oft müssen wir uns solchen Gedanken stellen.) Ich war nicht in Norwegen, als der Mörder zuschlug. Aber am Tag der Katastrophe in New York war ich in der Stadt, und in Nairobi während des dortigen Terroranschlags. Etwas Schlimmes passiert, und es bleibt das Gefühl, um ein Haar mittendrin gewesen und nur zufällig entronnen zu sein.

Am 22. Juli sind das Wer und Was und Warum – selbst in rudimentärer Form – noch nicht bekannt. In den ersten paar Stunden kommt es in der Stadt zu willkürlichen Ausbrüchen von Gewalt gegen das Andere. Gegen Muslime, gegen Somalis, gegen die, die man am ehesten zu einer solchen Gräueltat für fähig hält. (Bevor sich herausstellt, dass den Mörder gerade der Hass auf das muslimische Andere trieb.)

In den ersten paar Stunden lassen auf der Insel, wo die meisten Toten liegen, die verzweifelten Anrufe der Eltern, der Nächsten und Liebsten im Dunkeln die verwaisten Mobiltelefone läuten, die Displays glimmen auf und erlöschen wie Wolken von Glühwürmchen, bis das Klingeln schwächer und seltener wird, bis schließlich die Akkus leer sind.

12

Im Regjeringskvartalet (Regierungsviertel) herrscht eine posttraumatische Stimmung. Unfertig noch, unenthüllt noch, als würde es das verkörpern, worüber sich nicht reden lässt.

13

Fiktionales ist erfunden und kann daher eigentlich nicht falsch sein. Wir erkennen an, dass fiktional Erzähltes sich in einem

Universum abspielt, das unserem ähnelt, sehr weitgehend ähnelt, genau genommen, und doch im Detail abweicht – hinsichtlich der Figuren oder Schauplätze. Ich schreibe über einen inexistenten Ort, eine Stadt in Norwegen, aus der eine Nebenfigur stammt. Doch dieser inexistente oder vielmehr falsch benannte Ort stört mich in einer Weise, wie es die erfundenen Straßen nicht tun, denn Letztere sind gezielt erfunden, Ersterer ist ein Versehen.

Das kam so: Ich wollte nicht, dass meine Figur Lise aus Oslo, Lillehammer, Trondheim oder sonst irgendeiner allzu erwartbareren Gegend stammt, also wählte ich einen Ort, dessen Namen ich nur aus der Musik kannte: Troldhaugen. Nur musste ich später feststellen, dass Troldhaugen keine Stadt, ja nicht einmal ein Dorf ist. Es ist das Heim des Komponisten; so nannte Grieg sein Haus in Bergen. »Troldhaugen«, steht in meinem Buch wie eine offene Rechnung.

14

Andreas erzählt, einer seiner Vorfahren, ein Bader und Wundarzt aus dem norwegischen Hinterland, habe im achtzehnten Jahrhundert einen holländischen Seefahrer medizinisch versorgt, dessen Schiff wegen seines schlechten Zustands festlag. Der Mann belohnte ihn mit einem Schwarzen Jungen. Dieser Junge wurde in die Familie von Andreas' Vorfahren aufgenommen, weniger versklavt als vielmehr als Sohn adoptiert, und man fand, er solle, statt selbst nur Bader und Wundarzt zu werden, nach Christiania gehen (wie Oslo damals hieß), dort die Ärzteschule besuchen und vollwertiger Arzt werden. Das tat er. Er schrieb sich ein. Dann verliert sich seine Spur.

Der junge Mann kehrt in sein Dorf zurück, er ist kein Arzt geworden. Wurde er seiner Hautfarbe wegen ausgeschlossen? Ist er aus eigenem Antrieb gegangen? Er wird wie sein Adoptivvater Bader und Wundarzt.

Angeblich starb er ohne Nachkommen, obwohl man sich erzählte, es sei auf abgelegenen Höfen und in fernen Ortschaften zu Liebeleien mit Mädchen gekommen und es habe auch Kinder gegeben. Zudem fänden sich inzwischen Hinweise, erzählte mir Andreas, dass er in Wahrheit gar nicht afrikanischer Abstammung war. Er war Filipino, Opfer des niederländischen Ostindienhandels.

15

Joachim Triers Film *Oslo, 31. August* kam 2011 zu ebendiesem Datum in die Kinos. In Oslo wird er jedes Jahr am 31. August gezeigt. Der Sommer geht zu Ende. Die Schwimmbäder schließen. Das Wetter schlägt um. Ein trauriger und sehr schöner Film.

Nach einem Gespräch mit Anne Hild am 31. August 2018 begreife ich, dass das im Film gezeigte Café tatsächlich – ganz zufällig – genau gegenüber vom Litteraturhuset liegt und dass ich es jeden Tag von meinem Fenster aus vor Augen hatte. In gewisser Weise hatte ich den Film gesehen und der Film mich. Also betrete ich das Café kurz, schließe die Augen und lausche.

16

Die Hauptrolle in *Oslo, 31. August* spielt Anders Danielsen Lie. Der Film zeichnet einen Tag im Leben des Protagonisten nach. Am 31. August 2018 laufe ich durch die Stadt, und mir ist, als folgte ich Anders. (Die Figur trägt den wirklichen Namen des Darstellers.) Nein, ich folge ihm nicht. Ich wandele nicht faktisch auf seinen Spuren, suche nicht die Orte auf, die er aufsucht. Aber ich spüre in mir deutlich die Intensität der Begegnungen und Eindrücke, die in einem einzigen Tag komprimiert sind.

Kurz nach Beginn des Films gibt es eine starke Szene im Café, wo der depressive Anders Fetzen von Gesprächen darüber aufschnappt, wie andere Leute sich durchs Leben schlagen. Er lauscht.

Zuvor hatte Anders zu seinem Freund Thomas gesagt: »Nüchtern betrachtet, braucht mich niemand. Nicht wirklich.« Wir wissen, das ist nicht wahr, wissen aber auch, dass bei schweren Depressionen – und in Anders' Fall werden diese durch seine Drogenabhängigkeit und einen gescheiterten Entzug verschärft – andere Wahrheiten mächtiger werden.

Es ist interessant, an Joachim Triers eindringlichen Film einerseits und andererseits an die Erklärung von 2017 zu denken, Norwegen sei das glücklichste Land der Welt. Beides, Melancholie wie Glück, kann man Norwegen in gewisser Weise attestieren. Länder als solche können glücklich sein oder eine glückliche Bevölkerung haben, vermutlich trifft nicht immer beides zu. Vielleicht ist Norwegen ein glückliches Land mit unglücklicher Bevölkerung.

Ich neige eher zu der Ansicht, dass wir unser Leben alle ganz unterschiedlich angehen, unabhängig vom Land, und dass sich individuelle Probleme und Leiden nicht in Umfragen abbilden lassen. Leid ist keine ökonomische Kennzahl.

17

Alle Städte sind Fortsetzungen anderer Städte. In praktisch allen greifen dieselben neoliberalen Mechanismen, sodass man hier wie dort, ob nun die Wasserversorgung klappt oder nicht, ob Strom fließt oder nicht, Burger-King-Filialen, Body Shops, H&M und IKEA finden wird. In jeder beliebigen Stadt erlebe ich, wenn ich umherlaufe, Momente der Desorientierung. Wo bin ich? Ist das São Paulo oder Lagos? Ist das Kopenhagen oder Oslo? Ist das Chicago, Stavanger, Mailand, Auckland? Die Sprachen sind Dialekte, die Stadtviertel Prismenbilder ein und desselben Kaleidoskops.

Und doch weiß ich, wenn ich die Sonne über der Parkveien und Bogstadveien auf- und untergehen sehe, dass sich in diesem Winkel der Stadt lauter Einzelgeschichten überlagern – ein täglicher Weg zur Arbeit; ein Geschäft, das jemand wegen schmerzlicher Erinnerungen nicht mehr betreten kann; ein erster Kuss; die Ecke, an der es einen Unfall gab; ein Club, wo zwei sich begegnet sind und ein gemeinsames Leben begannen; die Ampel, an der jemand stand, als er oder sie vom 22. Juli hörte; und dann, in den immer tieferen Schichten der gemeinsamen Geschichte, die langsam verblassenden Erfahrungen von Eltern und Großeltern, Generationen von Einwanderern, deren Leben; die Kriegsjahre; die unvergesslichen Winter; die Stadt Christiania und die umliegende Hügellandschaft, lange bevor diese Oslo hieß, lange bevor dort überhaupt eine Stadt war, und lang, lang noch davor das Rechtssystem der Wikinger.

18

Bei unserem Rundgang durch die Nationalgalerie fragt mich Christian nach meiner Verbindung zur Malerei. Er weiß, dass ich das ganze Jahr schon Details verschiedener Werke fotografiert habe. Ich erzähle ihm, dass den Anstoß zu dem Projekt die Arbeit von Edvard Munch gab, weil ich im vergangenen Dezember in New York eine Ausstellung gesehen und mich die Details fasziniert hatten. Munch hat zwar überwiegend figurativ gearbeitet, aber die Details könnten fast alle auch als abstrakte Kunst durchgehen. Anstoß gab außerdem, sage ich Christian, dass in bestimmten Filmen, die ich bewundere, zum Beispiel von Andrei Tarkowski oder Michael Haneke, die Kamera gelegentlich auf einem Gemälde ruht. Es sind nicht-narrative Momente, sie treiben die Handlung nicht voran. Es sind pastorale Momente, gerahmt mal von Musik (Tarkowski), mal von Stille (Haneke).

Ein filmischer Blick auf eine Landschaft ist nicht das Gleiche wie ein filmischer Blick auf ein Bild. Bei einer Landschaft ist immer eine Nutzung denkbar. Blicken wir auf ein Feld, so kann es jederzeit jemand überqueren. Ein Gemälde hingegen ist fixiert. Es besteht, um betrachtet zu werden. Es stellt das wild schlagende Herz still. Es schafft Raum für die Einfühlung. Liefert dafür ohne Lärm einen Rahmen.

19

Ich laufe umher, ohne wirklich mitzubekommen, was ich sehe. Ich bin nicht das erste Mal in Oslo. Straßen, Geschäfte, Bahnhöfe, bekannte Versatzstücke üblicher Stadtorganisation. Diesmal aber, weil ich einiges verschriftlichen will, frage ich mich, wie viel sich in so kurzer Zeit überhaupt verstehen lässt. Um zu verstehen, muss man sich das »Nichtverstehen« erlauben, mit dem unvollkommenen Verstehen leben. Ein Foto, das ich am Opernhaus Oslo machte, war nichtverstanden. Wenig später aber verschob sich bei den nächsten Fotos der Blick: Es entstanden nicht nichtverstandene, sondern teilverstandene Bilder. Ich starre bei der Niederschrift einzelner Passagen stundenlang auf die Fotos, die ich in Norwegen gemacht habe. Sie scheinen mehr zu wissen als ich. Langsam wirkende Bilder.

20

In der Fotografie hat man immer damit zu kämpfen, dass sie die Welt schnell zum Spektakel macht. Ich will aber hinter das Spektakuläre blicken. Das ist so schwierig, dass es mir manchmal so vorkommt, als könnte ich ebenso gut mit geschlossenen Augen fotografieren.

In vielen Essays über »den Essay« wird darauf hingewiesen, dass das Wort Essay zurückgeht auf den französischen Infinitiv *essayer*, versuchen. (Das ist inzwischen so abgegriffen, dass ich in Essays über das Schreiben von Essays argwöhnisch nach solchen Passagen Ausschau halte, so wie man in Pariser Filmszenen präventiv und verärgert mit dem Eiffelturm rechnet.)

Wie kann ein Foto ein Versuch sein? Wie erhalten wir einem Foto die Spannung und Offenheit eines Essays? Ein Foto, das das Gleiche leistet wie ein Essay, muss unaufgelöst bleiben, unfertig, muss es weiter versuchen.

21

Wir betrachten die Welt und machen uns so unsere Gedanken, Gedanken, die sich zufällig mit der Welt, die wir betrachten, decken können oder gar nichts mit ihr zu tun haben. Was gesehen und was gesagt wird, findet in ein und demselben Universum statt. Das Universum ist begrenzt, die Zahl der Ordnungsmöglichkeiten unendlich.

22

Auf Utøya erzählt er mir, während wir übers Wasser hinausblicken, von seiner Tochter. Sie ist blind und taub zur Welt gekommen, und es ist ein Rätsel, wie sie den Kontakt zur Welt herstellt und die Welt den zu ihr. Doch sie weiß um die Liebe ihrer Eltern, und sie wissen um die ihre.

Wir, die diese anderen Körper bewohnen. Wir ahnen nicht, wie schwer die Fürsorge lastet.

23

In Oslo erzählt sie mir von ihrem Vater, der bald sterben wird oder jetzt gerade in einem vorstädtischen Krankenhaus stirbt. Sie betritt das Krankenzimmer, und da ist eine Frau (eine bildschöne Frau, sagt sie), die sie nicht kennt. Die Frau spricht auf sehr vertrauliche Weise mit ihrem Vater, der im Koma liegt. Ich bin seine Tochter, sagt sie der Frau. Ich habe zehn Jahre mit ihm zusammengearbeitet, sagt die Frau.

Die bildschöne Frau spricht weiter mit ihrem Vater, sie sieht sie mit ihrem Vater sprechen, und sie meint zu sehen, wie die Hand ihres Vaters sich bewegt (er liegt im Koma, hat aber kurze

Wachmomente). Die Hand ihres Vaters, meint sie zu sehen, hebt sich langsam, fasst der bildschönen Frau – die nicht reagiert und nicht überrascht scheint – an den Hintern, dann legt sich die Hand wieder, zum sterbenden Vater.

24

Im Nationalmuseum sehe ich vor dem berühmtesten Gemälde Skandinaviens reihenweise Touristen für Fotos posieren. Vor dem *Schrei* mimen sie stumm, die Hände am Gesicht, einen Schrei.

Vielleicht denke ich an die anhaltende Katastrophe der US-amerikanischen Politik. Vielleicht denke ich an die schleichende Katastrophe überall, das reale Leid, das mit ihr einhergeht, mit vielen Leidtragenden, ein Dauerleid. Jedenfalls kann ich mit den Scheinschreien nichts anfangen, sondern rufe mir die Worte Aimé Césaires in *Zurück ins Land der Geburt* in Erinnerung:

> … hütet euch, die Arme zu kreuzen in der unfruchtbaren Haltung des Zuschauers. Denn das Leben ist kein Schauspiel, … ein Mensch, der schreit, ist kein Tanzbär.

25

Im Jazzclub *Herr Nilsen* steht die Bühne am Sonntag verschiedenen Bands offen. Der Ort ist cool und unprätentiös, das Bier gut, der Wein annehmbar. Es spielen mehrere Trios und Quartette, und ein besonders guter Pianist.

Unter denen, die zuhören – wir sind gerade mal zwanzig –, ist eine Frau, die viel getrunken hat. Sie wirkt, als sei das öfter der Fall. Sie quatscht alle möglichen Leute an, ist munter, macht aber einen unglücklichen Eindruck. Sie spricht Französisch, und zwar laut. Schon möglich, dass sie Französin ist. Sie wirft mir einen Blick zu und sagt, plötzlich noch lauter, auf Englisch: *Who are you! Who are you!*

Als hätte jemand im Dunkeln eine Kamera auf mich gerichtet und das Blitzlicht betätigt.

Who are you!, sagt sie.

26

Ich gebe mich hin. Auf einer Massageliege bin ich ausgeliefert, so wie im Friseurstuhl oder bei einer ärztlichen Untersuchung oder sogar während einer Anprobe beim Schneider: Situationen, in denen das Selbst vor allem Körper ist. Die Masseurin ist sanft, freundlich, und zu Beginn sagt sie: Treiben Sie Sport? Sie sind großartig in Form. Sie sagt es nüchtern, klinisch fast, aber sanft. Es klingt keinerlei Grenzüberschreitung an. Nein, sage ich, keinerlei Sport, aber das sollte ich wohl. Ich werde älter, sage ich, ich müsste mehr tun. Nun, Sie haben den Körper eines Athleten, sagt sie.

Dann redet sie nicht mehr groß. Gegen Ende der Stunde sagt sie, und zwar deutlich strenger: Sie sind gut in Form, aber Ihr Rücken ist völlig verspannt, Ihr Nacken ganz steif.

Ein wenig fühle ich mich in meinem Stolz verletzt. Ich bin so beleidigt wie vor einer Dreiviertelstunde noch geschmeichelt.

Wenn ich hier mit meinem dunklen Fedora und meiner weiten Jacke durch die Straßen laufe, sieht mich von Zeit zu Zeit eine Schwarze Frau wahrhaftig an (es ist immer eine Schwarze

Frau), sieht mir in die Augen und lächelt – manchmal etwas ratlos, als wollte sie sagen: »Und wer bist du?« –, und dann wird mir plötzlich klar, dass ich wirklich da bin.

Wir, die diese Körper bewohnen.

27

Sie führen mich ins *Galt* aus, ein vornehmes Restaurant in der Frognerveien. Oslo ist eine Stadt für Reiche, aber wenn man unter Menschen ist, auch gastfreundlich. Ich bin mit Andreas und anderen hier. Durch einen ziemlich unglaublichen Zufall sitzt am Nebentisch Andreas.

Städte sind Menschen: Cathrine, Lene, Åshild, Linn, Linn, Nils, Sofie, Lars, Amund, Johanne, Victoria, Jørgen, Nina, Nadifa, Valeria, Paul, Claudio, Anne-Hilde, Andreas, Andreas, Andreas, Andreas.

28

Ich spreche mit Andreas über die recht ausgeprägte norwegische Begeisterung für Elektroautos. Besitzer:innen von Elektroautos genießen Vorzüge, sagt er mir. Sie dürfen auf der Überholspur fahren, sie zahlen bedeutend weniger Steuern. Elektrofahrzeuge sind in Oslo der Renner, sagt er, nirgends auf der Welt werden pro Kopf so viele Teslas verkauft. Und dann gibt es ja das viele Ölgeld, das atemberaubende Vermögen des Staatlichen Pensionsfonds, rund 850 Milliarden Euro. Wir waren nie Imperialisten, sagt er, aber wir verkaufen Waffen im Wert von Hunderten Millionen Euro.

Morgens Kriegsgerät, abends Friedensnobelpreis.

Scheinheiligkeit ist allen Gesellschaften gemein. Wird sie nur vielleicht an manchen Orten geschickter verborgen als an anderen?

29

Wussten Sie, dass es auf der Insel Utøya Ziegen gibt? Das Leben geht auf so viele Arten weiter.

30

Jede Kultur entwickelt bestimmte Formen von Sensibilität. Im Bemühen, die eigene Umwelt zu beherrschen, werden die Sinne unterschiedlich geschult, und dieses erworbene kulturelle Wissen kann auch leicht wieder verloren gehen, je nachdem, vor welche Herausforderungen die Umwelt die Menschen stellt und wie sie bewältigt werden. Einst trugen die tägliche Beobachtung der Wolken, die Kenntnis des Verhaltens der Wale, Einblick in die Muster der Vogelzüge, das Verständnis der unterschiedlichen Meeresströmungen, die kunstvolle Kartierung der Bewegungen der Sonne und anderer Himmelskörper sowie die Fähigkeit, die Winde zu deuten, zu den Navigationserfolgen der Wikinger bei. Solche Praktiken stiller Beobachtung bildeten ein Gegengewicht zu den bekannten Grausamkeiten.

31

Ich lasse die Rollladen herunter. Unter mir die Stadt. Ich liege im Bett in der Wohnung, die mir das Litteraturhuset zur Verfügung gestellt hat. Nach einem rastlosen, gesprächigen Tag wird es Abend. Der Trend unter jungen Frauen in Oslo, keine BHs zu tragen. Es wird Nacht, und ich liege in meinem Bett im Litteraturhuset und berühre mich, im Bett von J. M. Coetzee,

Patti Smith, Tomas Tranströmer, Haruki Murakami, Siri Hust-
vedt, Alain Mabanckou, Ngugi wa Thiong'o, Han Kang und
Arundhati Roy.

Wir, die diese Körper bewohnen.

32

Wolken, Wale, Vögel, Strömungen, Sternkunde, Winde. Ich versuche zu achten. Ich sehe über das Geld, über den bequemen
Wohlstand hinweg. Auf den 22. Juli, auf den 31. August, auf den
2. September. Alles Menschliche ist da, und es ist nichts da, was
nicht menschlich wäre. Ich sollte schlicht sagen, dass ich die
Trauer der Stadt spüre, eine Trauer, die umso mächtiger ist, als
ringsherum alles nahelegt, dass es keinen Grund zur Trauer gibt.

33

Es beginnt mit Lutosławski, dann kommt Janáček und nach
Janáček schließlich Schubert. Es ist, als setze sich die Musik
Stück für Stück wieder zusammen, greife in die Zeit zurück,
rekonstituiere sich bis zur unvergleichlichen Stimmigkeit des
Andante con moto des Streichquartetts Nr. 14, d-moll, op. post.,
D 810. Das *Andante con moto* besteht aus Variationen über das
Thema von *Der Tod und das Mädchen*. Es erklingt im herrlich
feierlichen Rhythmus Schuberts und hebt die Zeit auf.

Wir sitzen in der Aula der Universität Oslo. Jede solche Spiel-
stätte hat ihre Geschichte, und die der Aula ruft die Nazis und
ihre norwegischen Handlanger auf. Der Saal diente ihnen als
Kriegsgefangenenlager. Dann 1943 der Brand. Der norwegische
Widerstand. Aber auch Charles Mingus bleibt gegenwärtig,
1966 Thelonious Monk. Und die Gemälde des elfteiligen Zyklus

Munchs, 1914 in Auftrag gegeben und 1916 geliefert, die monumentalen Werke *Die Sonne, Die Geschichte* und *Alma Mater*. Wir
alle sind gegenwärtig, die Zeit ist aufgehoben. Die Werke
Munchs leuchten über uns. Das Hagen-Quartett erfüllt den
Raum mit den melodischen Bewegungen der Musik, und ich
muss an die Verse aus Tranströmers »Schubertiana« denken:

Aber diejenigen, die neidisch auf die Männer der Tat schielen, diejenigen, die sich innerlich selbst verachten, weil sie
keine Mörder sind, die erkennen sich hier nicht wieder.

Und die vielen, die Menschen kaufen und verkaufen und
glauben, alles lasse sich kaufen, die erkennen sich hier nicht
wieder.

Nicht ihre Musik. Die lange Melodie, die in allen Ver-
wandlungen sie selbst ist ...

Die Musik erfüllt uns. Die Menschen der Stadt und ihren fremden Gast.

VOM TRAGEN UND GETRAGENWERDEN

Jede Übersetzungsarbeit trägt einen Text hinüber in die Literatur einer anderen Sprache. Da meine Texte erfreulicherweise in viele Sprachen übersetzt wurden, führe ich ein Schriftstellerdasein in der Literatur jeder dieser Sprachen. Dany Laferrière drückte diese etwas merkwürdige Vorstellung in seinem 2008 erschienenen Roman *Ich bin ein japanischer Schriftsteller* in schöneren Worten aus:

> Als ich viele Jahre später selbst Schriftsteller war und gefragt wurde: »Sind Sie ein haitischer, karibischer oder frankophoner Schriftsteller?«, antwortete ich, dass ich immer die Nationalität des Lesers annehme. Das heißt, wenn ein Japaner mich liest, werde ich unversehens zu einem japanischen Schriftsteller.

Übersetzung ist ein solcher Zugewinn. Zum einen ist es ein außergewöhnliches Vergnügen, in einer Sprache gelesen zu werden, die man selbst nicht beherrscht. Zum anderen macht die Übersetzung neue Aspekte des Originaltexts sichtbar, Einflüsse, die man aufnimmt, ohne sich dessen bewusst zu sein. Wenn ich an die italienische Übersetzung meiner Texte denke, spüre ich die Gegenwart von Italo Calvino und Primo Levi. Es erfüllt mich mit Unsicherheit und Begeisterung, dass ich nun also unerklärlicherweise ein Lesepublikum mit ihnen in ihrer Sprache teile. Werde ich ins Türkische übersetzt, kommt mir Nâzım Hikmets politische Melancholie in den Sinn. Vielleicht finden diejenigen, die seine Bücher mögen, auch etwas, das ihnen an meinen gefällt, wenn sie mich auf Türkisch lesen? Auf Deutsch, vielleicht sogar stärker als auf Englisch, spüre ich die schwebende Anwesenheit jener Autoren, die mein Empfinden geformt haben: Walter Benjamin, Thomas Mann, Hermann Broch und W. G. Sebald, um nur einige zu nennen. Dank des Übersetztwerdens werde ich zum deutschen Schriftsteller.

Ich vertraue meinen Übersetzer:innen voll und ganz. Es ist ihre Aufgabe, mein Werk einer neuen Gruppe wahrer Lesender nahezubringen, so wie die Übersetzung mich zu einem wahren Leser von Wisława Szymborska macht, obwohl ich kein Polnisch spreche, oder von Swetlana Alexijewitsch, obwohl ich kein Russisch spreche. Gioia Guerzoni hat bisher vier meiner Bücher ins Italienische übersetzt und viel Mühe darauf verwendet, meine Prosa in ein geschliffenes, aber idiomatisches Italienisch zu übertragen. 2018 übersetzte sie »The Blackness of the Panther«. Der Text war nicht leicht zu übertragen. Eine besondere Herausforderung stellte das Wort *Blackness* im Titel dar. Für die Übersetzung zog Gioia *nerezza* oder *negritudine* in Betracht, bei beiden schwingt »Négritude« mit. Doch beide Begriffe vermochten nicht die vielschichtige Bedeutung hervorzurufen, die *Blackness* im Originaltitel hatte. Sie suchte nach einem Wort, das sowohl den Bezug zu Rassifizierung als auch der Farbe Schwarz ausdrückte. *Oscurità* (Dunkelheit) kam nicht in Betracht, da es zu sehr in die optische Richtung wies und rassifizierte Konnotationen unterschlug. Also erfand sie ein Wort: *nerità*. Der Titel wurde also zu »La nerità della pantera«. Es funktionierte. Das Wort wurde in Kritiken erwähnt und sogar in ein Wörterbuch aufgenommen. Es war ein Wort, das das Italienische gebraucht hatte und das nun durch meine Übersetzerin in die italienische Sprache – das Italienisch von Dante und Morante und Ferrante – einging.

Im Grunde genommen ist Übersetzen eine Mischung aus literarischer Analyse und Einfühlung, eine Angelegenheit für Hirn und Herz. Mit meiner deutschen Übersetzerin Christine Richter-Nilsson besprach ich das Epigraf, den allerersten Satz in *Open City*. Auf Englisch lautet er: »Death is a perfection of the eye.« Eine wörtliche Übersetzung, wie Google Translate sie vorschlagen würde, könnte lauten: »Tod ist eine Perfektion des Auges.« Doch Christine spürte, dass diese Version »Tod« mit »Perfektion des Auges« gleichsetzen würde, anstatt zu verdeutlichen, dass der Tod hier als der Weg zu einer Art visionärer Vollkommenheit gemeint ist. So kam ihr zunächst »Vollendung« in den Sinn, was einen abgeschlossenen Zustand von Vollkommenheit beschreibt. Beim weiteren Nachdenken fiel ihr »Vervollkommnung« ein, ein Nomen, in dem das Verb »kommen« beinhaltet ist und damit die Idee, dass sich etwas ändert oder im Prozess des Perfektwerdens befindet. Das war genau das Wort, das sie brauchte.

Christine war auch bewusst, dass es sich in dem Epigraf nicht um das Sinnesorgan (»das Auge«) handelte, sondern um das Sehvermögen an sich. Doch ich hatte nicht »seeing« geschrieben, sodass »des Sehens« nicht die richtige Übersetzung gewesen wäre. Im Austausch mit meinem deutschen Lektor entschied sie sich schließlich für ein Wort, das sowohl das Organ also auch sein Vermögen umfasst: der Blick. Nach sorgfältiger Überlegung lautete die Übersetzung von »Death is a perfection of the eye« schließlich: »Der Tod ist eine Vervollkommnung des Blicks«. Und das war nur der erste Satz.

Das englische Wort *translation* kommt aus dem Mittelenglischen und stammt vom Anglonormannischen *translater* ab. Das wiederum geht zurück auf das Lateinische *translatus*: *trans*, durch oder über, und *latus*, das Perfektpartizip von *ferre*, tragen, das mit dem englischen Wort für Fähre, *ferry*, verwandt ist. Eine Übersetzerin ist dann also eine Fährkapitänin, die die Bedeutung von Worten an diesem Ufer zu Worten auf der anderen Uferseite (hin)übersetzt.

. . .

Im Sommer 2019 befand sich die junge Bonnerin Pia Klemp in einem langwierigen Rechtsstreit vor einem italienischen Gericht. Der früheren Meeresbiologin Klemp wurde Beihilfe zu illegaler Einwanderung vorgeworfen. Als Kapitänin des umgebauten Fischereiboots *Iuventa* rettete sie Menschen aus dem Mittelmeer, die während der in Libyen gestarteten Überfahrt mit ihren dürftigen Booten in Seenot geraten waren. Diese kostbaren Menschenleben brachte sie anschließend auf der Insel Lampedusa in Sicherheit. Es war klar: Sollte der Fall vor Gericht landen, was wahrscheinlich schien, würden ihr und weiteren neun Mitgliedern der Hilfsorganisation hohe Geldstrafen und bis zu zwanzig Jahren Haft drohen. (Carola Rackete, eine junge deutsche Kapitänin eines anderen Rettungsbootes, war ebenfalls in Italien verhaftet worden.)

Klemp zeigt keine Reue. Sie weiß, dass das Gesetz nicht die höchste Instanz ist. Die Frage, die sie und ihre Mitstreitenden stellen, lautet: Sind wir davon überzeugt, dass die Menschen auf diesen in Seenot geratenen Booten im Mittelmeer Menschen sind wie wir, dass ihre Menschlichkeit sich auf die genau gleiche Weise manifestiert? Als ich bei einem Besuch auf Sizilien die bestürzten Gesichter der Geretteten sah, die von Bord an Land gingen, gab es nur eine mögliche Antwort auf diese Frage. Und doch sind wir von Meinungen umgeben, die uns dazu verleiten, die Frage falsch zu beantworten oder zu denken, dass unser Wohlbehagen und unsere Annehmlichkeiten wichtiger als die Leben von Menschen sind.

Der Schauplatz von Pia Klemps Einsatz auf dem Meer erinnerte mich an ein früheres Unternehmen. 1943 erfuhr die dänische Bevölkerung von dem Vorhaben der Nazis, dänische Jüdinnen und Juden zu deportieren. Und so begannen die Fischer von Nordseeland, heimlich und unter höchster Gefahr ihre jüdischen Landsleute in kleinen Gruppen über die Meerenge ins neutrale Schweden zu bringen. Dies setzten sie drei Wochen lang Tag für Tag fort, bis über siebentausend Menschen, die Mehrheit der jüdischen Bevölkerung Dänemarks, in Sicherheit gebracht worden waren.

In jedem Jahr dieses Jahrhunderts starben Hunderte von Menschen an der Südgrenze der Vereinigten Staaten. Kinder werden von ihren Eltern getrennt und in Käfige gesteckt. Im Herbst 2011 besuchte ich No Más Muertes (Keine weiteren Toten), eine humanitäre Organisation in Arizona, die Durchreisende unterstützt, indem sie Wasser, Decken und Konservendosen an strategischen Stellen in der Sonora-Wüste deponiert. Ihre Arbeit wurde von der US-amerikanischen Regierung als illegal eingestuft. Die Organisation führt außerdem Suchexpeditionen nach verschollenen Menschen durch und spürt die Leichen von in der Wüste Verhungerten und Verdursteten auf. Ein junger Geograf namens Scott Warren, der mit No Más Muertes und anderen Gruppen zusammenarbeitet, half Reisenden, die Wüste sicher zu durchqueren. Er stellte Wasser und wenn möglich Unterkünfte zur Verfügung. Warren wurde verhaftet und wegen des Gewährens von Unterschlupf für Migranten angeklagt. Obwohl das Verfahren gegen ihn eingestellt wurde, beantragte die US-Staatsanwaltschaft in Arizona eine Wiederaufnahme. Warren ist nicht der einzige Freiwillige von No Más Muertes, der im Rahmen dieses Krieges verhaftet wurde, den die Regierung gegen diejenigen führt, die Leben von Menschen retten, die wir als unsere Mitmenschen ansehen sollten.

Lässt sich ein Zusammenhang herstellen zwischen der schwierigen und oftmals bescheidenen Arbeit des Schreibens und Übersetzens und den mutigen, riskanten Aktionen von Menschen wie Pia Klemp, Carola Rackete und Scott Warren? Steht das literarische Arbeiten in Verbindung mit den Risiken, die manche Menschen eingehen, um andere zu retten? Ich denke ja, denn auch Sprachakte können Mut erfordern. Die Literatur macht uns ebenso wie der Aktivismus auf die willkürliche und im Grunde auf Vereinbarungen zurückgehende Beschaffenheit von Grenzen aufmerksam. Ich denke an die Worte von Edwidge Danticat in ihrem Buch *Create Dangerously*:

Irgendwo, und wenn nicht jetzt, dann vielleicht in einer fernen Zukunft, von der wir noch nicht einmal zu träumen wagen, wird jemand sein Leben riskieren, um uns zu lesen. Irgendwo, und wenn nicht jetzt, dann vielleicht in einer fernen Zukunft, werden wir vielleicht auch jemandem das Leben retten.

Ich denke auch an eine Freundin, eine türkische Filmemacherin und Dozentin, die 2016 einen Brief unterzeichnete, der den Massenmord an der kurdischen Bevölkerung durch den türkischen Staat verurteilte und zu einem Ende der Gewalt aufrief. Sie war eine von über eintausendeinhundert Unterzeichnenden an türkischen Universitäten und Hochschulen. Die Regierung von Recep Tayyip Erdoğan reagierte darauf mit Ermittlungsverfahren gegen alle türkischen Unterzeichnenden; sie warf ihnen Terrorismus vor. Die meisten, einschließlich meiner Freundin, hatten lange Gerichtsverhandlungen und Gefängnisstrafen zu befürchten. Viele verloren ihre Anstellung oder wurden von regierungsnahen Studierenden verfolgt. Einige befanden sich bereits im Gefängnis. Nach einer quälenden Verhandlung gegen meine Freundin wurde die Anklage wegen Terrorismus fallen gelassen.

Meine Freundin und die anderen Unterzeichnenden trugen ihre Mitmenschen. Mit einem Federstrich versuchten sie, sie durch die Wüste der Gleichgültigkeit und über das Gewässer der Verfolgung zu tragen. Dafür riskierten sie ähnliche Konsequenzen wie Pia Klemp und Scott Warren: öffentlicher Verruf, Verarmung, Gefängnis. Meine Freundin war aufgrund ihrer Überzeugung in große Gefahr geraten, und nun war sie es, die getragen und in Sicherheit befördert werden musste.

· · ·

Ich bin fasziniert von einer kleinen Terrakottafigur, die im vierten Jahrhundert vor unserer Zeitrechnung in Etrurien (im heutigen Mittelitalien) gefertigt worden ist. Sie stellt zwei Figuren dar, ein jüngerer Mann trägt einen älteren auf seinem Rücken. Es handelt sich um eine Abbildung von Aeneas, der seinen Vater Anchises aus den brennenden Trümmern von Troja trägt. Auf dieser Geschichte, die in der *Aeneis* erzählt wird, fußt zum Teil der römische Gründungsmythos. Die kleine Skulptur ist emotional immens aufgeladen, denn fast niemand von uns kann es sich auch nur vorstellen, den eigenen Vater tragen zu müssen. Ihn im hohen Alter zu stützen, sicherlich. Ihn aber tatsächlich auf unserem Rücken zu tragen, nein. Das ist, außer in einer extremen Notsituation, unvorstellbar. Die kleine etruskische Figur weist eine frappierende Ähnlichkeit mit der berühmten Vignette aus dem im Vatikan befindlichen Fresko »Der Borgobrand« auf. Auch dieses Fresko, das im frühen sechzehnten Jahrhundert von Raffael, oder wahrscheinlicher von Giulio Romano, gemalt wurde, zeigt einen jungen Mann, der einen alten Mann auf dem Rücken trägt.

Vor einigen Jahren stieß ich auf ein Foto von zwei Flüchtenden. Ich konnte den Namen des Fotojournalisten nicht ausfindig machen, aber einer der Männer auf dem Bild wurde in der Bildunterschrift als Dakhil Naso identifiziert. Der Mann, den er trägt, ist sein Vater. Es handelt sich um Jesiden, die vor dem IS zu Fuß nach Kurdistan flohen. Seit Tagen schon waren sie unterwegs, hinter ihnen sieht man nichts als Wüste. Es ist ein herzzerreißender Anblick: Der in Weiß gekleidete alte Mann befindet sich am Rande der Erschöpfung, und der junge Mann im roten Fußballtrikot sieht nicht viel kräftiger aus. Wie weit sind sie schon gekommen? Wie lange würden sie noch unterwegs sein? Wie können wir es zulassen, dass unseren Mitmenschen so etwas widerfährt?

Wir leben und sterben alle unter den mehr oder weniger gleichen staatlichen Regelungen, unterliegen demselben internationalen Bankensystem, denselben Bündnissen zwischen den reichen Nationen. Wir alle sind Bürger:innen unter dem Einfluss dieser unausweichlichen Mächte, doch nicht allen von uns werden unsere bürgerschaftlichen Rechte zugebilligt.

. . .

Wie kann die Literatur uns hier weiterhelfen? Es wird häufig behauptet, lesende Menschen seien klüger und menschlicher, Literatur erwecke Mitgefühl. Stimmt das? Ich finde nicht. Als Beobachter der Außenpolitik von sogenannten entwickelten Ländern traue ich keiner dieser selbstgefälligen Behauptungen, denen zufolge die Literatur es vermag, Mitgefühl zu wecken. Manchmal kommt es mir so vor, als wäre es sogar, je mehr Bibliotheken wir hier bei uns haben, umso wahrscheinlicher, dass wir die da drüben bombardieren.

Was wir in der Literatur finden können, ist zugleich größer und kleiner als jedes Klischee über ihre Förderung unserer Empathie. Literatur verhindert weder die Verfolgung von Menschen noch die Anklage jener, die humanitäre Hilfe leisten. Sie hält keine Bomben auf. Keine noch so geschliffene Prosa ändert die Meinung der faschistischen Kräfte, die abermals die Welt zu überrennen drohen. Wozu also all diese Mühe, diese Anstrengung, dieses Brüten über dem richtigen Wort und der korrekten Übersetzung?

Was ich anbieten kann: Literatur kann ein Leben retten. Immer nur eines. Vielleicht um vier Uhr morgens, wenn du aufstehst, um einen Gedichtband aus dem Regal zu ziehen. Vielleicht während einer Woche im Sommer, in der du dich in die Lektüre eines großartigen Romans vertiefst. In diesen Momenten geschieht etwas zutiefst Persönliches, etwas Stärkendes und Haltgebendes.

Wenn ich die Wirkung von Literatur auf diese Weise beschreibe, spreche ich hartnäckig im Singular. Dabei weiß ich natürlich, dass ich nicht allein auf dieser Welt bin, niemand von uns ist das. In einer Rede, die Albert Camus 1957 im schwedischen Uppsala hielt, erläuterte er den kollektiven Wert unserer scheinbar voneinander getrennten Leben folgendermaßen:

Die einen sagen, diese Hoffnung werde von einem Volk verkörpert, die anderen, von einem Menschen. Ich glaube, dass sie im Gegenteil von Millionen einzelner Menschen erweckt, belebt und unterhalten wird, Menschen, deren Tun und Werke jeden Tag die Grenzen und plumpe Augenfälligkeit der Geschichte abstreiten [...].

Diese stetig wachsende Macht des einzelnen Lebens erinnert an einen Gedanken, der durch die Jahrhunderte hallt. Wir finden ihn beispielsweise in einem Codex der Mischna, der in der Mitte des dreizehnten Jahrhunderts in Parma niedergeschrieben wurde: »Wer ein einziges Leben auslöscht, dem wird es angerechnet, als hätte er die ganze Welt zerstört. Wer ein einziges Leben rettet, dem wird es angerechnet, als würde er die ganze Welt retten.« Genau dieser Gedanke wird auch in der fünften Sure des Koran formuliert.

Im Gegensatz zum allgegenwärtigen Lärm der uns umgebenden Kultur hat mich das Schreiben auf bescheidene, aber entscheidende Weise an die Dinge erinnert, an die die Menschen nicht erinnert werden möchten. Im Inneren dieser bescheidenen Sache, die wir Literatur nennen, habe ich zum einen die Ermahnung an mich selbst gefunden, Grenzen abzulehnen und andere hinüberzutragen, so wie ich an andere erinnert werde, die auch mich tragen. Stellen Sie sich einmal eine Notsituation vor: Sie befinden sich in einem in Flammen stehenden Haus, auf einem sinkenden Boot, in einem Gerichtsverfahren, auf einem endlosen Marsch, auf einem sich wandelnden Planeten. In einem solchen Notfall können Sie nicht mehr nur an sich selbst denken. Sie müssen jemanden tragen. Sie müssen von jemandem getragen werden.

EPILOG

BLACK PAPER

Früher, als tragbare Drucker nicht ohne Weiteres zu finden waren, legten wir ein einzelnes Blatt schwarzen Papiers zwischen zwei weiße. Das schwarze Blatt war Kohlepapier, knittrig und dünn, stumpf schimmernd auf der einen Seite und leicht pudrig auf der anderen. Wurde das obere weiße Blatt Papier beschrieben, übertrug sich von der Kohleschicht des schwarzen Blatts etwas auf das untere weiße. Schwarz transportierte Bedeutung.

In Lahore begegnete ich einem Mann mit einem Sack voll Krähen. Sie waren schwarz mit hellgrauem Kragen, der Sack bestand aus irgendeinem weißen Netzgewebe mit festem Rundboden. Ich wünschte mir etwas und bezahlte dem Mann 150 pakistanische Rupien. Der Mann griff in den Sack, holte eine Krähe hervor und ließ sie frei.

Am Logan Airport half man einem Blinden durch die Sicherheitskontrolle.

Als »sorry business« werden die Trauerrituale indigener aus-

tralischer Bevölkerungsgruppen unmittelbar nach einem To-
desfall bezeichnet.

Im Zug zurück nach Zürich, fünf junge Leute Ende zwanzig.
Zwei Pärchen, eine einzelne Person. Deren Blick ruhte immer
wieder voller Verlangen auf einem der beiden jungen Männer.
Dessen Freundin merkte es nicht, und auch er, ein bildhüb-
scher Junge, merkte es nicht, aber ich merkte es, und die Person
merkte, dass ich es merkte; bald darauf stiegen die fünf aus und
wurden sogleich von der Nacht verschluckt. Die sanfte Trauer
der jungen Frau, ihr Verlangen, das, was nicht ausgesprochen
werden kann, der kalte vorüberströmende Fluss, das leere Zimmer, im Dunkeln dies schreiben.

Verkohlter Baumstumpf.

Viele erkrankten, Krankheiten, von denen manche die Gesichter zeichneten, manche nicht. Wir wussten und wussten nicht.
Not fraß sich in diese Leben. Bei manchen nistete sich Scham
ein, viele litten Hunger, der Hunger höhlte sie aus. Der Aktien-
markt war im Plus, in vielen Taschen aber Ebbe.

Ich wurde von einer Horde Männer verfolgt. Sie waren massig,
einige kamen mir bekannt vor. Andere hatten etwas von Tieren.
Da war Fell, da waren Federn, Klauen und Schnäbel. Ich hetzte
davon wie jedes kleine Fluchttier in freier Wildbahn. Viele der
Männer waren bärtig, manche maskiert. Sie umzingelten mich
schließlich und schlugen auf mich ein. Ich wehrte mich und
flehte um Gnade. Da packte mich einer der Männer, sein Griff

war so roh wie zart. Mir war übel vor Todesangst und Ekel. Der Mann grinste, warf mich herum und drückte mich zu Boden.

Die Straßen von Istanbul waren in herrlichen Nebel gehüllt, er wurde im Laufe des Morgens immer dichter, wehte heran wie weißer Rauch, doch konnte er das Elend und die apokalyptische Angst nach den jüngsten Ereignissen nicht verschleiern.

Ich traf am frühen Morgen in Lahore ein, gegen halb fünf, und wurde von einem Mann empfangen, irgendeinem Funktionär, der mich durch Pass- und Zollkontrolle lotste. Dann durch die dunklen Straßen, sodass ich gegen halb sechs im Gasthaus ankam. Weil ich nicht schlafen konnte, blieb ich bis zum Frühstück auf, das unten von ernsten jungen Männern serviert wurde, ging dann wieder hoch und schluckte drei Milligramm Melatonin. Als ich aufwachte, hörte ich, dass es keine fünf Meilen entfernt einen Bombenanschlag gegeben hatte. Acht Menschen waren gestorben.

Richtig angewandt, lieferte Kohlepapier zwei Kopien eines Texts. Das obere weiße Blatt trug die originale Handschrift, das untere war das getreue Abbild jedes Strichs und jedes Punkts. Was ich seinerzeit nicht groß beachtete, war, dass auf dem schwarzen Blatt Kohlepapier eine dritte Kopie des Geschriebenen erschien. Es war zerfurcht von den ganzen ursprünglichen Zeichen. Schwarz auf schwarz, voller Bedeutung, aber geprägt von Abwesenheit. Das schwarze Papier war der gespenstische Beleg. Schwarz auf schwarz, insgeheim sinnreich.

Ich träumte von einem kahlen Flussufer, einem sich verdunkelnden Himmel. Es war kein Traum. Ich war da, während der Sonnenfinsternis am Missouri River, im Doniphan County in Kansas. Das war am 21. August 2017 um 13:19 Uhr.

Wir wussten und wussten nicht. Es gab Gerüchte. So ist es meist. Wie viel wussten wir wirklich? Die Lichter gingen nachts in den Städten an. In den Restaurants gab es das übliche Klirren der Gabeln auf Tellern, das Gemurmel und den Lärm der Gespräche. Alles wie gehabt, wie in jeder offenen Stadt, die einen Feind beherbergt. Zugleich wurden Menschen für Bagatellen ins Gefängnis geworfen. Andere verloren ihre Lebensgrundlage, strömten in Städte, die längst verschwunden waren, als sie endlich ankamen. Manche starben an der Grenze. Manche verfluchten Gott. Etliche Bäume im Wald boten ihre Äste als Axtstiele an. Unsichtbare Gesichter, von der Dunkelheit verschluckt. Wir wussten und wussten nicht.

In Amsterdam sah ich das verbrannte Papier. Im Museum war ein ganzer Ausstellungsraum vollgeschüttet mit Bergen schwarzen Papiers, verbrannten Papiers, eine Installation von Daisuke Yokota. Nur war es gar kein verbranntes Papier; es waren Haufen zerknüllter Fotografien verbrannten Papiers. Das Fotopapier, das verbrannt und fotografiert worden war, war nicht unbelichtet. Daisuke hatte Fotos geschossen, entwickelt, dann verbrannt und das Resultat erneut fotografiert.

Sie schrieb mir: Es tut mir sehr leid, ich habe schlechte Nachrichten. Unser lieber John ist von uns gegangen.

Mit einem Albtraum lässt sich nicht vernünftig reden. Ein Albtraum ist bar aller Vernunft. Gegen einen Albtraum kann man schlecht etwas einwenden, man kann nur aufwachen oder warten, dass er aufhört.

Am Flussufer vollzieht sich die totale Finsternis rasch. Dein Körper wird sich wie der jedes bedrohten Tiers seiner globalen Verletzlichkeit gewahr. Das Gehirn weiß es, die Haut weiß es, die Nerven wissen es, deine Beine wissen es, dein Rücken weiß es. Dein Herz reagiert, ebenso Lungen und Magen.

Was die Träume seltsam machte, war nicht die negative Stimmung, sondern vielmehr, dass sie aus nichts als Stimmung bestanden.

An konkrete Einzelheiten konnte ich mich nicht erinnern, außer an eine: dass ich im Traum alle Einzelheiten mit der Gewissheit registrierte, mich beim Aufwachen an nichts mehr erinnern zu können.

Der Traum war wie etwas, das sich im Feuer verzehrt und mich mit seiner Asche bedeckt hatte. Nur war es keine Asche, weil Asche an etwas Leichtes, Pudriges denken lässt. Was mich bedeckte, war vielmehr die Stimmung im Traum, die wie ein dunkles Grau war, das sich über mich ergoss, ein sehr dunkles Grau, an der Grenze zu Schwarz.

Wie viel wussten wir wirklich, als es geschah? Manche werden sich an einen Bericht über den Modedesigner erinnern können, der für die Frau des Anführers Kleider entwarf. Manche werden sich an Beiträge über Haustiere oder fehlende Haustiere im Amtssitz des Anführers erinnern. Das sind nur einige der Geschichten, die man sich erzählt hat. Und was das andere betrifft, die dunkleren Dinge, wir wussten und wussten nicht. Es hieß, in den auswärtigen Kriegen würden die »Einsatzregeln« gelockert. Manche Toten wurden nicht gezählt, manche unter den Trümmern vermodernde Toten.

Damals weinten sich unzählige Menschen in den Schlaf.

In den Haufen Fotografien verbrannter Fotografien setzte sich unendlich die Erinnerung an die Fotografie, an verbranntes Papier, an Refotografie und das dabei entstehende schwarze Papier fort. Das war kein Traum. Doch als ich am Morgen darauf das Foto betrachtete, das ich von Daisukes Installation gemacht hatte, war mir, als sähe ich wie im Traum.

»Wenn man nicht das Glück in dem Bild gesehen hat, wird man wenigstens das Schwarze sehen.«

Dunkelziffer. »Sorry business«.

Navajo-Völker verlassen ihre Häuser bei einer Sonnenfinsternis nicht. Hinterher sagen sie: »Es endet in Schönheit.«

DANKSAGUNG

Die Einladung, im Frühjahr 2019 die Randy L. und Melvin R. Berlin Family Lectures an der University of Chicago zu halten, war der Anlass für drei der Aufsätze in diesem Buch und führte auch zur Veröffentlichung desselben. Ich danke der Familie Berlin für ihre Großzügigkeit und den Organisator:innen der Vortragsreihe dafür, dass sie meine Zeit in Chicago so angenehm und erinnerungswürdig gestaltet haben.

Black Paper ist ein Werk vieler Hände, und das Sehen im Dunkeln ist ein gemeinschaftliches Projekt. Ich danke meinem Lektor von der University of Chicago Press, Alan Thomas, und meiner Studioleiterin und Forschungsassistentin, Kathy Rong Zhou. Darüber hinaus möchte ich folgenden Personen danken: Jin Auh, Tracy Bohan, Andrew Wylie, Randolph Petilos, Joel Score, Beth Adams, Amitava Kumar, Jake Silverstein, Kathy Ryan, Adedayo Odusina, Alessandra Coppola, Gioia Guerzoni, den kürzlich Verstorbenen Bisi Silva und Okwui Enwezor, Mariam Said, Mena Mark Hanna, Raja Shehadeh, Anna Jäger, Didem Pekün, Joshua Chuang, Susan Meiselas, Kerry James Marshall, Lucas Zwirner, Beth Gordon, Lorna Simpson, Siddhartha Mitter, Matt Seaton, Lucy McKeon, Matt Higginson, Emmanuel Iduma, Mimosa Shah, Nilanjana Bhattacharjya, Hilary Chidi, Anjali Pinto, Josh Honn, Bethany Hindmarsh, Christine Richter-Nilsson, Adrienne Edwards, Laura Letinsky, Will Boast, Matthew Jesse Jackson, Anne Walters Robertson, Deborah Nelson, Rachel Cohen, Julianna Joyce, Angela Chen,

Paige Johnston, Mohsen Mostafavi, Andreas Wiese, Linn Rottem, Andreas Liebe Delsett, Andreas Viestad, Anne Hilde Neset, Cathrine Bakke Bolin, Bernd Scherer, Mathias Zeiske, Veronika Gugel, Liz Johnston, Garnette Cadogan, Ishion Hutchinson, Rowan Ricardo Phillips und Josh Begley.

Ich danke den drei anonymen Leser:innen, die das Manuskript für die University of Chicago Press gegengelesen und hilfreiche Kommentare geliefert haben. Ich danke meinen Geschwistern und Eltern für ihre freundliche und stetige Unterstützung bei jedem Projekt und Karen Pereira de Andrade – meiner Diskussionspartnerin, Partnerin und Freundin – für die wunderbare Kontinuität unserer gemeinsamen Lebensreise. Dieses Buch ist Sasha Weiss gewidmet, in Dankbarkeit für ihre Wachsamkeit, Intelligenz, Sympathie und Präsenz über die Jahre hinweg.

. . .

Manche der Essays in diesem Buch sind bereits im *New York Times Magazine*, im *New York Review of Books*, in *Brick*, *Brittle Paper* und *Medium* erschienen. »Schattenkabinett: über Kerry James Marshall« ist eine Weiterentwicklung eines Essays, der in Kerry James Marshall *History of Painting* (David Zwirner Books, 2019) veröffentlicht wurde. Ich bin dankbar für die Unterstützung der John Simon Guggenheim Foundation während des Verfassens dieser Aufsätze.

LITERATURVERZEICHNIS

Adrienne Rich: »Was sind das für Zeiten« / »What Kind of Times Are These«. Aus dem Amerikanischen übersetzt von Ruth Klüger, in: Frankfurter Anthologie, Frankfurter Allgemeine Zeitung 2016.

Aimé Césaire: *Zurück ins Land der Geburt*. Aus dem Französischen übersetzt von Janheinz Jahn, Frankfurt a. M. 1962, S. 29.

Albert Camus: »Der Künstler und seine Zeit«, in: Ders.: *Fragen der Zeit*. Aus dem Französischen übersetzt von Guido G. Meister, Hamburg 1992, S. 249.

Alex La Guma: *A Walk in the Night and Other Stories*, Ibadan 1962.

Alphonse Daudet: *Im Land der Schmerzen*. Aus dem Französischen übersetzt von Dirk Hemjeoltmanns, Bremen 2022, S. 69.

Anne Carson: »Versuch über das Glas«, in: *Glas, Ironie und Gott*. Aus dem Amerikanischen übersetzt von Alissa Walser und Gerhard Falkner, München 2000.

Anne Carson: *NOX*, New York 2010.

Ariella Azoulay: *Lucid Knowledge*. Fotografie als Währung – zu Aktualität, Relevanz und Verbreitung von Bildern, Berlin 2022.

Charles Dickens: *Uncollected Writings from Household Words*. Edited by Harry Stone, Bloomington 1968.

Charles Olson: »The K« (1945), in: *Y & X*, Washington 1949.

Chris Marker: *Sans Soleil – Unsichtbare Sonne*. Vollständiger Text zum gleichnamigen Filmessay von Chris Marker in der deutschen Übertragung von Elmar Tophoven. Im Verleih der FiFiGE/AG Kino, Hamburg 1983, S. 2.

Christopher Isherwood: *Leb wohl, Berlin*. Aus dem Englischen übersetzt von Kathrin Passig und Gerhard Henschel, Hamburg 2014, S. 13.

Dany Laferrière: *Ich bin ein japanischer Schriftsteller*. Aus dem Französischen übersetzt von Beate Thill, Heidelberg 2020, S. 19.

Edward Said: *On Late Style: Music and Literature Against the Grain*, London 2017, S. 11, 52.

Elizabeth Eastlake: »Photography«, in: *Quarterly Review* 101: 202, April 1857, S. 442–468.

Eugène Ionesco: *Die Nashörner*. Aus dem Französischen übersetzt von Claus Bremer und H. R. Stauffacher, Frankfurt a. M. 1989, S. 46, 70, 97.

Faith Ringgold: »Untitled Interview (September 10, 1984)«, in: *The Soul of a Nation Reader: Writings by and about Black American Artists, 1960–1980*. Edited by Mark Godfrey and Allie Biswas, New York 2021, S. 609.

Gabriel García Márquez: *Hundert Jahre Einsamkeit*. Aus dem Spanischen übersetzt von Dagmar Ploetz, Köln 2017, S. 7, 511.

Giorgio Agamben: *Geschmack*. Aus dem Italienischen übersetzt von Andreas Hiepko, Leipzig 2020, S. 24.

James Joyce: *Dubliner*. Aus dem Englischen übersetzt von Georg Goyert, Frankfurt a. M. 1967, S. 246 f.

James Joyce: *Ein Porträt des Künstlers als junger Mann*. Aus dem Englischen übersetzt von Klaus Reichert, Frankfurt am Main 1973.

James Joyce: *Stephen der Held*. Aus dem Englischen übersetzt von Klaus Reichert, Frankfurt a. M. 1973, S. 224.

James Salter: *Verbrannte Tage. Erinnerung*. Aus dem Amerikanischen übersetzt von Beatrice Howeg, Berlin 2000, S. 235.

Jean-Jacques Rousseau: »Essay über den Ursprung der Sprachen, worin auch über Melodie und musikalische Nachahmung gesprochen wird«, in: Ders.: *Musik und Sprache*. Übersetzt von Dorothea Gülke und Peter Gülke, Wilhelmshaven 1984, S. 147.

John Berger: »Past Present«, in: *Guardian*, 12. 10. 2002.

Julia Kristeva: *Powers of Horror. An Essay on Abjection*, New York 1982.

Kellie Jones: *Eyeminded. Living and Writing Contemporary Art*, Durham 2011, S. 114.

Les Murray: »Fledermaus-Ultraschall«, in: Ders.: *Aus einem See von Strophen. Hundert ausgewählte Gedichte*. Aus dem australischen Englisch von Margitt Lehbert, Berlin 2014, S. 72.

Lewis Thomas: *Late Night Thoughts on Listening to Mahler's Ninth Symphony*, New York 1983.

Michael Ondaatje: *Es liegt in der Familie*. Aus dem Englischen übersetzt von Peter Torberg, München 1997, S. 67 f., 77.

Michel Serres: *Die fünf Sinne. Eine Philosophie der Gemenge und Gemische*. Aus dem Französischen übersetzt von Michael Bischoff, Frankfurt a. M. 1993, S. 19.

Mircea Eliade: *Das Heilige und das Profane. Vom Wesen des Religiösen*, Hamburg 1957, S. 76.

Orhan Pamuk: *Istanbul. Erinnerungen und Bilder aus einer Stadt*. Aus dem Türkischen übersetzt von Gerhard Meier, München 2018, S. 223, 231.

Peter Zumthor: *Architektur denken*, Basel 1999, S. 8.

Peter Zumthor: *Therme Vals*, Zürich 2007.

Pieter Claesz: »Raucherstillleben mit vergoldeter Becherschraube, Violine und Büchern. Ca. 1623. Sammlung de Graeve, Belgien«, in: Ders.: *Stilleben*, Stuttgart 2004.

Rainer Maria Rilke: *Die Aufzeichnungen des Malte Laurids Brigge*, Frankfurt am Main 1973, S. 97.

Rainer Maria Rilke: *Gedichte*. 1895 bis 1910. Hrsg. von Manfred Engel und Ulrich Fülleborn, Frankfurt am Main 1996.

Ralph Ellison: *Der unsichtbare Mann*. Aus dem Amerikanischen übersetzt von Georg Goyert; vollständig neu überarbeitet von Hans-Christian Oerser, Berlin 2019, Prolog, S. 247.

Robert Lowell: *Gedichte. Englisch und Deutsch*. Auswahl, Übertragung und Nachwort von Manfred Pfister, Stuttgart 1982, S. 79.

Santu Mofokeng: *Chasing Shadows. 30 Years of Photographic Essays*, München 2011.

Seamus Heaney: *Die Wasserwaage*. Aus dem Englischen übersetzt von Giovanni und Ditte Bandini, München 1998, S. 137, 245 ff., Postskriptum.

Stendhal: *Rot und Schwarz. Chronik aus dem 19. Jahrhundert*. Herausgegeben und aus dem Französischen übersetzt von Elisabeth Edl, München 2004, S. 474.

Susan Sontag: *Das Leiden anderer betrachten*. Aus dem Englischen übersetzt von Reinhard Kaiser, München 2003, S. 118, 128, 137 f.

Susan Sontag: *Über Fotografie*. Aus dem Amerikanischen übersetzt von Mark W. Rien und Gertrud Baruch, München 2002, S. 25, 108.

Susie Linfield: *The Cruel Radiance. Photography and Political Violence*, Chicago 2010.

Sylvester Bubel: *Poetiken der Epiphanie in der europäischen Moderne*. Studien zu Joyce, Proust, Benjamin und Ponge, Würzburg 2020.

T. S. Eliot, *Vier Quartette*. Aus dem Englischen übersetzt von Nora Wydenbruck, Wien 1953.

T. S. Eliot: »Philip Massinger«, in: *The Sacred Wood. Essays on Poetry and Criticism*, London 1920.

Ta-Nehisi Coates: *Zwischen mir und der Welt*. Aus dem Englischen übersetzt von Miriam Mandelkow, Berlin 2016, S. 61.

Teju Cole, *Open City*. Übersetzt von Christine Richter-Nilsson, Berlin 2012, S. 245.

Teju Cole: *Blinder Fleck*. Aus dem Englischen übersetzt von Uda Strätling, Berlin 2018, S. 336.

Theodor W. Adorno: »Spätstil«, in: Ders.: *Beethoven. Philosophie der Musik*, Frankfurt a. M. 1993, S. 184.

Thomas Browne: »On Dreams«, in: Ders.: *Collected Works*. Edited by Simon Wilkin, Norwich 1835.

Tomas Tranströmer: *Night Vision*. Selected and translated from the Swedish by Robert Bly, London 1972.

Tomas Tranströmer: *Sämtliche Gedichte*. Aus dem Schwedischen übersetzt von Hanns Grössel, München 1997, S. 108, 159.

Toni Morrison: *A Humanistic View*. Black Studies Center Public Dialogue, Portland State, 30. Mai 1975.

Toni Morrison: *Jazz*. Aus dem Amerikanischen übersetzt von Helga Pfetsch, Hamburg 2000, S. 16 f.

Toni Morrison: *Song of Solomon*, New York 1989, S. 40 f.

V. S. Naipaul: *Auf der Sklavenroute. Meine Reise nach Westindien*. Aus dem Englischen übersetzt von Nikolaus Stingl, Hamburg 1999, S. 84.

Virginia Woolf: *Mrs. Dalloway*. Übersetzt von Melanie Walz, Zürich 2022, S. 7.

Vladimir Nabokov: *Erinnerung, sprich. Wiedersehen mit einer Autobio-*

graphie. Aus dem Englischen übersetzt von Dieter E. Zimmer, Reinbek bei Hamburg 1999, S. 40.

W. G. Sebald: *Die Ringe des Saturn. Eine englische Wallfahrt*, Frankfurt am Main 2003, S. 349 f.

William Shakespeare: »King Lear«, in: Ders.: *Sämtliche Werke in vier Bänden*. Hrsg. von Günther Klotz. Übersetzung von August Wilhelm Schlegel, Dorothea Tieck, Wolf Graf Baudissin und Günther Klotz, mit Anmerkungen des Herausgebers, Berlin 2000, Band 3, S. 560, Z. 32-67.

William Shakespeare: »Sonett 53«, in: Ders.: *Sämtliche Werke in vier Bänden*. Hrsg. von Günther Klotz. Übersetzung von August Wilhelm Schlegel, Dorothea Tieck, Wolf Graf Baudissin und Günther Klotz, mit Anmerkungen des Herausgebers, Berlin 2000, Band 2, S. 805.

Yvonne Vera: *Thatha Camera. The Pursuit for Reality*, Bulawayo 1999.